国家社会科学基金一般项目

"大数据驱动制造业供给质量提升的机制与实现路径研究"(项目编号:19BJY103)最终研究报告

大数据
驱动制造业供给质量提升
机制与路径

吴伟萍 等 ◎著

SPM 南方传媒 | 广东经济出版社

·广州·

图书在版编目（CIP）数据
大数据驱动制造业供给质量提升：机制与路径 / 吴伟萍等著. -- 广州 ： 广东经济出版社，2025. 6.
ISBN 978-7-5454-9554-6
Ⅰ. F426.4
中国国家版本馆 CIP 数据核字第 20249VN568 号

责任编辑：周伊凌　郭艳军
责任校对：李　兰
责任技编：陆俊帆
封面设计：林　希

大数据驱动制造业供给质量提升：机制与路径
DASHUJU QUDONG ZHIZAOYE GONGJI ZHILIANG TISHENG:
JIZHI YU LUJING
出 版 人：刘卫平
出版发行：广东经济出版社（广州市水荫路 11 号 11 ～ 12 楼）
印　　刷：广州小明数码印刷有限公司
（广州市天河区高普路 83 号 B 栋 C5 号）

开　　本：787 毫米 ×1092 毫米　1/16
印　　张：16.25
版　　次：2025 年 6 月第 1 版
印　　次：2025 年 6 月第 1 次
书　　号：ISBN 978-7-5454-9554-6
字　　数：278 千字
定　　价：58.00 元

发行电话：（020）87393830
如发现印装质量问题，请与本社联系，本社负责调换

目　　录

CONTENTS

绪　论　/ 1

第一章　理论基础与文献综述

第一节　基本概念　/ 13
第二节　理论基础　/ 22
第三节　文献综述　/ 25

第二章　大数据驱动制造业供给质量提升的作用机理研究

第一节　大数据驱动制造业供给质量提升的动因分析　/ 34
第二节　大数据驱动制造业供给质量提升的影响机理　/ 37
第三节　大数据驱动制造业供给质量提升的作用方式　/ 44

第三章　大数据驱动制造业供给质量提升的影响效应实证研究

第一节　大数据发展与制造业供给质量水平测度　/ 52
第二节　理论机制与研究假设　/ 67
第三节　实证研究　/ 70
第四节　异质性分析　/ 81
第五节　实证分析小结　/ 86

第四章　大数据驱动制造业供给质量提升的区域模式比较

第一节　大数据驱动制造业供给质量提升的区域评价　/ 90
第二节　大数据驱动区域制造业供给质量提升的典型模式　/ 104
第三节　大数据驱动制造业供给质量提升的区域优化路径　/ 122

第五章　大数据驱动传统制造业转型升级与质量提升

第一节　大数据驱动传统制造业供给质量提升的机理分析　/ 127
第二节　大数据驱动纺织服装行业供给质量提升　/ 133
第三节　大数据驱动家具行业供给质量提升　/ 143
第四节　大数据驱动传统制造业供给质量提升的关键因素及路径　/ 155

第六章　大数据驱动新兴制造业价值链提升

第一节　大数据驱动新兴制造业价值链提升的机理分析　/ 159
第二节　大数据驱动电子信息制造业价值链提升　/ 162
第三节　大数据驱动汽车产业价值链提升　/ 169
第四节　大数据驱动生物医药产业价值链提升　/ 175
第五节　大数据驱动新兴制造业价值链提升的关键因素及路径　/ 179

第七章　大数据驱动制造业供给质量提升的实现路径与政策建议　/ 183

第一节　大数据驱动制造业供给质量提升的创新政策演进　/ 183
第二节　我国主要省市大数据驱动制造业供给质量　/ 202
提升相关政策实施评估　/ 202
第三节　国外大数据驱动制造业供给质量提升的政策借鉴　/ 215
第四节　大数据驱动制造业供给质量提升的路径选择与政策建议　/ 222

参考文献　/ 233

后　记　/ 251

绪　论

一、研究背景及意义

（一）研究背景

深化供给侧结构性改革、提升制造业供给质量是实体经济高质量发展的关键。供给质量是指供给侧所具有的特性满足需求侧要求的程度，制造业供给质量难以满足消费升级需求、价值链“低端循环锁定”是制约我国成为制造强国的两大阻碍。而大数据作为兼具海量和复杂性等特征的数据集合及数据技术集成，正在成为重要的生产要素，其对价值的创造及对产业生态的重构，是提升制造业供给质量的重要驱动力。

21世纪以来，数字技术与人类生产生活的加速融合引发了数据规模的爆炸式增长和数据模式的高度复杂化，全球进入大数据（Big Data）时代。大数据是国家重要的基础性战略资源，我国高度重视大数据在经济社会发展中的作用。党的十八届五中全会提出“实施国家大数据战略”，标志着大数据上升为国家战略。2017年12月8日，习近平总书记在中共中央政治局第二次集体学习时强调，要推动实施国家大数据战略，加快建设数字中国，要构建以数据为关键要素的数字经济，建设现代化经济体系离不开大数据发展和应用[①]。党的十九大报告提出，要推动大数据与实体经济深度融合。同时，国务院等有关部门先后出台了《促进大数据发展行动

① 新华社：《习近平主持中共中央政治局第二次集体学习》，https://www.gov.cn/guowuyuan/2017-12/09/content_5245520.htm，2017年12月9日。

纲要》《“十四五”大数据产业发展规划》等相关政策。这种持续性的方向引导和顶层设计，使我国大数据发展政策支持力度不断加大。2020年4月，中共中央、国务院发布《关于构建更加完善的要素市场化配置体制机制的意见》，首次在国家政策层面将数据列为与传统的土地、劳动力、资本、技术等并列的一种新的生产要素。2022年12月颁布的《关于构建数据基础制度更好发挥数据要素作用的意见》强调要充分实现数据要素价值。2023年12月，国家数据局等17部门联合印发《“数据要素×”三年行动计划（2024—2026年）》，旨在推动数据要素发挥乘数效应，赋能经济社会发展。从这一系列政策的逻辑演进方向来看，大数据作为新型生产要素，其价值潜力将会进一步释放，发展动能将会不断增强。随着相关政策不断落地实施，我国数据产量保持快速增长态势，2023年，全国数据生产总量达32.85ZB，同比增长22.44%；数字经济核心产业增加值估计超过12万亿元，占GDP比重10%左右，其中大数据、云计算业务收入同比增长37.5%①；预计到2025年，大数据产业测算规模将突破3万亿元，年均复合增长率保持在25%左右②。

制造业是实体经济的主体和支柱，其产业链长、关联性强、带动力大，是发展新质生产力的重要载体。纵观世界近现代史，制造业发展始终处于举足轻重的战略地位。制造业发展质量和水平成为衡量一个国家和地区综合实力和核心竞争力的重要标志，没有强大的制造业支撑，就难以建立现代化产业体系，就难以实现经济快速崛起和腾飞。改革开放以来，特别是党的十八大以来，我国已成为世界制造业第一大国，拥有体系完整、产能巨大的制造业体系，220多种工业产品产量居全球首位。2023年，我国制造业增加值占国内生产总值比重为26.2%，占全球比重约30%，制造业总体规模连续14年位居全球第一③。然而，与主要工业强国相比，我国制造业总体上仍处于全球价值链中低端，核心技术及关键零部件、高端产品供

① 国家数据局：《数字中国发展报告（2023年）》，https://www.szzg.gov.cn/2024/szzg/xyzx/202406/P020240630600725771219.pdf，2024年6月30日。

② 工业和信息化部：《“十四五”大数据产业发展规划》，http://big5.www.gov.cn/gate/big5/www.gov.cn/zhengce/zhengceku/2021-11/30/5655089/files/d1db3abb2dff4c859ee49850b63b07e2.pdf，2021年11月30日。

③ 廖睿灵：《新型工业化取得新进展新成效（锐财经）》，《人民日报海外版》2024年7月9日第3版。

给、产业基础能力等方面存在明显短板；制造业“大而不强”“全而不精”的结构性矛盾仍较为突出，低端产品供给过剩，高品质、高附加值产品供给不足，难以适应个性化、智能化和高端化的需求结构变化。同时，当前我国制造业还面临着全球产业链深度调整、国内外有效需求不足、生产经营成本上涨、利润空间缩减等问题。在复杂严峻的竞争环境下，我国制造业特别是传统制造业亟须加强，要从供给端发力，转变过去主要依靠劳动力、资本、土地等传统供给要素投入的粗放型发展模式，通过增加大数据、数字技术等构筑新质生产力的新型生产要素投入来提高供给要素质量，进而发挥乘数效应，优化资源配置，提高生产效率，降低成本，推动制造业生产方式、组织模式、产业形态等发生根本性变革，加快提升整个供给体系的质量。

大数据作为新型生产要素，在推动制造业高质量发展和新质生产力形成中起到重要作用。数据要素与实体经济结合形成数字生产力，是现代化经济体系发展的重要方向。习近平总书记高度重视推动数字经济和实体经济融合发展，强调要“推动制造业加速向数字化、网络化、智能化发展”。党的二十届三中全会也进一步明确要健全促进实体经济和数字经济深度融合制度，推动制造业高端化、智能化、绿色化发展。制造业是数字经济与实体经济融合的主战场，近年来我国制造业数字化转型已取得阶段性成效，基于大数据的智能制造和工业互联网应用在重点行业有序推进，截至2023年，我国累计培育421家国家级智能制造示范工厂，重点工业企业关键工序数控化率和数字化研发设计工具普及率分别达到62.2%和79.6%[①]。然而，从整体上看，目前大数据在我国制造业领域的应用广度及深度仍然不足，其对制造业价值链重组变革的作用尚未得到充分发挥。我国制造业企业整体仍处于从“工业2.0”向“工业3.0”过渡的阶段，大数据与制造业各细分行业领域的融合存在不平衡、不充分的问题，特别是占制造业比重80%的传统制造业普遍面临生产端与消费端数字化融合不均衡、产业链上下游数字化融合水平偏低等问题；大多数中小企业数字技术供给不足、数据采集困难，对数据的开发应用主要集中在营销环节等有限场景，未能激活数据要素的潜在价值。这些问题阻碍了制造业转型升级的进程。

---

① 国家数据局：《数字中国发展报告（2023年）》，https://www.szzg.gov.cn/2024/szzg/xyzx/202406/P020240630600725771219.pdf，2024年6月30日。

综上所述，大数据已经成为推动制造业供给质量提升的重要动力源，但目前大数据对我国制造业转型升级及高质量发展的驱动作用仍未得到充分发挥。在我国全面推进中国式现代化、以新质生产力推动高质量发展、加快数字经济与实体经济深度融合的宏观背景下，研究如何促进大数据与制造业深度融合，特别是研究如何发挥大数据作为新型生产要素的价值创造特性，探讨大数据驱动制造业供给质量提升的影响机理，并通过实证研究分析影响大数据驱动制造业供给质量提升的关键因素及存在的问题，提出大数据驱动制造业供给质量提升的实现路径及政策选择，具有重要理论价值和现实意义。

（二）研究目的

基于上述有关研究背景的探讨，本研究聚焦于大数据对制造业供给质量提升的影响机制及实现路径，诠释大数据驱动制造业供给质量提升的影响机理、作用方式，并通过实证研究及案例研究分析影响大数据驱动制造业供给质量提升的关键因素及存在的问题，提出大数据驱动制造业供给质量提升的实现路径及政策建议。本研究的目的如下：

（1）构建大数据驱动制造业供给质量提升的理论模型，以深入研究其运行机理及作用模式；

（2）判别大数据驱动制造业供给质量提升的关键影响因素及存在的问题；

（3）基于实证结果，对既有政策的做法进行反思总结，提出切实可行的大数据驱动制造业供给质量提升的实现路径及政策建议。

（三）研究意义

1. 理论意义和学术价值

第一，学术界现有研究大多从技术情境角度或是微观企业角度来分析大数据对制造业或企业转型的影响，仍较少从经济学角度及产业链层面来研究大数据驱动制造业发展的作用机制。本研究基于产业价值链、价值网络、产业生态系统以及产业融合等理论，以价值创造和产业生态重构为核心，构建大数据驱动制造业供给质量提升的理论分析模型，有助于丰富及拓展数字经济与实体经济深度融合、制造业高质量发展等相关理论的研究内容。

第二，虽有少部分学者从大数据与制造业结构优化、大数据与实体经济提升等方面开展实证研究，但具体针对大数据驱动制造业供给质量提升的实证研究仍比较少。本研究综合采用多种计量模型方法对大数据驱动制造业供给质量提升进行实证研究，通过构建双向固定效应模型研究大数据对制造业供给质量的影响效应，利用中介效应模型检验传导机制效应，构建门槛回归模型探究大数据对制造业供给质量提升的非线性效应，并进一步分析了区域异质性及行业异质性，为该领域的研究提供了有价值的实证方法与思路。

第三，本研究在已有研究的基础上，结合大数据的特性及制造业供给质量的内涵，对大数据发展水平评价指标体系及制造业供给质量评价指标体系开展拓展研究，有助于全面系统地测度全国及分地区、分省份的大数据发展水平及制造业供给质量水平并剖析存在的问题。

2. 现实意义和应用价值

第一，我国要全面推进中国式现代化，实现经济高质量发展，必须有高质量的制造业作为支撑。大数据作为数据要素与新兴数字技术融合的产物，是形成新质生产力的新型生产要素，能大幅提升制造业全产业链的价值创造能力，进而从供给端提高制造业的质量和效益。本研究结合中国式现代化和高质量发展、加快形成新质生产力的新要求，针对我国制造业的短板，提出大数据驱动制造业供给质量提升的战略路径及相应对策，这对于政府有关部门制定健全促进实体经济与数字经济深度融合制度及相关政策措施具有决策参考价值。

第二，传统制造业转型升级及新兴制造业价值链提升是我国制造业供给质量提升的必经之路，本研究分别深入分析了大数据驱动传统制造业及新兴制造业供给质量提升的影响机理，结合典型行业与典型企业案例研究，进一步识别关键影响因素，并分别提出大数据驱动传统制造业及新兴制造业供给质量提升的发展路径，这对于政府出台针对性措施来促进制造业数字化转型升级具有重要指导意义。

第三，当前我国区域之间的数实融合差距仍较为明显，大数据与制造业高质量发展的融合深度有待拓展，本研究选取具有全国代表性的（区、市）进行比较研究，分析大数据驱动制造业供给质量提升的不同区域模式的形成机制及特征，并基于区域异质性提出优化路径，这对于缩小区域“数字鸿沟”、促进大数据与区域制造业高质量发展的深度融合具有指导意义。

二、主要研究内容

本研究重点构建大数据驱动制造业供给质量提升的理论分析模型并探讨其运行机理及作用模式，结合实证研究及典型案例研究分析影响大数据驱动制造业供给质量提升的关键因素及存在的问题，基于区域异质性和行业异质性分析不同的发展模式，提出大数据驱动制造业供给质量提升的实现路径及政策建议（如图0-1）。本研究由绪论和七个章节构成。

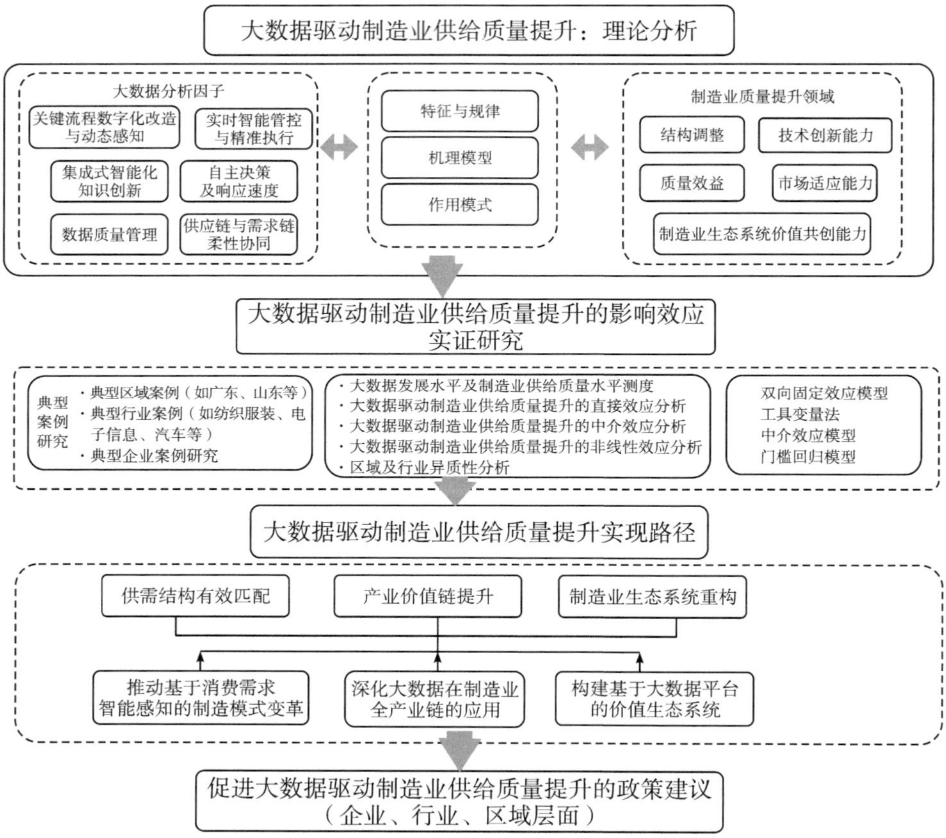

图0-1 研究框架及技术路线图

绪论。主要介绍本研究的宏观背景和重要意义，总结研究基本思路、研究方法和逻辑框架，概括本研究的主要创新点。

第一章，理论基础与文献综述。本章对大数据与制造业供给质量提升的概念进行了界定；梳理了产业价值链理论、价值网络理论、产业生态系统理论以及产业融合理论作为本研究的理论基础；对国内、国外有关大数据驱动制造业供给质量提升的文献研究现状进行评述，明确研究方向。

第二章，大数据驱动制造业供给质量提升的作用机理研究。本章主要基于产业价值链理论、价值网络理论及产业生态系统理论，以价值创造和产业生态重构为核心，构建大数据驱动制造业供给质量提升的理论分析模型，并深入探讨大数据驱动制造业供给质量提升的动因、影响机理和作用方式。重点从大数据促进制造业供需结构有效匹配、促进制造业全产业链价值创造、重构制造业生态系统三个角度阐释大数据驱动制造业供给质量提升的影响机理，并从五个方面分析大数据驱动制造业供给质量提升的作用方式。

第三章，大数据驱动制造业供给质量提升的影响效应实证研究。本章实证研究验证大数据驱动制造业供给质量提升的理论框架，选取2014—2021年中国30个省（区、市）[①]的面板数据作为样本，测度大数据发展水平及制造业供给质量水平，采用双向固定效应模型定量考察大数据应用对制造业结构调整、质量效益、技术创新能力、市场适应能力、生态系统价值共创能力等方面的影响效应；并采用多种计量方法进行稳健性检验及内生性检验；进一步检验了大数据对制造业供给质量提升的中介传导机制及非线性效应，并分别从区域和行业层面探究大数据对制造业供给质量的异质性影响效应。

第四章，大数据驱动制造业供给质量提升的区域模式比较。本章选取我国制造业具有代表性的省（区、市）进行区域比较及案例分析等，围绕大数据驱动制造业供给质量提升模式的差异性和发展水平的不同特征等进行讨论，深入探讨大数据驱动制造业供给质量提升的区域异质性及制约因素、地区发展模式等，并基于区域异质性提出优化路径。

第五章，大数据驱动传统制造业转型升级与质量提升。本章深入分析大数据驱动传统制造业供给质量提升的影响机理，重点开展纺织服装、家具等传统制造业典型行业的案例研究，进一步识别大数据驱动传统制造业转型升级与质量提升的关键影响因素，并提出大数据驱动传统制造业供给质量提升的发展路径。

第六章，大数据驱动新兴制造业价值链提升。本章结合新兴制造业的特征，深

①西藏因缺失数据较多，不列入本研究的样本范围；此外不包括港澳台地区。后同。

入分析大数据驱动新兴制造业价值链提升的影响机理，重点开展电子信息、汽车、生物医药等典型行业的案例研究，进一步识别大数据驱动新兴制造业价值链提升及生态系统构建的关键影响因素，并提出下一步的发展路径。

第七章，大数据驱动制造业供给质量提升的实现路径与政策建议。本章从国家和省、市级层面系统归纳我国有关大数据驱动制造业发展的政策措施，分阶段、分地区系统评述政策实施的成效、问题与特征，并分梯队借鉴西方发达国家相关政策举措。在此基础上，贯彻落实党的二十届三中全会精神，结合我国建设制造强国及以新质生产力推动高质量发展的目标，针对实证研究发现的突出问题，重点从供需结构有效匹配、产业价值链提升、制造业生态系统重构三个维度提出大数据驱动制造业供给质量提升的实现路径及政策建议。

三、研究重点及难点

（一）研究重点

（1）从经济学角度出发，构建大数据驱动制造业供给质量提升的理论模型，分析其运行机制及作用模式；考察大数据应用对制造业结构调整、质量效益、技术创新能力、市场适应能力、生态系统价值共创能力等方面的影响效应，识别关键影响因素。

（2）实证研究大数据驱动制造业供给质量提升的影响效应，定量考察大数据应用对制造业结构调整、质量效益、技术创新能力、市场适应能力、生态系统价值共创能力等方面的传导机制及非线性效应，并分别从区域和行业层面探究大数据对制造业供给质量的异质性影响。

（3）结合高质量发展、培育发展新质生产力和制造业供给侧结构性改革的要求及现存问题，重点从供需结构有效匹配、产业价值链提升、制造业生态系统重构三个维度，并从企业、行业、区域三个层面，提出大数据驱动制造业供给质量提升的实现路径。

（二）研究难点

（1）大数据兼具数据要素和数字技术双重属性，目前相关的经济学理论成果还存在研究储备上的不足，研究的难度增加。为此，本研究综合运用产业价值链理论、价值网络理论、产业生态系统理论以及产业融合理论等网络经济与产业经济的相关理论方法，以价值创造和产业生态重构为核心，构建大数据驱动制造业供给质量提升的理论分析模型，从大数据促进制造业供需结构有效匹配、促进制造业全产业链价值创造、重构制造业生态系统三个角度阐释大数据驱动制造业供给质量提升的影响机理，并从大数据对制造业结构调整、质量效益、技术创新能力、市场适应能力以及生态系统价值共创能力五个方面的作用方式进行深入分析。

（2）实证研究所需要的分区域分行业的大数据应用及产业发展等数据收集难度较大，由于大数据作为新型生产要素与新数字技术融合的产物，其应用及产业化的时间不长，相关的可量化的统计指标不多，因此，本研究一方面借鉴前人的做法选取有关变量，另一方面通过利用《中国统计年鉴》《中国工业统计年鉴》《中国高技术产业统计年鉴》《中国第三产业统计年鉴》《中国软件和信息服务业发展报告》《中国互联网络发展状况统计报告》、各省市统计年鉴，国研网、Wind等数据库，以及中国两化融合公共服务平台等进行数据搜集；同时，结合实地调研、重点企业问卷访谈，典型区域、行业、企业案例分析等方法进行深度研究，以弥补部分统计数据缺失带来的影响。

四、研究方法

本研究主要采用以下研究方法。

（一）理论分析法

本研究基于产业价值链理论、价值网络理论、产业生态系统理论以及产业融合理论等网络经济与产业经济的相关理论方法，重点探讨大数据驱动制造业供给质量提升的理论机理与作用方式。

（二）描述性分析法

本研究基于省级层面的数据，通过构建大数据发展水平和制造业供给质量水平指标体系，采用熵值法进行测算，描述性分析我国大数据发展水平和制造业供给质量的发展现状，并总结出各地区的发展特点及存在的问题。

（三）实证分析法

（1）本研究选取2014—2021年中国30个省（区、市）的面板数据作为样本，通过构建双向固定效应模型研究大数据对制造业供给质量的影响效应。为验证结果的稳健性，采用多种计量方法进行稳健性检验。

（2）为缓解模型中存在的遗漏变量以及大数据和制造业供给质量之间存在的双向因果关系，采用IV法检验模型中可能存在的双向因果。

（3）利用中介效应模型检验区域要素配置、数据赋能和创新能力作为中介变量的传导机制效应。

（4）构建门槛回归（Threshold Regression）模型，探究大数据对制造业供给质量提升的非线性效应。

（5）利用双向固定效应模型，从区域（东部地区、中部地区、西部地区、东北地区）和行业（高技术制造业、中技术制造业、低技术制造业三大类29个细分行业）层面分析大数据对制造业供给质量提升的异质性。

（四）案例研究方法

案例研究基于多途径来源的丰富数据资料进行深层次聚焦分析，对于探索大数据驱动制造业供给质量提升这一现象背后的本质问题及运行模式非常有效，是对计量模型分析方法的有益补充。本研究从区域、行业、企业三个层面进行案例研究。

一是典型区域案例研究，选取我国大数据与制造业融合发展具有代表性的省份（广东、山东、浙江、江苏、上海、贵州），结合实地调研及文献研究，分析各地区大数据驱动制造业供给质量提升的典型发展模式。

二是典型行业案例研究，聚焦我国制造业数字化转型重点领域，选取纺织服装、家具等传统制造业典型行业以及电子信息、汽车、生物医药等新兴制造业典型行业展开深度调研，分析这些行业面临的挑战及大数据驱动行业数字化转型升级的关键因素、发展路径等。

三是典型企业案例研究，选取希音、维尚家具、华为、小鹏汽车、石药集团等全国有代表性的制造业大数据应用企业进行实地访谈及文献研究，深度剖析这些企业应用大数据驱动数字化转型升级的全过程实现机理及关键因素，并提炼出对相关行业发展有益的启示及借鉴。

（五）比较分析法

本研究为了准确把握和认识不同特征变量下大数据驱动制造业供给质量提升的

影响效应及路径，将比较分析法贯穿研究的始终。在大数据发展水平和制造业供给质量水平测度中，将不同省份、不同区域的发展特征及存在的问题进行比较分析；在实证分析中，从东部地区、中部地区、西部地区、东北地区4个区域和高技术制造业、中技术制造业、低技术制造业三大类的29个细分行业来对比分析大数据对制造业供给质量提升的异质性；在区域、行业、企业三个层面的案例研究中，同样采用了比较分析法深入分析不同省份、不同行业（传统制造业与新兴制造业）、不同企业的差异化特征及发展模式；在大数据驱动制造业供给质量提升的政策实施评估中，分阶段、分地区系统比较分析国内相关政策实施的成效、存在的问题与特征，并分梯队分析和借鉴国外相关政策举措，拓展了研究分析的纵深度。

五、主要创新之处

本研究的创新点主要体现在以下几个方面：

第一，在理论方面，已有研究大多从技术情境角度或是管理学的企业微观角度来分析大数据对制造业或企业转型的影响，仍较少从经济学角度围绕大数据价值传递和价值创造的本质特征来揭示大数据驱动制造业发展的内在机制；本研究综合运用产业价值链理论、价值网络理论、产业生态系统理论以及产业融合理论等网络经济与产业经济的相关理论方法，以价值创造和产业生态重构为核心，结合价值传递、动态感知、实时分析等大数据特征，从产业中观层面构建了大数据驱动制造业供给质量提升的理论模型，从大数据促进制造业供需结构有效匹配、促进制造业全产业链价值创造、重构制造业生态系统三个角度阐释大数据驱动制造业供给质量提升的影响机理，并从大数据对制造业结构调整、质量效益、技术创新能力、市场适应能力以及生态系统价值共创能力五个方面的作用方式进行深入分析。本研究有助于拓展数字经济与实体经济深度融合、制造业高质量发展等相关理论研究的深度，在理论上具有创新意义。

第二，在研究方法方面，将定量分析与定性分析相结合，本研究的实证研究综合采用了多种计量模型方法，通过构建双向固定效应模型研究大数据对制造业供给质量的影响效应，采用IV法检验模型中可能存在的双向因果以消除内生性问题，利用中介效应模型检验传导机制效应，构建门槛回归模型探究大数据对制造业供给质量提升的非线性效应，并进一步分析了大数据对制造业供给质量提升的区域异质性及行业异质性。同时，本研究从区域、行业、企业三个层面进行典型案例研究，深入探讨大数据驱动制造业供给质量提升这一现象背后的本质问题及运行模式，并识别关键影响因素及存在的问题，为大数据驱动制造业供给质量提升的战略路径选择提供了科学支撑。

第三，在指标体系设计方面，本研究在已有研究的基础上，结合大数据兼具数据要素和数字技术的双重特性，从大数据基础设施、大数据产业发展、大数据应用水平、大数据技术创新和大数据发展环境五个维度来构建大数据发展水平评价指标体系，通过5个一级指标、15个二级指标、19个三级指标较为全面系统地测算出全国及各地区、各省份的大数据发展水平并剖析存在的问题。同时，本研究界定了制造业供给质量的内涵及维度，并借鉴制造业高质量发展、制造业结构升级等评价指标体系，对制造业供给质量的测度指标体系进行了创新设计，构建了结构调整、质量效益、技术创新能力、市场适应能力和生态系统价值共创能力5个一级指标以及13个二级指标、16个三级指标，较为全面系统地测算出全国及各地区、各省份的制造业供给质量水平并剖析存在的问题，有助于明确下一步的推进方向。

第四，在政策创新方面，本研究结合我国建设制造强国及以新质生产力推动高质量发展的目标，基于中国制造业处于“工业2.0”和“工业3.0”二元叠加阶段的复杂性，在系统比较和借鉴国内外相关政策实施经验的基础上，针对实证研究发现的突出问题，重点从制造业供需结构有效匹配、产业价值链提升、制造业生态系统重构三个维度，提出大数据驱动制造业供给质量提升的实现路径，并进一步从区域、行业、企业层面提出相关建议。特别是贯彻落实党的二十届三中全会精神，提出加快完善大数据与制造业深度融合的体制机制、推动数据要素市场化配置改革的相关政策建议，为相关政府部门提供决策参考。

第一章

理论基础与文献综述

本章厘清大数据及制造业供给质量的概念内涵，分析产业价值链理论、价值网络理论、产业生态系统理论及产业融合理论的相关基础理论要点，并进一步对大数据驱动制造业供给质量提升的国内外有关文献及研究进展进行评述，由此明确本研究的主要研究方向及切入点。

第一节　基本概念

一、大数据的相关概念

（一）大数据的内涵与特性

1. 大数据的内涵

大数据作为一种概念和思潮，源起于计算机领域，随着数字技术的发展，其逐渐延伸到科学和经济学领域。目前，社会各界对大数据这一概念仍未有公认的定义，不同的学者、研究机构和企业都有自己的解释。

20世纪80年代，著名未来学家Alvin Toffler在其经典著作《第三次浪潮》中首次提出大数据这一概念。全球知名管理咨询公司McKinsey&Company对大数据的定义为："一种规模大到在获取、存储、管理、分析方面大大超出了传统数据库软件工具能力范围的数据集合，具有海量的数据规模、快速的数据流转、多样的数据类型和价值密度低四大特征。"李国杰、程学旗（2012）认为，大数据是指无法在可容忍的时间内用传统IT技术和软硬件工具对其进行感知、获取、管理、处理和服务的数据集合。李天柱等（2015）指出，大数据应该被理解为在规模庞大、类型多样、动态产生的数据集合的基础上，借助计算科学及其他新兴技术来实现特定功能的整体架构。徐宗本（2016，2017）认为，大数据是指"大而复杂"的数据集或资料集，蕴含着大量碎片化信息，并具有海量性、时变性、异构性、分布性等特点。

事实上，上述研究主要基于数据本身的技术特性和作用来对大数据进行理解和界定，未能突出大数据作为新型生产要素的经济特性和作用。随着数字技术和数字经济的蓬勃发展，数据种类和增长速度均显示出前所未有的发展势头，数据尤其是大数据不断驱动生产方式和经济形态变革。党的十九届四中全会首次将数据列为与土地、劳动、技术、资本等相并列的生产要素，对数据要素的作用予以高度肯定。我国《"十四五"大数据产业发展规划》指出，"数据是新时代重要的生产要素，是国家基础性战略资源。大数据是数据的集合，以容量大、类型多、速度快、精度准、价值高为主要特征"。不少学者从技术—经济的视角来研究大数据及数据要素的内涵及特征。李文莲、夏健明（2013）认为大数据应包含三层含义：社会生活泛数据化、数据规模和生成速度之"大"、大数据技术之"大"，强调了大数据的资源与技术属性。吕明元、苗效东（2020）认为大数据的内涵可概括为资源属性、技术属性、应用价值与社会影响三个方面，"大数据既是多源异构的海量数据集合，也是围绕着数据生命周期形成的包括数据采集、存储、处理、分析与可视化的信息技术。资源和技术是大数据的两个基本属性，而在此基础上的数据价值挖掘和应用是大数据发现新知识、创造新价值的关键"。王谦、付晓东（2021）认为，数据要素具有依赖性、渗透性、虚拟替代性、动态精准性、共享低成本性、自组织性等一系列重要的经济—技术特征。蔡跃洲、马文君（2021）研究发现，数据要素具备关键要素低成本、大规模可获得的基本特性和非竞争性、低复制成本、非排他性、外部性、即时性等技术—经济特征。

结合相关学者的研究，本研究基于技术—经济视角，认为大数据是数字技术革命与经济社会变革耦合的产物，大数据作为兼具海量和复杂性等特征的数据集合及数据技术集成，已成为新型生产要素，其具有数据要素和数字技术的双重属性。大数据具有价值传递和价值创造的本质特征，同时通过采集、存储、处理、分析等大数据技术，从海量的数据中提取有价值的信息，并快速融入生产、流通、消费等各个环节，深刻改变着传统生产方式，不断催生新产业、新业态、新模式，成为驱动经济社会发展的重要生产要素。

2. 大数据的特性

大数据作为一个抽象概念，从字面上来看是指规模庞大的数据集合，但仅从数量上无法对这一概念和“海量数据”（massive data）、“超大规模数据”（very large data）等概念进行有效区分。大数据除了具有虚拟性、非竞争性、共享低成本性、正外部性等数据要素的主要特性外，（徐翔、厉克奥博、田晓轩，2021；李海舰、赵丽，2023；李海舰、赵丽，2021；蔡跃洲、马文君，2021；王谦、付晓东，2021）目前学界普遍认为大数据一般具有规模性（volume）、高速性（velocity）、多样性（variety）、真实性（veracity）和价值性（value）五大特征。

（1）规模性。

大数据的规模性是指大数据是一个巨大规模的数据集合，这样的数据集合由图片、音频、视频、电子邮件和传感器中每秒钟生成一次并可以及时共享的数据构成。数据存储量级如表1-1所示，在传统数据时期，泽字节（Zettabyte）已经包含了海量的数据，需要大量的算力进行运算。在大数据时代，数据的存储量将会达到尧字节（Yottabyte，亿亿亿字节），甚至理论上可达到珀字节（Brontobyte，千亿亿亿字节），这对数据的储存能力和算力算法的性能提出了更高的要求。

表1-1　数据存储量级

存储单位名称	简写	数据量
Kilobyte，千字节	KB	1KB=1024B
Megabyte，兆字节	MB	1MB=1024KB

续表

存储单位名称	简写	数据量
Gigabyte，吉字节（又称“十亿字节”）	GB	1GB=1024MB
Terabyte，太字节（又称“万亿字节”）	TB	1TB=1024GB
Petabyte，拍字节（又称“千万亿字节”）	PB	1PB=1024TB
Exabyte，艾字节（又称“百亿亿字节”）	EB	1EB=1024PB
Zettabyte，泽字节（又称“十万亿亿字节”）	ZB	1ZB=1024EB
Yottabyte，尧字节（又称“亿亿亿字节”）	YB	1YB=1024ZB
Brontobyte，珀字节（又称“千亿亿亿字节”）	BB	1BB=1024YB

资料来源：笔者整理。

（2）高速性。

大数据的高速性指的是可以快速生成数据集并实现数据的迁移。高速性也可以理解为即时性，大数据可以更快地满足用户的实时需求，新兴科技成果的转化与落地越来越依赖数据的智能化和实时性传输效率。例如大数据的高速传输性使得“数字远程诊断”“无人智能驾驶”“智能机器人”等依赖即时网络传输的应用场景成为可能。同时，高速率的数据传输技术允许在线远程分析数据而不必将数据下载至本地，这大大降低了数据的储存成本，提升了数据的运算效率。

（3）多样性。

大数据的多样性是指大数据包含结构化、非结构化和半结构化等多种数据类型的数据集合，如电子邮件、音频文件、文档、视频、图像、运行日志、点击流、呼叫记录或金融交易记录等。一方面，大数据所包含的多维度类型的数据为传统的数据库管理工具或运算程序提供了越来越多的数据源，同时多维度类型的数据也促进了数据库管理技术和数据运算平台的更新迭代。另一方面，在大数据时代，个人既是数据的接收者，又是数据的创造者、分享者，数据量呈现爆炸式和多样化增长。数据量的爆炸式增长和多样性有助于将杂乱无章的数据中的逻辑整理出来，把看似无用的信息转变为有效的信息，提高数据的信度和效度。

（4）真实性。

大数据的真实性是指大数据可以解决部分数据的失真和缺失问题，因此大数据有利于提高决策的精准性。在传统数据分析框架下，由于数据类型的多样化，使用传统分析方法对多种类型的数据进行分析会损失一定的精确度并存在不确定性。另外，传统的小样本数据由于数据量较小，数据缺失对分析结果具有较大的影响。在大数据分析框架下，一方面，大数据技术可以同时处理多种类型的数据，减少数据失真；另一方面，大数据本身的数据容量较庞大，数据缺失所导致的数据失真问题可以通过仿真模拟算法解决，因此大数据具有真实性。

（5）价值性。

大数据的价值性是指与传统系统中管理的数据相比，由于大数据集合的体量庞大，其数据价值密度往往相对较低。然而，大数据具有大价值，大数据的价值主要通过大数据技术来实现（徐宗本，2016）。随着互联网以及物联网等数字技术的广泛应用，经济运行所产生的数据信息数量巨大，因此，如何利用大数据分析技术深入挖掘数据，从海量数据中发掘出有价值的信息，是大数据时代最需要解决的问题。一旦大数据的大价值发挥出来，其价值创造能力将倍增，由此产生规模报酬递增效应。

（二）大数据的演进阶段

进入信息时代以来，经济社会运行所产生的信息数据逐渐丰富起来。特别是进入大数据时代后，数据的产生和收集已经突破了时间和空间的约束，海量的数据出现在人类的视野中。总的来看，数据的产生大致可以分成三个阶段，正是数据生成方式的变革催生了大数据。

1. 静态运营产生阶段

早期人类社会的数据量规模较小，其管理和计算模式较为简单，主要表现为人工对数据进行简单的归纳和分析。在“二战”期间，美国为了保存战争情报资料，研究发明出一套数据库管理系统。“二战”结束后，随着数据库从军用逐步向民用普及，一套具有坚实理论基础和成熟技术应用的管理系统逐步形成。数据库技术的应用使得数据管理的成本和管理难度大大降低，显著提升了数据管理的效率。在此期间，许多企业将数据库纳入其运营管理系统，如商场的销售管理系统、医院的病历管理系统、银行的交易管理系统、电力公司的供电管理系统等。数据库的应用使得人类社会所产生的数据量有了飞跃式的增长，在这一阶段所产生的数据多是对企业经营活动的记录，例如商场的销售管理系统的数据库中储存的是产品的销售记录数据，医院的病历管理系统中储存的是病人接受医疗救治的记录数据；银行的交易管理系统中储存的是账户汇款交易的记录数据；电力公司的供电管理系统中储存的是用户用电量的记录数据。这一阶段尽管产生了大量的数据，但这些数据的生成方式是被动生成，其数据价值有限。

2．用户动态交互阶段

互联网的普及和应用加快了人类社会数据的生成速度，但数据的第二次爆发出现在Web2.0时代。Web2.0时代最具代表性的标志是用户原创内容数据的出现，而数据呈现爆发式增长的原因主要有两个：一是新型社交软件的普及和应用。如微博、贴吧、微信朋友圈等新型社交平台的建立，使得用户可以在网络上表达自己的想法。二是新型移动终端的普及和应用。以笔记本电脑、平板电脑、智能手机为代表的新型移动设备改变了用户接入互联网的方式，突破了时间和空间的约束，使得用户可以更加便捷地在网上发布原创信息，在这一阶段，数据的生成方式是主动生成。

3．智能感知系统阶段

智能感知设备的出现使得数据出现了第三次爆发，进而催生了大数据时代。随着半导体制造工艺的进步和软件技术的发展，人们已经有能力制造应用新的工作机制和物化效应的微型化智能传感器，并将这些设备配置在经济社会中，利用这些设备对经济社会的运行状况进行实时监控。这些智能感知设备会自动对经济社会进行记录，并且源源不断地生成新数据，在这一阶段，数据的生成方式从主动生成转变为自动生成，数据量呈指数级增长，快速形成海量的数据。

二、制造业供给质量的相关概念

（一）制造业供给质量的内涵

制造业供给质量提升是深化供给侧结构性改革、推动制造业高质量发展的关键。制造业供给侧结构性改革、制造业高质量发展是与“制造业供给质量”相关的概念。

1．制造业供给侧结构性改革

制造业供给侧结构性改革是产业视域下供给侧结构性改革的重要领域。“供给侧结构性改革”由习近平总书记在2015年11月召开的中央财经领导小组第十一次会议上首次提出，要求“在适度扩大总需求的同时，着力加强供给侧结构性改革，着力提高供给体系质量和效率，增强经济持续增长动力”。供给侧结构性改革从供给端出发，旨在提升生产要素效率，优化经济发展的原始动力，进而推动产业结构优化升级（熊兴、余兴厚、陈伟，2016）。李天舒（2016）认为工业供给侧结构性改革的内涵是工业经济发展方式的根本性转变，目的是提高全要素生产率，结果是形成新的工业经济增长机制。黄群慧（2016）提出从产业层面推进工业供给侧结构性改革，其核心目标是推动工业向高端化转型升级，实现产业结构高级化。沈坤荣、李震（2017）认为制造业产业结构优化升级是制造业供给侧结构性改革的关键。余东华、李捷、小婷（2017）认为制造业“高新化”是供给侧结构性改革的重要内容，即推动制造业向要素集约化、技术绿色化、价值链攀升和生产智能化转型升级。曹秋静（2020）提出制造业供给侧结构性改革是基于供需结构性矛盾背景，通过要素升级、创新驱动、制度变革等方式，提升制造业供给体系对国内需求的适配性。

2. 制造业高质量发展

如何科学界定制造业高质量发展的内涵，学界尚未有权威的定论。众多学者从多个角度提出了自己对制造业高质量发展的见解。苗圩（2018）提出通过对制造业进行质量变革、效率变革和动力变革，以实现制造业高质量发展。江小国等（2019，2022）提出技术创新是制造业高质量发展的核心动力，要通过技术创新对制造业的质量、效率、动力进行变革，推动制造业向高端化、智能化、品牌化、绿色化转型升级，不断提高制造业供给质量，最终实现制造业高质量发展。余东华（2020）将制造业高质量发展总结为三个方面：一是制造业的竞争力、动力和活力实现高度一致；二是制造业的环境、效益和质量实现有机统一；三是制造业的品质、结构和速度实现协调发展。刘国新、王静、江露薇（2020）提出制造业高质量发展有创新驱动、开放式发展、全方位发展等多种模式，但其发展根基都是相同的，即实现效率与效益的有机统一。唐晓华、孙元君（2020）认为实现产能效率增长和资源能耗控制是推动制造业高质量发展的关键。付保宗、周劲（2020）认为推动制造业向绿色化、智能化、高端化、协同化发展是制造业高质量发展的重点和方向。在实证研究方面，不同学者围绕高质量发展的内涵，从不同层面构建制造业高质量发展指标体系，重点从技术创新、绿色发展、效益提升、质量提升、结构优化、开放合作等多个维度进行评价。

3. 制造业供给质量

实现高质量发展的核心是供给质量与效率的提升，新时代深化工业化进程的关键在于提升制造业供给质量（黄群慧，2020）。目前学界对制造业供给质量的研究较少，现有研究大多将其作为制造业高质量发展的一部分进行研究。此外，部分学者从不同研究视角对供给质量进行了研究，如贾康、苏京春（2016），马茹、罗晖、王宏伟（2019）基于要素投入的视角，胡颖、田新民（2016）、梁鲲飞等（2019）基于产业结构的视角，国家发展改革委经济研究所课题组（2019）、王小广（2020）基于产品质量的视角，等等，但这些研究均未聚焦于制造业供给质量。黄群慧（2016，2017a，2017b，2017c，2020）指出，制造业供给质量可以分为供给要素质量和供给体系质量，供给要素质量是劳动力、资本、土地等生产要素所具有的特性满足需求的程度，供给体系质量是产品（包括服务、工程等各种形式）、企业和产业等所具有的特性满足需求的程度。结合相关学者的研究，本研究认为，制造业供给质量是指制造业供给侧所具有的特性满足需求侧要求的程度，制造业供给质量是制造业高质量发展的核心及重要体现。

（二）制造业供给质量的维度

提升制造业供给质量是一项系统性工程，结合高质量发展的要求及制造业供给质量的内涵，把握全球制造业发展的变革趋势，本研究提出制造业供给质量主要包含制造业结构调整、质量效益、技术创新能力、市场适应能力以及生态系统价值共创能力五个维度，应围绕这五个维度，持续深化制造业供给侧结构性改革，增强制造业供给体系对国内需求的适配性，实现供给体系向中高端转变，推动制造业实现转型升级和高质量发展。

1. 制造业结构调整

制造业结构是指制造业产业内部相关行业、企业、要素的构成比例以及技术经济联系。制造业结构调整是指制造业结构从低级形态向高级形态发展的优化过程，主要包含三方面内容：一是产业结构优化。长期以来，我国的制造业供给总体处于价值链中低端，存在“低端锁定”的风险，呈现中低端产品过剩、高端产品供给不足等问题，迫切需要从价值链“微笑曲线”的底部向“微笑曲线”的两端提升。二是企业结构优化。企业作为产业发展的重要组织形式，传统制造业企业向高新技术企业转型升级本质上就是制造业结构升级。加快培育高新技术企业，将引领制造业加速转型升级，对推动制造业结构调整至关重要。三是投资结构优化。制造业结构是由其投资结构决定的，制造业结构的调整依赖于投资结构的优化，投资结构优化是制造业结构调整的重要标志。民营企业作为制造业投资的重要主体，主要通过加大技改投资力度，推动制造业向高端化、智能化、绿色化发展。

2. 制造业质量效益

提升制造业供给质量，必须始终坚持以提高质量和效益为中心，推动制造业发展由规模速度型向质量效益型转变。制造业质量效益主要包含生产效益、产品质量和生态效益三个方面。经过多年发展，我国制造业快速发展，但质量效益在长时间内仍是我国制造业最大的弱项。一是生产效益偏低。除个别高端制造业以外，中国制造业增加值率普遍在20%左右，远低于美国（33%）、德国（34%）、日本（31%）；制造业全员劳动生产率虽然同比有增长，但仅相当于美国同期水平的五分之一左右。二是产品质量不高。我国制造业规模虽大，但“大而不强”，优质产品和服务供给不足，产品质量管理能力亟待提升，具有全球影响力的制造业相关品牌数量少，缺乏世界级工业品牌。三是生态效益较差。推动制造业绿色化、低碳化发展是提升制造业质量效益的应有之义。长期以来，制造业作为我国能源消耗最大、碳排放最突出的产业部门，形成了“高投入、高消耗、高排放”的粗放式发展模式，严重制约了制造业的可持续发展。由此可见，推动制造业生产效益、产品质量、生态效益提质增效已成为制造业供给质量提升的必然要求。

3. 制造业技术创新能力

从国际竞争格局来看，围绕制造业及其技术创新的竞争已成为全球各国竞争的核心。制造业技术创新能力主要包含制造业创新投入能力和制造业创新产出能力。尽管中国在制造业中具备较强的制造能力，但与发达经济体相比，制造业技术创新能力整体偏低，许多关键核心技术缺失，部分关键元器件、零部件、原材料严重依赖进口，“卡脖子”技术短板问题依然突出，这些问题已成为制约我国制造业供给能力提升的根本性因素。大力实施创新驱动发展战略，加快实现制造业关键核心技术突破，已成为制造业供给质量提升的关键所在。

4. 制造业市场适应能力

供需关系是市场经济中最基本的关系，必须始终坚持以市场的逻辑推动制造业供给质量提升。随着居民收入和消费水平的提升，消费者需求由标准化转向个性化和定制化，这也对制造业市场适应能力提出了更高的要求。制造业市场适应能力主要包含国内、国际市场的适应能力，以及新产品的市场拓展能力。当前，我国制造业供给体系与国内需求的适配性较低，满足多样化、个性化需求的能力不够。面对供需关系的重大转变，制造业亟待向更加注重满足多样化需求的柔性制造、敏捷制造转变，从而提高供给适应引领创造新需求的能力。

5. 制造业生态系统价值共创能力

制造业生态系统价值共创能力，是指制造业企业通过整合广泛的社会资源，构建资源共享、价值共创的产业生态系统的能力。在新一代数字技术推动下，全球制造业更加注重生态系统价值共创能力的提升。推动制造业供给质量提升，不是仅靠某一行业、某一企业就能实现的，而是需要顾客、供应商、中介机构、政府等多种类型的经济主体加强合作，实现全面互动和价值共创，持续推动价值网络深化和拓展，实现制造业的全面升级。因此，制造业企业应加快从单一的产品生产向主导价值生态系统的平台型企业转变，提升产业链供应链整合能力，推动产业链上下游的所有供应商、合作伙伴、客户、分销商紧密合作，形成价值共创的良好产业生态。

第二节　理论基础

一、产业价值链理论

迈克尔·波特于1985年最早提出价值链理论，认为企业进行设计、生产、营销、交货及维护其产品等各种互相独立又彼此关联的生产经营活动，共同构成了价值链。企业与企业之间的竞争，不只是某个环节的竞争，更是整个价值链的竞争。波特的价值链理论主要从单个企业内部各业务单元联系的角度考虑，即内部价值链。当价值链理论扩展到企业外部，上下游关联企业之间联结时，则会形成行业价值链。

自波特以后，国外学者对价值链理论做了进一步研究。Shank and Govindarajan（1992）拓展了价值链的内涵，认为任何企业的价值链都包括从最初的供应商手里得到原材料直到将最终产品送到用户手中的全过程，其把原材料和顾客纳入价值链的范围。部分学者如Hines（1993）则是从"以客户为中心"的视角考虑价值链，更加关注顾客价值而非企业的核心能力和资产。他们认为，价值链应以满足顾客对产品的需求而非追求利润为出发点开展生产经营活动，利润只是企业满足顾客对产品的需求过程中的副产品。因此，尽管价值链的具体形式有所不同，但其本质都是以顾客需求为核心的一系列价值创造活动。随着信息技术的发展，相关学者探讨了信息技术对价值链的影响，并提出企业一方面通过现实市场的采购、生产与销售等活动形成"有形价值链"，其增值过程是线性的；另一方面，企业通过虚拟世界的信息收集、组织、筛选与分配等活动形成"虚拟价值链"，其增值过程是非线性的。

二、价值网络理论

价值网络这一概念最早是由Adrian J. Slywotzky等（1998）在其经典著作《发现利润区》中提出的。作者指出，随着信息技术的发展和竞争压力的日趋增大，为了更好地满足顾客的需求，企业应将传统的价值链转变为价值网络。Gulati（1999）认为，越来越多的企业处于一个网络组织中，其成员包括供应商、顾客、竞争对手等。波维特、玛撒、克雷默进一步指出，价值网络作为一种新的模式，能够将各类供应商连接在一起，制订灵活、高效、低成本的制造解决方案，从而更好地满足客户日益苛刻的需求。

根据波特传统的价值链理论，企业基于对客户需求的预测来决定生产规模，但由于预测出现偏差、市场需求发生变化等原因，难以及时、有效地满足顾客需求，造成价值流失。显然，单靠个别企业无法有效解决这一问题，需要上下游企业加强合作，形成网络组织，共同创造出更高的价值。正是在这种情况下，随着新一代信息技术的蓬勃发展，价值网络应运而生。区别于波特的价值链理论，价值网络理论把企业价值创造的过程从链式思维提升到网状思维，其本质是围绕顾客价值重构原有的价值链，具有以顾客为中心、系统化协调合作、高灵敏度、快速流动和数字化五大特点。价值网络大大拓展了原有价值链的范畴，将关注重心从企业竞争和价值分配转向合作共赢和价值创造，是传统价值链理论的重要拓展。

三、产业生态系统理论

美国经济学家Moore于1993年在《哈佛商业评论》上首次提出产业生态系统这一概念。虽然价值网络理论较好地诠释了日益普遍化的企业间合作行为和网络化发展趋势，但其所定义的价值网络只是狭义上的企业价值网络而非现实中的企业价值网络。现实中的企业价值网络除了包括行业内的供应商、顾客、互补者、竞争者以外，还包括广告商、商业伙伴、联盟企业、中介机构、政府等其他经济主体。这些跨越多个产业领域的不同类型的参与者，通过特定的方式建立起直接或间接联系，构成了类似自然生态系统中的价值网络，推动要素资源在经济联合体内部流动和循环。有学者将这种广义上的价值网络称为价值星系（Normann and Ramirez，1994）、价值创造生态（Hearn and Pace，2006）或产业生态系统（Moore，1993，2006）。

产业生态系统作为一种广义上的价值网络，突破了传统价值网络的行业界限，在更广范围内考虑与外部环境的交互作用，通过对社会经济资源的整合，重塑企业价值链。在互赖、互依、共生的产业生态系统内，价值链上的活动被分解，各成员专注自身所擅长的价值活动，通过跨界合作共同创造价值与获得良好的生存能力。在此基础上，Moore（1993，2006）指出产业生态系统应以“共同进化”为目标，要以生态位的思维看待自己和他人，与其他参与者在合作与竞争中共同进化，以及共同维持产业生态系统的延续和发展。Moore强调，企业的成功不仅仅取决于自身的能力，还受到其所处的产业生态系统制约。Tse（2002）进一步研究了产业生态系统的形成与演化的机制，首次提出了“网络经济的竞争框架”。

四、产业融合理论

学术界对产业融合理论的研究，最早可以追溯到由技术融合引发的产业融合。Rosenberg（1963）基于技术视角发现同一技术向不同产业扩散的现象，进而提出了“技术融合”这一概念。Rosenberg认为，技术融合是产业融合的前提，通用技术能够打破既有的产业边界，推动产业间交叉融合发展。20世纪70年代，信息技术迅猛发展，美国麻省理工学院媒体实验室的Negrouponte提出计算机、广播和印刷三大领域之间的重合部分具有成长最快、创新最多的特点。在此基础上，“Compunctions”和“Telemetriqu”两个新词被创造出来，以反映数字融合发展的趋势。Greenstein and Khanna（1997）提出产业融合是为了适应增长而导致产业界限变得模糊甚至消失。Yoffie（1996）将产业融合定义为“采用数字技术后原来各自独立产品的整合”。

另外，部分学者从其他角度对产业融合开展了大量研究。植草益（2001）提出，通过技术进步和放松管制能够大大降低行业壁垒，加强行业间的合作，从而催生出产业融合发展的新业态。Lei（2000）提出，技术融合是产业融合的前提，并且产业融合常常发生在产业边界处而非产业内部。Fai and Tunzelmann（2001），Gaines（1998）认为，产业之间能够发生融合的前提是具有产业关联性或技术产品替代性。Alfonso and Salvatore（1998）认为产业融合的形式有三种：技术融合、业务和管理融合、市场融合，并且最终目标是要实现市场融合。

第三节　文献综述

一、国外研究现状

国外学术界大约从2008年开始广泛关注大数据，但主要视角集中在利用大数据为企业优化工艺流程提供解决方案等技术层面，而从经济学角度探讨大数据对结构调整、产业升级影响的文献较少。相关研究大多从企业微观层面展开，产业中观层面的研究比较有限，具体可分为以下两方面。

（一）大数据在产业特别是制造业领域应用的研究

主要采用案例研究或仿真模拟的方法，分析大数据在制造业企业生产中的具体应用以及给制造模式、供应链等带来的影响。如Zaki et al.（2017）采用概念模型及多案例研究方法，分析大数据利用共同创造（Co-creation）促进重新分配制造（redistributed manufacturing）的作用。HofmannE（2017a）通过仿真模型来分析大数据应用在供应链决策过程中对牛鞭效应的影响。O'Donovan et al.（2015）从技术角度分析如何使工业大数据集成在现有大规模生产设施当中。Dai et al.（2019）从数据获取和储存角度研究物联网（Internet of Things）在制造业大数据分析中的应用现状以及存在的问题。Shukla，Tiwari and Beydoun（2019）从应用场景的角度研究大数据如何影响制造业的生产决策。Wang et al.（2022）全面回顾大数据分析（BDA）在制造业中的发展历程，认为大数据通过将尖端科技应用于传统产品的生产过程，同时为制造业中的产品和系统提供附加价值。Shahid and Sheikh（2021）认为制造业企业通过大数据技术分析来自生产车间的数据，创建可以使生产损耗和人为失误最小化的生产流程，彻底改变传统制造业企业的生产模式。

一些学者开始关注大数据对商业模式创新的影响，提出理论框架分析数据驱动的商业模式（data-driven business model），并指出借助大数据分析可以对消费者需求进行细分管理（Hartmann et al.，2016； Erevelles et al.，2016）。Jagtap and Duong（2019）通过研究食品加工企业的数据，发现大数据可以帮助企业准确识别消费者的需求，同时通过精准推送新产品的特性信息拓展消费者的潜在需求。Li，Chen and Shang（2021）认为大数据改变了传统的商业模式和商业决策，通过及时向制造业企业提供精准的数据信息，降低了逆向物流的随机性和模糊性，提高了产业链上企业回收设备产品的运营效率和服务性能，实现重新分配制造。

部分学者认为大数据在三个方面改变制造业企业获取价值的传统商业模式（Wixom and Ross，2017）。一是制造业企业通过先进的大数据分析技术来优化内部工作流程。Chen et al.（2021）认为制造业企业可以应用大数据技术整合资源，实现对内部流程的优化和外部竞争趋势的预测，培育快速适应环境变化的能力。Wiech et al.（2022）认为大数据能够帮助企业实现生产效率提升和内部流程优化，同时可带来运营和内部利益。二是大数据可以帮助企业丰富其产品、服务和客户体验，这被称为“围绕产品的包装信息”（wrapping information around products）。Sobczak（2022）以波兰238家制造业企业为样本的研究发现，以大数据为核心的智能机器人的普及应用极大地丰富了企业所提供的产品和服务，为消费者提供了更好的产品体验。三是制造业企业可以通过出售其不涉密的内部数据帮助外部公司盈利。Wiener，Saunders and Marabellii（2020）认为一些制造业企业通过为数据用户和供应商提供BD基础设施解决方案以及与BD相关的服务成为数据促进者（data facilitators）。

（二）“大数据”对企业竞争优势的深刻影响

相关文献主要从企业管理和决策视角，分析大数据给企业业务流程带来的影响，认为数据作为企业的新型核心资产，不但会对业务模式变革产生深刻影响，甚至会重塑企业的文化和组织架构（Mcafee and Brynjolfsson，2012）。有学者提出数据导向竞争优势（a data-driven competitive edge）的概念（Bughin et al.，2011），阐释“大数据”带来新竞争优势的途径，包括产品和服务的前瞻性开发等（Mcguire，Manyika and Chui，2012）；也有学者从数据生成角度出发，认为大数据技术可以简化非结构化数据（unstructured data），有助于企业减少不可用的数据的生成并提升数据质量，为管理层提供决策依据（Dubey et al.，2020）。部分学者认为大数据也会对组织文化（corporate culture）产生影响。Dubey et al.（2019）认为大数据分析是企业文化的关键调节结构，企业的有形资源和劳动者技能在这一结构内对企业文化有显著影响。Yu et al.（2021）对307家制造业企业进行研究后发现，数据驱动文化（data-driven culture）对制造业企业的供应链金融（SCF）整合有显著的调节作用。

还有学者认为大数据通过改变企业管理流程进而重新塑造了企业竞争优势。他们研究发现大数据对企业管理的改变主要集中在三个方面（Sahoo，2021）。一是利用大数据进行战略性变革管理。大数据分析封装了多种数据密集型方法，能够处理大规模数据，在管理决策中具有高价值（Cao，Duan and Li，2015；Dubey et al.，2020）。由于近年来大数据的不断发展，大数据的应用不再局限于制造过程，还延伸到服务和供应链的管理（Srai et al.，2016；Lamba and Singh，2017；Gunasekaran et al.，2017；Belhadi et al.，2020）。制造业企业在大数据技术的分析支持下对企业管理决策进行战略性变革，其中在监控企业运营过程、优化或改进绩效指标、管理库存、提升企业管理效率等方面尤为明显（Chavez et al.，2017；Mishra et al.，2018；Belhadi et al.，2020；Gawankar et al.，2019）。二是利用大数据实现企业的绿色节能和可持续发展目标。在全球各国逐渐重视环境保护以及可持续发展的大背景下，绿色低碳发展成为能源密集型制造业企业转型的新趋势，大数据技术有助于减少企业在这一转型过程中对生产活动产生的不利影响（Zhang et al.，2018）。大数据分析通过实时反映制造业企业原材料利用、能源消耗、污染物产生和产生的废物，在实现企业碳中和目标方面发挥了重要作用（Zhang，Ren and Liu，2017；Liu et al.，2020）。三是利用大数据实现“工业4.0”和智能制造的变革。在数字技术发展迅猛的大背景下，全球大多数制造业企业都将大数据技术应用于实现企业业务流程的自动化和智能化，制造业企业的数字化转型标志着第四次工业革命的出现，第四次工业革命也被称为“工业4.0”（Kipper et al.，2019）。“工业4.0”主要侧重于发展一个智能的数字化和基于自动化的制造业网络，在这个网络中，生产过程、分销网络和材料处理系统在没有人类接触的情况下通过实时数据传递协作来生产产品或提供相关服务（Farooqui et al.，2020；Osterrieder et al.，2020）。“智能工厂”或“智能制造”在制造业企业中的应用使企业管理灵活性、管理效率以及生产效率有了明显的提高（Farooqui et al.，2020；Osterrieder，Budde and Friedli，2020）。

二、国内研究现状

国内大约自2012年起开始广泛开展大数据方面的研究（李国杰、程学旗，2012）。由于党的十九届四中全会将数据列为与土地、劳动、资本、技术等并列的生产要素，学术界对数据要素的特征、运行机制及价值形态等展开了不少研究（徐翔、厉克奥博、田晓轩，2021；李海舰、赵丽，2023；李海舰、赵丽，2021；蔡跃洲、马文君，2021；王谦、付晓东，2021）。然而，和国外研究相似，从经济学角度有针对性地探讨大数据对制造业高质量发展、结构调整、转型升级影响的文献较少，多数文献从企业微观层面展开研究，产业层面的研究明显不足。相关研究主要可分为以下四方面。

（一）大数据对制造业结构优化及转型升级的影响

从产业层面的已有研究来看，大数据与制造业的相关研究主要集中于大数据对制造业结构优化及转型升级的影响研究，但相关文献较少。主要可以归纳为五个方面：第一，大数据促进制造业结构优化的研究。吕明元、苗效东（2020）系统分析了大数据影响制造业结构优化的机制和路径，并利用计量模型进行实证分析，提出大数据能有效促进中国制造业结构高级化和合理化。第二，研究大数据推动制造业转型升级。王铁山（2015）从定性角度对大数据推动制造业转型升级的作用机理、具体方式和实施效果进行了系统分析。房建奇、沈颂东、亢秀秋（2019）认为大数据在制造业业务流程中的应用能够助力制造业提质增效和转型升级。第三，研究大数据与制造业的融合。吕明元、麻林宵（2022）系统分析了大数据与制造业融合的内在机制，并对中国省域大数据与制造业融合水平进行了测度与比较分析，认为推进大数据与制造业深度融合已经成为实现制造业高质量发展的重要途径。第四，研究大数据驱动制造业向服务化转型升级。部分学者研究基于大数据的制造业与服务业融合发展的路径及机制（董华 等，2018，2021；汪涛武、王燕，2018）。董华等（2018，2021）认为通过推动大数据与制造业融合发展，能够有效克服制造业面临的“服务悖论”，加速实现制造业服务化转型，并进一步提出了大数据驱动下服务型制造超网络的价值共创机制和三大实现路径。汪涛武、王燕（2018）提出大数据通过推动制造业与零售业融合发展从而重构产业价值链，进而实现制造业转型升级。第五，研究大数据推动智能制造。有学者从技术角度论述如何通过工业大数据的分析和应用去预测需求、预测制造，从而推动智能制造并整合产业链和价值链（李杰，2015）。

（二）大数据对制造业企业智能化转型及创新发展的影响

从企业层面探讨大数据如何影响制造业企业智能化转型、业务流程创新、生产率提升、企业创新发展等的文献相对较多。主要有以下五个方面：第一，从管理学及企业视角研究大数据背景下制造业企业智能化转型的实现机理。如肖静华、毛蕴诗、谢康（2016）提出了一个基于互联网及大数据的智能制造体系概念模型与管理理论框架，并探讨了中国企业智能制造的转型升级战略与路径。第二，研究大数据对制造业企业全要素生产率的影响等。史丹、孙光林（2022）从理论与实证双重角度系统探讨了大数据发展对制造业企业全要素生产率的直接效应与作用路径，指出大数据发展对制造业企业全要素生产率具有显著正向影响。第三，探讨大数据驱动制造业企业创新发展的相关研究。谢康、肖静华、王茜（2018）探讨了大数据驱动的企业与用户互动创新的内在机理，提出大数据驱动的企业与用户互动研发创新能力—制度—方法—平台（CMMP）理论模型。焦豪等（2021）基于数据全生命周期管理的视角，探讨了制造业企业如何通过动态能力激发数据驱动效应实现业务模式和流程创新的理论机制。许宪春、王洋（2021）指出，大数据在企业生产经营中发挥的作用越来越重要，大数据在制造业企业中的应用贯穿于企业生产经营的全流程。谢卫红等（2021）认为大数据技术可以显著改善制造业企业的业务流程、供应链管理以及在制造过程中的关系，帮助企业实现实时化、精准化的业务管理需求。郭星光、陈曦（2021）从产品创新、商业模式创新、企业长期竞争力、企业创新生态系统和产业升级等方面分析了大数据赋能驱动制造业企业创新的理论机制。第四，采用探索性案例研究等方法，探讨大数据驱动企业大规模智能定制、敏捷制造、研发创新的机理等。有学者结合案例研究探讨大数据驱动大规模智能定制的内在机理，并构建了大数据赋能实现敏捷制造的过程模型（张明超、孙新波、钱雨，2021；孟炯、郭春霞，2021；张明超 等，2018；孙新波、苏钟海，2018）。肖静华等（2018）采用双案例研究探索消费者数据化参与的研发创新；孙新波等（2019，2020）基于动态能力理论，对大数据驱动企业供应链敏捷性的实现机理进行了研究。邱新平（2022）通过对服装企业与家具制造企业的双案例研究，探讨了大数据赋能制造业企业业务流程及组织结构创新的作用机制。第五，研究大数据重塑制造业企业价值链，实现转型升级。张振刚、许亚敏、罗泰晔（2021）以大数据背景下格力电器价值链的重构为案例，研究发现大数据使传统制造业的价值创造过程发生质的改变，可以推动企业价值链渐进式重构以应对外部压力，同时通过引起价值链破坏式重构来促使制造业转型升级。

（三）大数据对商业模式创新的影响

这方面的文献较为丰富，主要揭示大数据背景下商业模式构成要素和构成结构的变革，可以归纳为三个方面：第一，大数据为服务创新、流程创新、价值网络重构提供了重要手段，催生了共享经济、平台经济等商业新模式，并基于创新目标和机制构建大数据时代商业模式创新的分析框架（李文莲、夏健明，2013；易加斌、徐迪，2018）。周及真（2020）认为大数据平台商业模式是一种通过大数据的网络效应吸引更多用户使用该公司产品，进而优化算法和产品，最后吸引更多用户消费、获得盈利的商业模式。第二，大数据能够帮助企业更为准确地了解消费者的偏好，推动企业建立精细化营销的新商业模式，并探讨在大数据背景下营销组合模式的创新策略（张俊杰、杨利，2015；黄升民、刘珊，2012；王克富，2015）。易加斌等（2021）认为企业通过大数据整合消费者的需求偏好，对消费者进行重新定位和画像，从而产生新的商业价值和变革传统的商业模式。王立夏、程子琦、王沅芝（2022）认为借助大数据可以精准分析用户需求，还可以帮助企业进行业务转型与升级，以满足消费者个性化、多样化的需求。刘煜、刘遗志、汤定娜（2016）认为企业可以通过大数据技术重新审视客户关系，重新调整其营销策略，促进传统商业模式的革新。周南、陶会平、李好好（2015）认为大数据技术可以帮助企业准确了解消费者的真实需求，并且科学地将消费者人群进行细分，通过为细分的消费者精确地提供产品或服务促进商业模式的创新。第三，大数据能够催生出以数据、信息和知识为交易对象的新商业模式。张树臣、陈伟、高长元（2020）认为大型数据公司通过提供多种大数据服务，帮助用户实现数据的筛选和管理，从而产生有价值的商业模式。

（四）大数据对企业管理的影响

有学者从企业或者商业生态系统角度考察大数据技术带来的演化模式（王举颖、赵全超，2014；资武成，2013）；部分学者从大数据支持的角度研究企业组织创新的新路径和新方法（黄南霞，2014；侯锡林 等，2014；高晓云，2015）。霍媛媛（2019）认为大数据不仅仅指的是先进的数据收集、整理、分析和处理技术，更是一种以客户为中心、以参与互动为重要形式的企业管理思维和观念。也有学者从企业内部管理模式和企业边界拓展两个角度对大数据影响企业管理模式进行研究（吕明元、苗效东，2020）。一部分学者认为大数据促进了企业内部信息传递和管理模式的更新迭代，为企业管理引入了系统管理和业务流程的柔性化管理，促使横向管理组织架构代替过往的纵向管理组织架构。吉峰、张婷、巫凡（2016）认为大数据驱动企业业务流程和组织结构优化，推动企业内部信息互动创新，进而提升企业的可持续竞争优势。于畅、李佳雯（2021）认为大数据技术通过不断将各种外部资源整合进入企业，在扩大企业规模的同时削减平均成本，强化企业原有的核心能力，提升企业的市场竞争力。

三、文献评述

已有研究在以下方面仍有待拓展：第一，不少研究仅仅将大数据作为技术情境及技术手段或是从企业微观角度来探讨其对制造业或企业转型的影响，仍缺乏从经济学角度围绕大数据价值传递和价值创造的本质特征来揭示大数据驱动制造业发展的内在机制。第二，现有文献多从技术角度或是企业微观角度来分析大数据在制造业企业生产流程中的具体应用以及对企业业务模式、创新发展的影响，亟待提升到产业层面，特别是从制造业生态系统构建层面进行拓展研究，尤需重点探讨如何利用大数据对异质消费需求进行精准捕捉以及提高价值共创能力、从供给侧提升制造业质量效益的机理及路径。第三，不少文献集中研究大数据对商业模式创新的影响，更多关注的是产业链的营销端，亟须从制造业全产业链深化研究大数据对产业价值链的影响效应及影响因素。第四，虽有少部分学者从大数据与制造业结构优化、大数据与制造业融合、大数据与制造业企业全要素生产率等方面开展实证研究，但具体针对大数据驱动制造业供给质量提升的实证研究仍比较少见。

鉴于此，本研究试图从经济学角度，以价值创造和产业生态重构为核心，构建大数据驱动制造业供给质量提升的理论分析模型，深入探讨其运行机理及作用模式，并从实证层面探讨大数据驱动制造业供给质量提升的影响效应和传导机制，分析存在的问题及关键影响因素，在此基础上提出大数据驱动制造业供给质量提升的实现路径及政策建议。

第二章

大数据驱动制造业供给质量提升的作用机理研究

本章围绕大数据驱动制造业供给质量提升的理论机制进行分析，分别阐述大数据驱动制造业供给质量提升的动因、影响机理和作用方式。首先，从内部动因和外部动因两个维度分析大数据驱动制造业供给质量提升的动因；其次，结合产业价值链理论、价值网络理论及产业生态系统理论，从大数据促进制造业供需结构有效匹配、促进制造业全产业链价值创造、重构制造业生态系统三个角度阐释大数据驱动制造业供给质量提升的影响机理；最后，基于大数据的现实发展情况和具体应用领域，从五个层面分析大数据驱动制造业供给质量提升的作用方式。

第一节　大数据驱动制造业供给质量提升的动因分析

当今世界百年未有之大变局加速演进，制造业面临外部竞争加剧、资源环境压力增大、成本上升等挑战。我国经济已由高速增长阶段转向高质量发展阶段，立足高质量发展的内在要求，国家提出加快发展新质生产力。制造业作为实体经济的核心，是发展新质生产力的主要载体之一，也面临高质量发展的必然选择。大数据兼具数据要素和数字技术双重属性，对于实体经济培育新动能具有促进作用，是推动制造业转型升级和质量提升的重要战略资源。

一、内部动因

（一）制造业亟须提质增效

制造业是实体经济的主体，是经济保持中高速增长和产业迈向中高端水平的中坚力量，加快制造业转型升级、提质增效，是加快建设制造强国的使命要求。中国制造业“大而不强”，制造业整体实力与美国、日本、德国等制造强国相比还有一定差距，亟须提质增效，转变发展方式和转换增长动力，迈向高端化、智能化、绿色化的高质量发展之路。面对制造业高质量发展的重大需求，可以抓住当下数字革命与中国经济高质量发展交汇期带来的机遇，发挥工业大数据资源丰富、应用空间广阔、技术基础较为扎实等优势，将工业大数据与制造业深度融合，寻求和培育制造业高质量发展新动能，推动制造业价值链向高端延伸。通过大数据、人工智能等技术的融合应用，助力优化生产流程、提升产品质量、提高交易效率和企业利润率，打造制造业竞争优势。

（二）降低生产运营成本

降低制造业运营成本对于增强市场竞争力、提高企业效益非常关键。随着土地、原材料、资源等生产要素价格持续上涨，以及人口老龄化趋势带来的劳动力成本不可逆性上升，制造业成本逐渐攀升。面对竞争日益激烈的市场环境，制造业必须降低生产成本、提高效率，提升核心竞争力。在传统制造模式下，制造业企业普遍存在高库存问题，并造成过高的供应链成本和巨大的运营成本。在此情况下，制造业企业亟须借助工业互联网和大数据技术，实时动态搜集及分析生产流程各环节的数据资源，优化生产流程，节约生产成本。通过搭建互联网大数据平台，可以优化供应链管理，达到供给实时平衡，制造业企业可以用更低的成本实现更高水平的生产效率。

（三）应对生产过程和产业协作复杂化、多维化

在工业化深化进程中，一方面，生产制造规模不断增大，生产流程也日趋复杂，产业协作多维化的相关需求凸显；另一方面，产业分工日益细化和产业链条不断拉长，导致要素流通和产业协作难度加大，制造业企业面临生产过程和产业协作复杂化、多维化等难题。应用大数据技术，搭建工业互联网平台，可以促进全要素、全产业链、全价值链的全面互联，优化资源配置，减少企业发展过程中的不确定性。基于数据要素自由流动及跨界融合的特征，以数据流带动上下游产业链的技术、资本、物流等的优化组合，有助于形成智能化、柔性化的生产方式，全面提升全要素的流通效率和水平，有效应对生产过程的复杂化和产业协作的多维化，提升制造业整体发展实力和竞争优势。

二、外部动因

（一）应对市场竞争威胁

在制造业的国际竞争中，中国制造面临发达国家和发展中国家“两头挤压”的局面。“一头”面临美国等发达国家“再工业化”战略，鼓励产业回流；“另一头”面临以越南为代表的发展中国家制造业奋起直追的压力。因此，中国不仅要面对制造业先行国家的高端封锁，也要面对制造业后发国家的中低端追赶。此外，我国制造业还面临自身的恶性竞争、低利润率水平等发展问题（焦勇，2020），制造业转型发展的环境日趋严峻。数字技术的快速发展推动了大数据在制造业的融合应用，有助于催生制造模式创新，推动制造业转型升级，也为应对国内外市场竞争威胁提供了有力手段，帮助制造业企业提升在全球价值链中的地位。我国应抓住新一轮数字化深入发展的重大机遇。数字化不仅可以使传统产业的生产方式更加高效、产品更加智能，而且有利于在全球范围内优化资源配置，培育规模庞大、生机

无限的新兴产业集群，为制造业高质量发展注入新的动力和活力。

（二）大数据技术演进推动

新一代数字技术和人工智能的发展为大数据的采集和使用提供了技术基础，随着AI、机器学习、深度学习等技术的发展和应用，数据不仅可以被存储和分析，还可以被理解和利用，从而产生新的知识、服务和商业模式。一方面，制造业在“互联网+”环境下朝着个性化、平台化和服务化趋势演进，将工业互联网与大数据进行融合，可以将大数据的有效利用延伸到企业研发、生产、管理和销售等各个环节，持续推动制造模式和业态的升级优化，大大提升企业的核心竞争力。另一方面，大数据成为新型生产要素，通过“数字孪生”催生出新的大数据生产范式，促进制造业依托大数据实现数字化转型，构建新型的制造服务网络，使制造业企业内部生产线联网，形成高效运转的价值网络。大数据正在制造业中发挥着重要作用，它可以用于提高生产效率和推动供应链管理的可视化，帮助制造商进行生产优化、产品质量控制和供应链预测，从而降低成本、提高效率。

（三）满足市场消费需求的变化

随着人民生活水平的提高和消费观念的变化，消费市场结构也在不断优化升级，服务性消费占比持续提高。同时，在经济社会发展和科技创新的影响下，消费市场也呈现出一些新的特征和趋势。一是随着人们对美好生活的向往和追求，消费者的偏好和选择也越来越多样化：从产品层面来看，消费者寻求更多的差异化和个性化；从渠道层面来看，消费者会利用多种方式进行购物，如社交电商、直播电商、跨境电商等。二是随着人民收入水平的不断提高，消费结构也在加快升级：从产品层面来看，消费者更加注重产品的品质、安全、健康、环保等属性；从服务层面来看，消费者更加注重服务的便捷、专业、个性、体验等要素；从价值层面来看，消费者更加注重产品和服务所能带来的价值感和幸福感。三是科技创新影响消费市场朝着智能化方向发展，如智能家居、智慧零售、无人驾驶等。消费方式、消费市场和消费观念的升级都将进一步倒逼制造业抓住大数据发展机遇，构建需求精准感知、产品个性化定制、供应链快速响应的新制造模式，充分满足市场消费需求。

第二节　大数据驱动制造业供给质量提升的影响机理

大数据对制造业供给质量提升的作用机理十分复杂，本节基于大数据驱动制造业供给质量提升的影响因素，并结合产业价值链理论、价值网络理论及产业生态系统理论，以价值创造和产业生态重构为核心，构建大数据驱动制造业供给质量提升的理论分析模型（如图2-1），从大数据促进制造业供需结构有效匹配、促进制造业全产业链价值创造、重构制造业生态系统三个层面，探索大数据驱动制造业供给质量提升的影响机理。

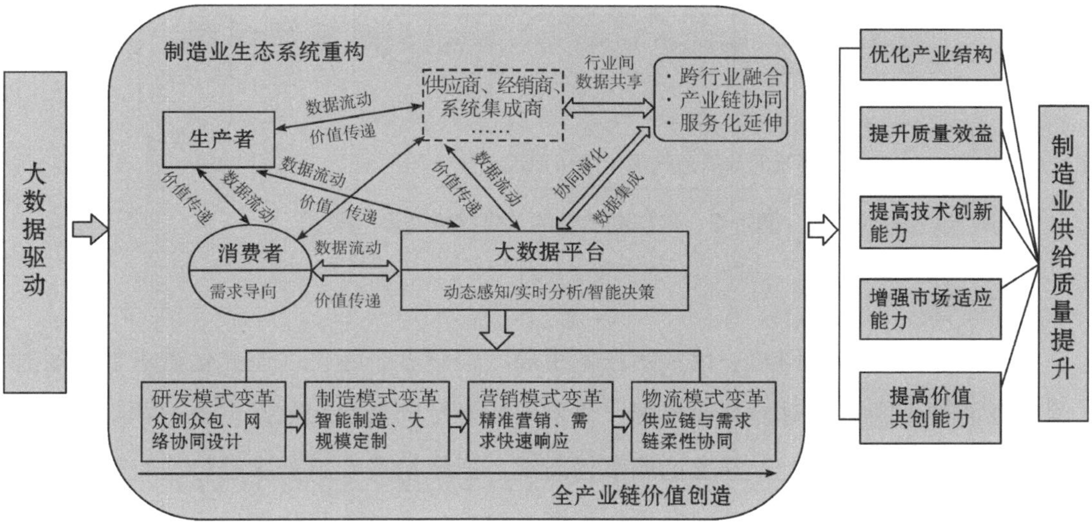

图2-1　大数据驱动制造业供给质量提升的理论分析模型

注：笔者绘制。

一、通过数据流动和价值传递，提高制造业供需匹配度

大数据驱动制造业供给质量提升，首先是以消费者需求为出发点来展开的，通过数据连接和智能分析能力，激活价值传递、动态感知、实时分析等大数据属性，提高市场敏感度，使异质性消费者的需求能够被精准识别，也使生产者能够快

速匹配消费需求从而创造价值；同时消费者通过数据化参与，逆向融入研发、制造等价值创造环节，重塑生产者与消费者的关系，进而提高供给结构对需求结构的适应性。

（一）通过大数据改善信息不对称问题，实现供需精准匹配

在传统经济中，信息不对称带来的市场失灵、逆向选择等问题，往往会导致需求存在缺口而供给过剩。传统制造模式主要是“供给推动型”模式（如图2-2），厂家将自身生产的产品通过分销渠道销售给消费者，由于信息收集和交互方式低效，难以把握市场需求趋势走向，不得不承担需求错配导致的损失，且容易盲动，包括产能规划、工艺改造、材料备货等。

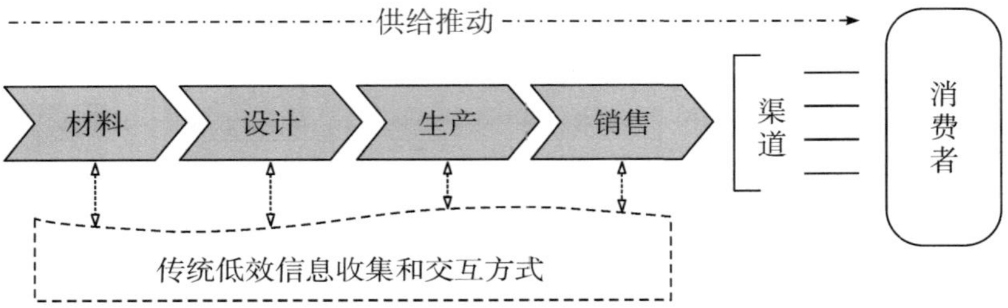

图2-2　传统制造业的“供给推动型”模式

注：笔者绘制。

大数据时代，利用新一代数字技术手段，消费者个性化、差异化需求数据通过消费互联网不断被实时捕捉和挖掘，累积形成海量的消费大数据。通过数字技术的运用开展用户需求分析，深度挖掘市场需求，把握消费者新需求趋势，有效细分消费者市场。针对产品的高频问题发掘消费者痛点，通过数字化售后回访收集用户体验反馈，改进产品不足。同时，通过工业互联网与消费互联网的对接，针对消费者多样化、特色化、个性化需求开展创新产品研发，开发个性化推荐算法，面向数据采集、数据存储、数据加工、数据可视化等需求，形成一批专业化、场景化的大数据解决方案，推动产品设计及功能创新，通过数字孪生技术实现供需、产销高效匹配与精准对接，不断推出满足、引领消费者需求的新产品。这种通过大数据驱动的“需求拉动型”商业模式具体运作方式如图2-3所示。因此，利用大数据可改善信息不对称的问题，通过大数据的流通和信息传递，在协同网络生态下，可以实现供

需的精准匹配（王谦、付晓东，2021）。

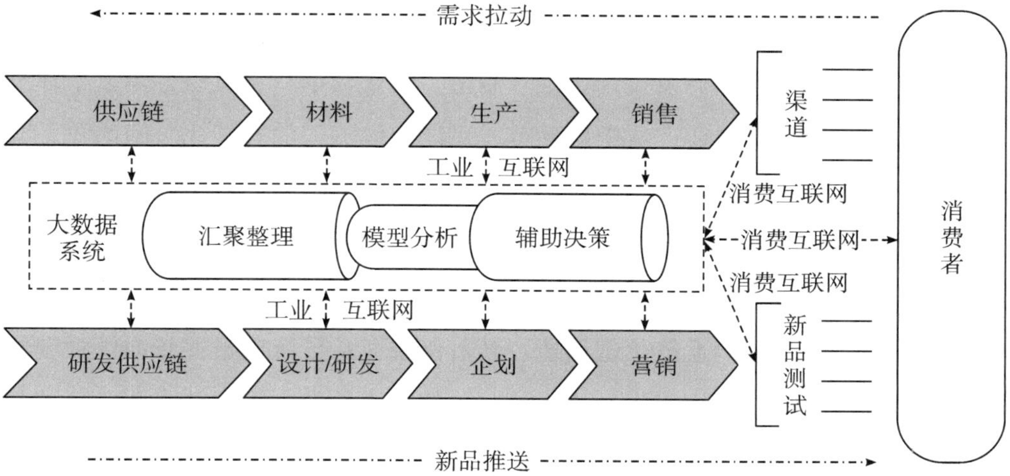

图2-3　大数据驱动的“需求拉动型”新模式

注：笔者绘制。

（二）通过大数据与消费端及生产端的融合，实现制造服务精准化

在大数据发展背景下，运用数字技术可以推动消费者服务模式创新，用户参与、消费者主导的商业和制造业模式逐渐成为主流。消费者可通过数据化参与和数据价值传递，逆向融入研发、制造等价值创造环节，促进供给端与消费端的协同共进（肖静华 等，2018）。同时，可运用大数据技术开展精准营销和服务反馈，建立用户需求模型和数据档案，对客户标签进行精细化分类，采集和分析消费者社会属性、兴趣爱好、购物意愿等数据，建立“线上引流+虚拟体验+线下展示及体验”的数字化营销模式。通过数据管理、事件营销精准推行促销策略，实现营销触点多样化、营销策略体系化和营销手段精准化，产生更多具有灵活性和适应性的消费场景，有利于制造业供应端精准改善用户服务体验。大数据技术有助于驱动生产模式模块化、柔性化，能根据消费者的差异化需求研发差异化产品，使新产品更符合消费者需求，实现制造服务精准化。

二、大数据赋能生产制造智能化、柔性化，实现全产业链价值创造

制造业全产业链包括研发设计、生产制造、市场营销、物流服务等多个环节，大数据通过内生嵌入制造业产业链各环节，赋能关键流程的智能化、网络化、柔性化发展，提高关键流程数字化改造与动态感知能力，推动研发、制造、营销、物流等核心环节的模式变革。通过大数据的应用进行实时智能管控与精准执行，推动集成式智能化知识创新，特别是拉升中端制造环节的附加值及产品质量，颠覆传统的“微笑曲线”，实现全产业链价值创造。随着制造业从传统制造逐步向更加智能的阶段演进，传统的链式结构变为环式结构，价值链中价值创造的各个业务环节都被重塑，通过研发设计、采购、生产制造、物流与供应链管理以及营销与服务环节的智能化转型，形成一个闭环的价值链，带动制造业价值链和产业链全面升级。

（一）大数据推动研发模式变革，提高研发和价值创造效率

研发设计是制造业最具创造力的环节，随着大数据技术加速由单项应用向集成应用拓展，全面融入制造业研发设计环节，促使研发工具、主体、流程、运作方式发生深刻变革。一是在设计方法和研发工具方面，从以物理试验为手段向以数字仿真为手段演变，由传统手工建模时代迈向数字化建模时代。制造业企业普遍利用数字化建模和仿真技术开展产品研发设计，极大提升了企业的设计创新能力和效率。二是在研发设计主体的变革方面，从封闭式“公司+雇员”的经典组织结构向开放式“工业互联网平台+海量个人”的全新组织形式转变。在数字化时代，企业和用户之间的界限变得模糊起来，企业需要的是融入互联网“基因”的一种“以用户为中心”的快速迭代的产品。让用户深入参与到产品研发过程中，收集用户反馈，开发个性化推荐算法，推动产品设计及功能创新，满足消费者多样化、特色化、个性化需求。三是在研发设计模式的转变方面，研发设计流程由“串行模式”向“并行模式”演进，迈向网络化协同与软件定义的新阶段。传统的产品研发设计流程基本上是一种串行工程，即把产品开发过程拆分成需求分析、工艺设计、仿真验证等诸多环节，并按照各环节顺序在不同部门、人员、项目及设备之间推进。基于互联网、云计算、大数据等数字技术，跨区域、跨行业、跨企业的研发设计资源被有效整合，通过关联设计和并行逻辑冲破不同行业、不同部门之间的壁垒，研发流程在

整体上实现了从串行向并行的演进，提高了研发和价值创造效率。

（二）大数据推动制造模式变革，提升制造业价值链地位

生产制造环节是制造业产业链中的关键环节，大数据对制造业产业链不断渗透、融合赋能，整个产业链在数字技术的支撑下发生解构和重构，特别是生产制造环节的生产模式和资源配置效率发生革命性变化，传统制造逐步向智能制造、大规模个性化定制转型。其中，智能制造是互联网、大数据和人工智能与先进制造技术深度融合的产物，形成数字孪生驱动的制造模式变革（肖静华、谢康、迟嘉昱，2019）。同时，依托累积形成的大数据优势，产品设计可以从原本昂贵耗时的设计师创作转变为大数据自动匹配的过程（焦勇，2020），由传统的“以企业为中心”转变为“以用户为中心”，由此产生了全新的C2M大规模定制商业模式。基于互联网大数据平台汇聚的众多消费者需求，企业搭建起智能化、柔性化生产线，各部件经过重新组装后，成为满足客户需求的、产品附加值高的个性化定制产品。在传统的“微笑曲线”中，产业链中游的制造组装环节是利润率最低的，上游的研发与下游的营销环节具有更高的附加值；而随着大数据深度嵌入生产制造环节，智能化、柔性化的生产制造技术进一步推广应用，通过对大数据的价值挖掘及价值传递，提高了对生产流程的控制力，灵活调节产能、削减库存，促使制造环节的附加值率和利润率提升，由传统的“微笑曲线”低端跃升到“武藏曲线”①顶端，进而跃升到数字化曲线的顶端（如图2-4）。

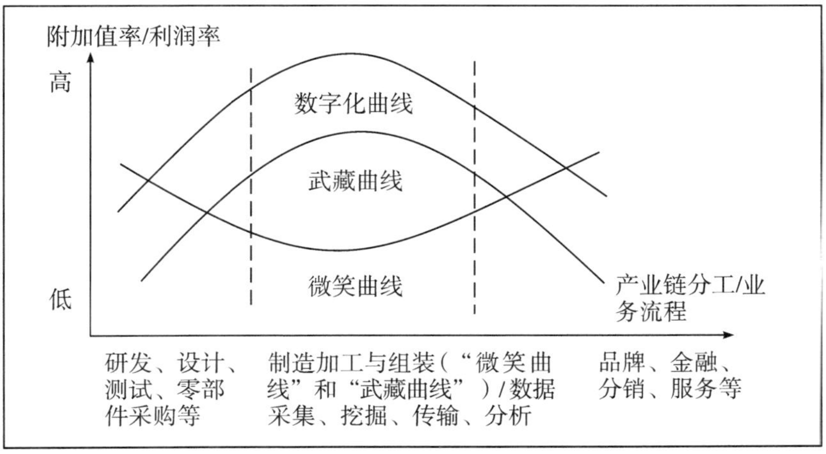

图2-4　大数据驱动下制造环节的附加值不断提升

① “武藏曲线”是2004年由日本索尼中村研究所的所长中村末广所创。根据该研究所对日本制造业的调查，发现在制造业的业务流程中，组装、制造阶段的流程中有较高的利润。

（三）大数据推动营销模式变革，实现对消费者需求快速响应和精准营销

大数据时代，通过对海量数据的整合、挖掘和分析，可以影响和改变营销的格局、战略方向，推动营销模式变革。大数据与营销之间关系密切，借助大数据技术，营销者可以无限接近、近乎准确地判断每一个人的属性，包括兴趣爱好、行为轨迹、购物经历等等，通过定位用户群、分析用户偏好、建立模型、制定策略，利用共同的属性去组建用户群组，进行目标人群定向，实现精准营销及优化。此外，通过大数据平台，制造业企业搭建了线上线下共同发力的营销网络，推动制造业营销模式变革（李海舰、赵丽，2021）。利用多种互联网渠道收集线上线下消费者行为数据创建大数据库，借助技术分析手段推测用户的喜好及潜在的消费需求，可以帮助企业精准筛选目标客户，并有针对性地传递信息，提高制造业自主决策及响应速度，提高精准营销的效率。

（四）运用大数据的智能决策实现供应链和需求链柔性协同，推动物流模式变革

在数字经济时代，大数据的实时性、动态性、交互性推动了信息的流动，极大降低了制造业产业链上各部门的搜寻成本，使得制造业中的所有节点都在大数据智能管理平台监控之中，从而实现供应链和需求链柔性协同。例如，在原材料采购环节，通过大数据、工业互联网等数字化技术应用，能够充分掌握从原材料到半成品再到产成品过程的生产需求，促进原材料供应与中游制造环节的匹配对接；在仓储物流环节，利用大数据、供应链管理平台等数字技术，能够对仓储物流环节进行实时监测和大数据分析，从而构建快捷高效的仓储物流体系，提高产业链前端的快速反应能力。因此，基于对大数据技术的应用，可以突破传统供应链在时间和空间上的限制，让供应链上、中、下游企业共同参与和实现信息共享，促进物流供应链优化，实现智慧物流模式。通过大数据分析形成物流流通数据后，可以实现货物不动、数据动，通过大数据分析决策选择物流最优路径，既缩短物流时间，又降低运输成本，从而提升制造业效率。

三、大数据促进产业链供应链协同化、网络化，重构制造业生态系统

生态系统原本是生物学领域的概念，后有学者将其引入经济管理领域，并将企业生态系统定义为一种“基于组织互动的经济联合体”，强调企业与企业、企业与其他类型组织之间的协同共生关系，并与周围环境相互作用、相互影响而形成的一类具有整体性的社会系统。大数据平台的价值生态系统基于网络平台数据共享的资源配置模式，使得制造业内部通过竞争合作机制、利益分配机制，形成抱团取暖的产业集群和企业群落，增强制造业产业体系的协调性、坚韧性和开放性。进一步通过数字化的连接效应和对大数据的质量管理，发挥开放融合的大数据平台效应，推动消费者、生产者、供应商、合作伙伴等主体间的数据共享以及行业间的数据集成，形成产业链协同、服务化延伸等价值共创能力，促使线性价值链向柔性价值网络演变，进而重构制造业生态系统。

（一）通过大数据平台提升供应链、产业链协同能力

大数据具有高度可连接性和融合性，随着数据资源逐步成为推动生态系统演化的关键资源（焦勇，2020），其可以推动平台式商业模式发展。通过大数据平台将企业与整个产业生态系统紧密联系在一起，不但能够弥合割裂的产业间和企业间联系，还能够增强产业链发展合力和整体竞争力，实现产业链协同发展。大数据平台的商业模式是在数据“连接”的基础上不断地进行信息、资源、价值交换，形成巨大的产能池，建立高效数字化的协同流程，推动产业生态共同价值最大化。典型的有“云工厂”，其就是一种平台承接订单并通过拆解制造过程分派给不同企业，针对每个订单组建个性化“云产线”的分布式协同生产模式（江小涓、靳景，2022）。通过大数据技术建立供应链协同管理平台，对产业链各环节企业生产、仓储、订单、物流等数据进行深层的分析、挖掘和应用，提升对产业链运行情况的预测、监测、评估和预警能力，增强产业链协同发展能力。

（二）工业互联网与大数据融合促进制造业治理协同

工业互联网与大数据融合可以通过分工协作增强制造业产业链的竞争性、关联性与变革性，进而促进制造业治理协同，形成竞合有序、开放循环、充满活力的生

态体系。工业互联网促进产业链协同主要得益于以大数据为核心链接起多类主体、多种资源。一方面，通过推动产业链上下游的供应商、经销商、系统集成商以及跨行业间的数据交换和共享，能够逐步实现全产业链的互联互通。另一方面，利用人工智能、大数据等新一代数字技术，深挖产业链大数据价值，建立重点产业链工业互联网公共服务平台，构建产业发展评估、工业App、解决方案展示、供需对接、产融、产教等系列公共服务，助力大中小企业融通发展，增强产业链韧性。此外，大数据渗透到制造业组织内部，构建供应商、客户、第三方物流、服务商等高效协同及资源共享的高价值供应链生态体系，能够有效提升制造业治理协同和组织内部的运营效率，进而形成制造业独具竞争力的商业运行模式。

第三节　大数据驱动制造业供给质量提升的作用方式

大数据是驱动制造业供给质量提升的利器，大数据赋能制造业供给质量提升是一个进阶的过程。大数据引发的数据要素、数字技术和数字平台的革命，重塑了制造业产业生态体系，加速了制造业的数字化发展、服务化制造和智能化制造，推动了全要素、全价值链的协同创新，激发出新模式、新业态与新产业，进而加快制造业供给质量的提升。下面从大数据对制造业结构调整、质量效益、技术创新能力、市场适应能力以及生态系统价值共创能力五个方面的作用方式进行分析（如图2−5）。

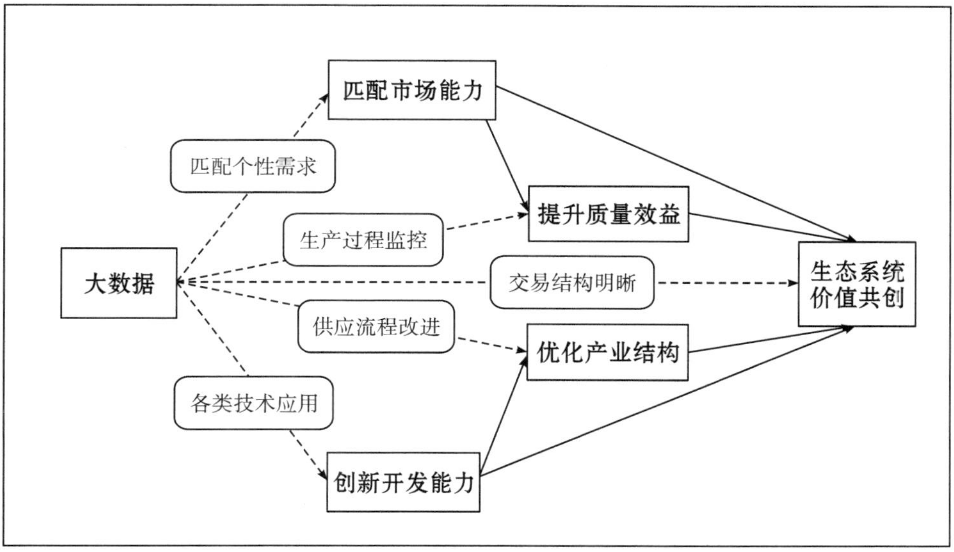

图2-5　大数据驱动传统制造业供给质量提升的作用方式

注：笔者绘制。

一、基于大数据赋能，驱动制造业优化产业结构

大数据对制造业产业链和价值链不断渗透、融合赋能，推动全要素、全价值链的协同创新，激发出新模式、新业态与新产业，引领制造业结构优化和调整。大数据赋能制造业转型升级的第一个维度体现在从传统制造逐步向智能制造演进。智能制造是先进制造技术与新一代数字技术的深度融合，吸收了大数据、人工智能、物联网等先进技术，构建贯穿于研发设计、生产制造、仓储物流、营销服务等全链条、全生命周期各个环节一体化集成的生产运营模式，实现制造的数字化、网络化、智能化，确保制造业在产业链质量提升的同时保证供应链效率。其中，大数据成为制造业产业链中的关键生产要素，通过搭建基于大数据的智能制造平台，提高对海量数据的优化处理能力，构建柔性化、个性化的生产线，同时通过数控机床、智能机器人等智能化设备的推广应用，能够提高生产系统的生产效率及制造工艺水平，进而催生数据化制造、智慧化制造模式，促进制造过程实现由大规模流水线生产向大规模定制化生产的转变，驱动制造业实现从“制造”到“智造”的跨越。

大数据赋能制造业升级的第二个维度体现在推动制造业企业向制造业服务化转

型升级并催生新业态。基于大数据使用带来的降本增效会提升制造业内部资源的配置效率，实现服务化资源的合理配置，有助于制造业企业迈向价值链高端的服务化转型升级。数字化转型需要全方位、全链条发展，而不是局限在产业链条上的某一流程环节。随着大数据、互联网等新技术相互融合并向传统制造业渗透，加快制造环节与研发设计、市场调研、物流、管理咨询等与之相匹配的生产性服务业融合发展，催生了新产业、新业态和新模式。此外，大数据、物联网、人工智能等技术，有利于制造业企业开展与其核心产品密切相关的服务，更好地打造符合企业比较优势和消费者需求的个性化服务，实现产品和服务的互补。例如，促进产品线上化，扩大产品服务的规模；促进产品智能化，推动产品服务的创新；促进产品平台化，提供更多系统性服务解决方案。

因此，大数据将推动制造业整个产业链在数字技术的支撑下发生解构和重构，使制造业产业链组织形态和资源配置效率发生革命性变化，带动制造业价值链和产业链全面升级，由“制造”向“智造”的高附加值新业态发展，助推制造业供给质量提高。

二、大数据优化资源配置效率，提升制造业质量效益

以大数据为代表的新一代数字技术对制造业产业链和价值链不断渗透、融合赋能，以实现效率和质量并存。

第一，大数据能够帮助制造业企业在生产运营各环节降本增效，从而加快制造业升级。制造业企业利用工业软件系统对生产过程中产生的工业数据进行分析处理，能够帮助制造业企业有效降低生产运营和管理成本，提升原材料使用效率，降低制造过程中的能耗和物耗。同时，可以利用大数据等手段推动企业供需渠道快速对接，缩短企业按需生产的响应时间，从而降低库存压力及供应链管理成本，进而提高行业的盈利能力。进一步地，通过对设备、物料、工艺、环境等各个节点实时采集的数据进行价值挖掘和分析，可以进行产品质量问题追溯和生产工艺改进，更好地监控和优化生产流程，从而实现对产品质量、过程质量的有效把控，并把提升质量效益落在实处。

第二，大数据有助于提高制造业产业链各环节的要素资源配置能力，进而驱动

制造业升级。大数据能够结合制造业企业的业务需求，渗透到制造业企业的原材料采购、产品研发、生产管理、市场营销等多个环节，帮助企业快速分析生产运营数据并提供决策手段，提高资源配置效率，摆脱依赖人力的传统模式，并且可以提升针对下游市场需求变化的快速反应能力，作出更为精准的决策。同时，产业链中各个环节生成的数据成为联通各个产业部门的重要资源，数字化技术将制造业数据进行整合和分析，通过大数据平台加快数据在产业链各部门的流通，有利于促进制造业产业链各环节数据价值增值，并提高投入产出效率。

三、大数据激发创新效率，提高制造业技术创新能力

大数据激发了创新效率，通过发挥大数据的连通作用和渗透效应，在设计研发部门和生产制造部门之间会形成持续的正向反馈，驱动制造业提高技术创新能力。一方面，大数据资源被广泛认为是改变企业产品创新方式、获得竞争优势的关键。对大数据的采集和分析，使产品研发流程呈现高度信息化和数据驱动的特征，消除研发与消费需求之间的阻隔，让消费者参与到企业研发活动中，加快研发设计向大众化、协同化发展。基于消费者评价的大数据，可以获得消费者需求和建议的正反馈，通过将消费者需求及时反馈到研发部门，改善买卖双方不对等的博弈地位，有针对性地研发设计新的高质量产品和前瞻性产品，创新研发模式，降低产品市场风险。另一方面，大数据分析本质上是一种知识资源的创造、获取与利用，研发设计部门向生产制造部门提供大数据服务，前提条件是要汲取数字技术知识，驱动企业数字化创新。大数据技术本身就属于高知识密度领域，这些领域具备高研发强度和强创新性，能够带来颠覆式技术创新。通过数字技术自身的创新属性及其扩散性赋予制造业的创新能力，促进制造业技术进步。通过大数据对技术流、物质流、资金流和人才流的有机整合，可以构建制造业数字创新生态系统。制造业数字创新系统就是将数字技术和数字创新系统应用到制造业领域，推动制造业产业链、供应链、价值链、创新链高效协同，实现企业主体间物质流、能量流、信息流的联结传导。对企业内部和关联主体数据价值要素进行汇聚、整合和重新排列，形成共生发展和动态演化的开放创新范式，促进信息共享、主体内部和主体之间的合作以及系统创新。大数据恰好能够提升企业对内外部数据的整合利用能力，提升协同效率，促进

研发创新（Bardhan，Krishnan and Lin，2013）。打造制造业数字创新生态系统之后，制造业生产效率将远高于传统制造业，创新效率也更高。

四、大数据驱动商业模式变革，增强制造业市场适应能力

大数据时代，制造业企业可以从大规模、多样化的数据中挖掘价值（李辉，2019），通过产品与服务深度融合重构制造业企业价值链，改造原有的生产和运营模式，从而增强制造业市场适应能力，提升制造业企业价值链效率。

第一，大数据颠覆了制造业传统的生产模式，制造业逐渐转向基于柔性制造技术的个性化定制生产路径。在大数据驱动下，能够实现制造业和上下游产业链以及销售链的组织外部联通。通过大数据、云计算、人工智能等新一代技术的应用，既可以推动制造业企业实现内外部的广泛在线连接、智能化决策，实现生产流程的优化，减少库存和提高响应速度，提升生产效率和产品质量，提供个性化产品和服务，也能够更准确地预测市场趋势，优化供应链。

第二，以数据作为资源和资产，基于大数据平台的融合、清洗、建库、治理能力，实现制造业内部数据的互联互通，能够有效驱动制造业商业模式优化与创新，增强制造业适应外部快速变化的市场环境的能力。通过大数据与互联网的融合建立销售平台，打通全产业链的价值渠道，赋能零售端，推动制造业销售服务模式创新。人工智能和大数据技术的应用有助于实现制造业更高效的信息传输、精准的资源管理和更快速的物流运输，推动物流配送创新，优化制造业供应链，提高制造业整体竞争力。

五、大数据驱动平台“共生”，提高制造业生态系统价值共创能力

制造业生态系统是包括制造业产业链、供应链上下游的供应商、系统集成商、经销商等在内的相互作用、相互依赖、共同发展的系统。数字经济赋能制造业转型的一个维度体现在制造业生态领域，实现从竞争合作向互利共生的转变（焦勇，2020）。

大数据时代，在制造业产业生态系统中，一是可以培育制造业生态主导型企业，打造以大数据平台为主导的企业群落。制造业生态主导企业是产业生态的主导

者、规则制定者、生态构建者和利益获取者，对大数据与制造业融合下的产业生态打造具有重要作用。它包括产业链“链主”企业[①]、技术创新网络核心企业[②]、世界级创新企业[③]等类型，具有行业标准的话语权、关键数据资源的整合权、产业生态的构筑权等主导能力（盛朝迅，2022）。利用制造业生态主导企业在制造和数字领域的长期积累优势和能力，通过推进产业生态的数字化，聚合细分行业工业专家、数字化服务商、行业资源等产业生态，共享技术、通用性资产、数据、人才、市场、渠道等资源，形成互利共生的制造业网络生态，提高制造业价值链治理能级，实现共同价值最大化。

二是大数据推动制造业内部及跨行业的融合，构建数据共享、能力协同、互联共赢的产业生态圈。基于大数据平台，不仅消费者可直接参与企业的研发、生产等环节，而且制造业企业与其供应链上下游企业、外部研发人员及其他产业组织等紧密联系在一起（肖静华，2017），形成价值共创的有机整体。大数据对于全产业链的历史和当下状态把握（表现为不同时间戳下的状态数据累积），可以促进上下游参与的生态各方共创价值，并持续稳固各方协作共赢。通过大数据平台促进要素再配置，发挥包括空间溢出在内的要素协同效应，最大化地释放和凝聚各方力量，并由此形成一种开放共享、生生不息的新商业生命体，这对提升制造业产业链协同水平具有明显的支撑作用，并且能够不断提高制造业生态系统价值创造能力，推动制造业迈向高质量发展道路。

①　产业链“链主”企业是指在产业链中占据优势地位，对整个产业链或者供应链中大部分企业的资源配置有较强影响力的核心企业。

②　技术创新网络核心企业是企业创新生态系统的领导者、创新活动和价值活动的发起者和组织者，是制造业生态系统中具有关键创新资源和杰出协调能力的企业。

③　世界级创新企业具有创新资源的持续投入、高端创新人才的引进、创新成果的辐射效应、创新资源的整合能力、研发网络的全球化特征。

第三章

大数据驱动制造业供给质量提升的影响效应实证研究

本章从实证模型的角度出发，选取2014—2021年中国30个省（区、市）的面板数据为样本，通过构建双向固定效应模型研究大数据对制造业供给质量的影响效应。为验证结果的稳健性，采用多种计量方法进行稳健性检验，并借助工具变量法检验模型中可能存在的双向因果。在影响机制方面，检验了区域要素配置、数据赋能和创新能力作为中介变量的传导机制效应。同时，构建门槛回归模型检验了大数据驱动制造业供给质量提升的非线性效应，并分别从区域和行业层面探究大数据对制造业供给质量的异质性影响效应。

第一节　大数据发展与制造业供给质量水平测度

一、大数据发展水平测度

（一）大数据发展水平指标体系构建

由于大数据发展水平是一个较为抽象的概念，很难采用单一指标进行测度，为全面理解和评估大数据发展水平及其对制造业供给质量的影响，需要建立一套系统而综合的指标体系。学界对于大数据发展水平的指标体系已有较多讨论，多数学者认为大数据指标体系应包括以下四个维度：一是基础设施建设维度。苗效东、吕明元、张旭东（2023）认为大数据发展水平的基础是由网络基础设施所决定的，刘静等（2020）也认为数字基础设施水平可以反映大数据的产出能力。二是技术创新能力。苗效东、吕明元、张旭东（2023）在测算大数据指标体系时纳入技术支撑因素，将ICT产业就业占比、投资占比和收入占比等指标考虑在内，很好地反映出大数据产业的技术投入水平。三是制度环境。艾永芳、孔涛（2021），史丹、孙光林（2022）都认为制度因素是影响大数据发展的重要因素，因此将大数据政策力度、大数据试点创新等指标纳入指标体系。四是普及应用水平。钞小静、王宸威（2022）认为大数据作为生产要素在生产过程中的应用程度是其发展水平的重要测度。吕明元、麻林宵（2022）认为大数据指标的构建应包含大数据在制造业中的应用水平，采用每百家企业拥有网站数、每百人使用计算机数、电子商务交易额占GDP之比等指标来衡量。借鉴上述学者的研究，结合大数据的特性，本研究确定大数据发展水平的核心要素为大数据基础设施、大数据产业发展、大数据应用水平、大数据技术创新和大数据发展环境，由此构建出大数据发展水平评价的五类一级指标。大数据发展水平指标体系见表3-1所示。

表3-1　大数据发展水平指标体系

一级指标	二级指标	三级指标	指标含义
大数据基础设施	大数据硬件基础设施	长途光缆线路长度/城区面积（公里/平方公里）	反映大数据硬件基础设施的完备性
		互联网宽带接入端口数（个）	反映大数据硬件基础设施的通达性
	大数据网络基础设施	移动电话普及率（%）	反映大数据网络基础设施的完备性和渗透性
	数据交换基础设施	各省市IPV4的占比（%）	反映数据交换协议基础设施的完备性
大数据产业发展	大数据产品制造业	电子信息制造业总产值（万元）	反映大数据硬件制造业发展状况
	大数据产品服务业	软件业总产值（万元）	反映大数据软件服务业发展状况
	大数据要素驱动业	电子商务交易额（万元）	反映大数据商用的成熟程度
大数据应用水平	社会数据化应用	移动互联网接入流量（GB）	反映智能终端普及率
		宽带互联网接入用户数（户）	反映互联网的用户普及量
	制造业数据化应用	制造业企业拥有网站数/制造业企业数（个/个）	反映制造业企业使用数据要素的水平
	服务业数据化应用	服务业企业拥有网站数/服务业企业数（个/个）	反映服务业企业使用数据要素的水平
大数据技术创新	大数据产业研发潜力	信息传输、软件和信息技术服务业人才数（万人）	反映省域大数据研发潜力
大数据技术创新	大数据产业研发强度	电子及通信设备制造业新产品开发经费支出/GDP	反映省域大数据产业研发强度
	大数据产业创新能力	电子及通信设备制造业新产品销售收入/主营业务收入	反映省域大数据产业创新能力
大数据发展环境	大数据消费能力	每百人电信业务消费量（万元）	反映地区消费数据的能力
		居民交通通信支出占总消费支出（%）	反映公众对信息消费的承受能力
	大数据人才储备	ICT从业人员占比（%）	反映大数据人才储备水平

续表

一级指标	二级指标	三级指标	指标含义
	大数据制度环境	大数据试点创新（用是否存在大数据综合试验区来衡量：是=1，否=0）	反映省域大数据发展在国家战略中的地位
		数据开放平台（用是否存在政府数据开放平台来表示：是=1，否=0）	反映数据开放的范围和多样性

1．大数据基础设施

大数据基础设施是大数据发挥要素效能的基础支撑，包括大数据硬件基础设施、大数据网络基础设施和数据交换基础设施。其中，大数据硬件基础设施反映大数据硬件基础设施的完备性和通达性，用长途光缆线路长度（万公里）/城区面积×10000和互联网宽带接入端口数来衡量；大数据网络基础设施反映大数据网络基础设施的完备性和渗透性，用移动电话普及率来衡量；数据交换基础设施反映数据交换协议基础设施的完备性，用各省市IPV4的占比来衡量。

2．大数据产业发展

大数据相关产业的发展是大数据要素产业化的关键。参考国家统计局发布的《数字经济及其核心产业统计分类（2021）》，并借鉴史丹、孙光林（2023）的研究，将大数据产业分为大数据产品制造业、大数据产品服务业和大数据要素驱动业三类。其中，大数据产品制造业反映大数据硬件制造业发展状况，用电子信息制造业总产值来衡量；大数据产品服务业反映大数据软件服务业发展状况，用软件服务业总产值来衡量；大数据要素驱动业反映大数据商用的成熟程度，该指标越大则表示大数据商用的成熟度越高，用电子商务交易额来衡量。

3．大数据应用水平

大数据应用水平从生产和生活应用角度衡量大数据的应用程度，包括社会数据化应用、制造业数据化应用和服务业数据化应用。本研究对相关指标进行创新设计，其中，社会数据化应用反映社会居民使用数据要素的水平，包括智能终端普及率和互联网用户普及量，分别用移动互联网接入流量和宽带互联网接入用户数来衡量；制造业数据化应用反映制造业企业使用数据要素的水平，使用制造业企业拥有网站数/制造业企业数计算；服务业数据化应用反映服务业企业使用数据要素的水平，使用服务业企业拥有网站数/服务业企业数计算。

4. 大数据技术创新

大数据技术创新是大数据应用及产业化的重要支撑，包括大数据产业研发潜力、大数据产业研发强度和大数据产业创新能力。其中，大数据产业研发潜力用信息传输、软件和信息技术服务业人才数来衡量；大数据产业研发潜力用信息传输、软件和信息技术服务业人才数来衡量；大数据产业研发强度用电子及通信设备制造业新产品开发经费支出/GDP来衡量；大数据产业创新能力用电子及通信设备制造业新产品销售收入/主营业务收入来衡量。

5. 大数据发展环境

大数据的可持续发展还需要消费能力、人才、制度等外部环境的支持，包括大数据消费能力、大数据人才储备和大数据制度环境。其中，大数据消费能力反映地区消费数据的能力和公众对信息消费的承受能力，分别用每百人电信业务消费量和居民交通通信支出占总消费支出的比重来衡量；大数据人才储备用ICT从业人员占比来衡量；大数据制度环境反映省域大数据发展在国家战略中的地位和数据开放的范围和多样性，借鉴史丹、孙光林学者（2022）的做法，使用是否存在大数据综合试验区和是否存在政府数据开放平台来衡量。

（二）样本选取与数据来源

“大数据”在2014年3月首次被写入我国政府工作报告，表明了其在国家战略中的重要位置，因此可以认为2014年是我国大数据发展的起始之年；同时，限于数据可得性，如电子商务等某些指标是从2014年开始才有官方的统计数据，因此本研究的样本年限设定为2014—2021年。本研究选取我国30个省（区、市）的面板数据进行分析，数据来源于《中国统计年鉴》《中国工业统计年鉴》《中国高技术产业统计年鉴》《中国第三产业统计年鉴》《中国软件和信息服务业发展报告》《中国互联网络发展状况统计报告》以及国研网、各省市统计年鉴、Wind等数据库。

（三）测度方法

本研究采用熵值法对大数据发展水平指标进行客观赋权。学术界对于经济数据指标体系权重的界定尚未形成统一的方法，目前主要存在两类方式：主观判断和客观分析。主观判断依靠研究者的个人经验及直观感受来确定各指标的比重，典型的例子有等权重分配和层次分析技术。客观分析通过数据解析与统计方式对指标权重进行量化，包含熵值测定和主成分分析。主成分分析常常在横截面数据中进行权重分配，熵值法更倾向于在面板数据中运用。熵值法的优点是按照指标的熵值（也就是信息含量）来合理确定权重，以此消除主观偏见的干扰，并全面考虑各指标对于总体评价的贡献程度。其核心思路是以信息熵衡量准则为基础，评估指标的信息价值，进而决定权重的分配。信息熵较高的指标意味着其变化幅度较小，信息贡献不大，所以应当获得较低的权重；相反，信息熵较低的指标则应当被给予较高的权重。本研究选用熵值法的步骤如下。

1．数据标准化

由于原有数据的单位及量纲是不同的，为了使数据具有可比较性，必须对数据进行标准化处理。本研究采用极差化法，设有y个年份，n个评价对象（省、区、市），m个评价指标，$x_{\theta ij}$为指标原始值，使用$x'_{\theta ij}$表示标准化后的指标，公式如下：

$$X'_{\theta ij}=\frac{x_{\theta ij}-\min x_{\theta ij}}{\max x_{\theta ij}-\min x_{\theta ij}} \tag{3-1}$$

其中，θ表示年份（θ=1，2，…，y），i为评价对象（省、区、市）（i=1，2，…，n），j表示评价指标（j=1，2，…，m）。

2．求各指标占比

$$p_{\theta ij}=\frac{x'_{\theta ij}}{\sum_{\theta=1}^{y}-\sum_{i=1}^{n}X'_{\theta ij}} \tag{3-2}$$

3．计算信息熵

$$e_j=-\frac{\sum_{\theta=1}^{y}-\sum_{i=1}^{n}p_{\theta ij}\ln(p_{\theta ij})}{\ln(m)} \tag{3-3}$$

4．计算权重

$$W_j=\frac{d_j}{\sum_{j=1}^{m}d_j}=\frac{1-e_j}{m-\sum_{j=1}^{m}e_j} \tag{3-4}$$

其中d_j为差异性系数，d_j=1−e_j，由此得到各指标权重W=［W_1，W_2，W_3，…，W_4］。

5. 计算综合得分

$$S_{\theta i}=\sum_{j=1}^{m}W_j p_{\theta ij}，\quad (i=1，2，\cdots，n) \qquad (3-5)$$

6. 综合得分结果

按照以上熵值法的步骤计算得出的大数据各指标权重如表3-2所示。

表3-2　大数据发展水平各分项指标权重

一级指标	二级指标	信息熵值e	信息效用值d	权重系数w
大数据基础设施	大数据硬件基础设施	0.92	0.08	4.15%
		0.95	0.05	2.42%
	大数据网络基础设施	0.96	0.04	2.23%
	数据交换基础设施	0.90	0.10	5.49%
大数据产业发展	大数据产品制造业	0.85	0.15	8.09%
	大数据产品服务业	0.87	0.13	7.24%
	大数据要素驱动业	0.90	0.10	5.60%
大数据应用水平	社会数据化应用	0.89	0.11	5.92%
		0.96	0.04	2.29%
	制造业数据化应用	0.93	0.07	3.52%
	服务业数据化应用	0.93	0.07	3.51%
大数据技术创新	大数据产业研发潜力	0.91	0.09	5.02%
	大数据产业研发强度	0.89	0.11	5.71%
	大数据产业创新能力	0.89	0.11	5.75%
大数据发展环境	大数据消费能力	0.91	0.09	4.73%
		0.98	0.02	0.93%
	大数据人才储备	0.84	0.16	8.55%
	大数据制度环境	0.78	0.22	11.86%
		0.87	0.13	7.00%

（四）测度结果分析

根据大数据发展水平测算方法，利用前文构建的大数据发展水平指标体系，得到了我国30个省（区、市）2014—2021年间的大数据发展水平指数，并分为东部、中部、西部和东北地区进行分析[①]，如表3-3所示。整体来看，2014—2021年我国30个省（区、市）的大数据发展水平呈上升趋势，但不同省（区、市）大数据发展水平差距较大。

表3-3　我国各省（区、市）大数据发展水平指数

地区	省份	2014	2015	2016	2017	2018	2019	2020	2021	均值	增速（%）
东部地区	上海	0.11	0.11	0.25	0.32	0.34	0.36	0.38	0.4	0.28	263.64
	北京	0.2	0.13	0.27	0.43	0.44	0.49	0.48	0.54	0.37	170.00
	天津	0.05	0.04	0.18	0.18	0.19	0.26	0.27	0.27	0.18	440.00
	广东	0.27	0.24	0.44	0.63	0.64	0.67	0.7	0.71	0.54	162.96
	江苏	0.19	0.18	0.19	0.28	0.33	0.33	0.35	0.37	0.28	94.74
	河北	0.07	0.06	0.19	0.21	0.22	0.23	0.31	0.31	0.20	342.86
	浙江	0.15	0.13	0.15	0.17	0.27	0.3	0.3	0.32	0.22	113.33
	福建	0.05	0.05	0.06	0.07	0.09	0.1	0.17	0.18	0.10	260.00
	山东	0.12	0.12	0.13	0.23	0.24	0.25	0.26	0.27	0.20	125.00
	海南	0.02	0.03	0.03	0.03	0.03	0.11	0.11	0.11	0.06	450.00
中部地区	山西	0.04	0.04	0.04	0.13	0.13	0.14	0.15	0.15	0.10	275.00
	安徽	0.06	0.06	0.07	0.08	0.09	0.18	0.19	0.19	0.12	216.67
	江西	0.07	0.07	0.08	0.09	0.11	0.19	0.19	0.2	0.13	185.71
	河南	0.06	0.07	0.08	0.15	0.17	0.18	0.19	0.2	0.14	233.33
	湖北	0.06	0.06	0.07	0.15	0.16	0.18	0.19	0.19	0.13	216.67
	湖南	0.12	0.07	0.21	0.34	0.33	0.41	0.34	0.35	0.27	191.67

① 根据国家统计局的经济区域划分标准，我国现行地理区划分为东部地区、中部地区、西部地区和东北地区：东部地区包括北京、天津、河北、上海、江苏、浙江、福建、山东、广东和海南10省（市）；中部地区包括山西、安徽、江西、河南、湖北和湖南6省；西部地区包括内蒙古、广西、重庆、四川、贵州、云南、西藏、陕西、甘肃、青海、宁夏和新疆12省（区、市）；东北地区包括辽宁、吉林和黑龙江。

续表

地区	省份	2014	2015	2016	2017	2018	2019	2020	2021	均值	增速（%）
西部地区	内蒙古	0.08	0.07	0.19	0.29	0.28	0.29	0.29	0.29	0.22	262.50
	重庆	0.06	0.05	0.18	0.18	0.19	0.2	0.21	0.29	0.17	383.33
	四川	0.09	0.08	0.1	0.11	0.2	0.22	0.25	0.25	0.16	177.78
	贵州	0.04	0.17	0.17	0.17	0.26	0.27	0.28	0.27	0.20	575.00
	云南	0.05	0.05	0.05	0.06	0.07	0.08	0.17	0.17	0.09	240.00
	陕西	0.06	0.06	0.07	0.07	0.07	0.07	0.15	0.14	0.09	133.33
	甘肃	0.06	0.06	0.07	0.07	0.09	0.1	0.18	0.18	0.10	200.00
	青海	0.04	0.04	0.04	0.05	0.05	0.13	0.14	0.13	0.08	225.00
	宁夏	0.04	0.08	0.03	0.03	0.04	0.12	0.12	0.12	0.07	200.00
	广西	0.04	0.04	0.04	0.05	0.07	0.08	0.16	0.16	0.08	300.00
	新疆	0.04	0.04	0.04	0.04	0.05	0.06	0.14	0.14	0.07	250.00
东北地区	辽宁	0.04	0.04	0.04	0.12	0.12	0.13	0.13	0.13	0.09	225.00
	吉林	0.05	0.05	0.05	0.13	0.13	0.14	0.14	0.14	0.10	180.00
	黑龙江	0.04	0.04	0.17	0.25	0.26	0.26	0.27	0.27	0.20	575.00

如表3-3所示，大数据发展水平较高的省市如广东（0.54）、北京（0.37）、江苏（0.28）、上海（0.28）和浙江（0.22），多位于东部沿海城市，人才集聚，交通便利，数字基础设施先进，有较好的大数据发展环境，而排名靠后省份如内蒙古（10.22）、新疆（0.07）、云南（0.09）、宁夏（0.07）和甘肃（0.10），位于西部地区，生产力水平较低，数字基础设施较落后，与东部地区大数据发展水平差距愈发明显，区域之间的大数据发展差距呈现不断拉大的趋势，“数字鸿沟”现象凸显。

由图3-1可以看出，在整个样本区间内，各个地区的数据发展水平都有所上升，显示出大数据在中国各地的持续发展。东部地区的数值逐年上升，从0.12增长到0.35；中部地区的数值在2015年有所下降，然后逐渐上升，最后达到0.05；西部地区的数值在2016年之前呈上升趋势，之后开始波动，最终达到0.19；东北地区的数值在2015年有所下降，然后逐渐上升，最后达到0.06。总体来看，各地区的数值都在不断变化，但总体呈现出上升的趋势。不同地区的增长速度有所不同，东部地区始终处于领先位置，而其他地区则有不同程度的增长。东部地区在整个期间保持最高的大数据发展水平，而且增长稳定。这可能反映了该地区在经济发展、科技创新以及政策支持等方面的领先地位。尽管中部地区初始值较低，但在后期表现出强劲的增长势头，尤其是在2018年后增速明显加快。西部地区初期发展较慢，但从2016年开始逐渐加速，特别是在2019年之后呈现出显著的增长态势。东北地区整体上发展较为缓慢，与其他地区相比存在一定的差距。各个地区的大数据发展水平在不同年份间有所波动，但总体呈现上升趋势，这可能是政策调整、市场环境变化等因素导致的短期波动。总的来看，中国的各个地区都在积极发展大数据产业，其中东部地区表现最为突出，而中部和西部地区也在逐步追赶；东北地区虽然起步较晚，但也开始展现出一定的发展潜力。这种发展趋势表明，大数据作为新型生产要素的驱动力量，在中国各地正得到越来越广泛的重视和应用。

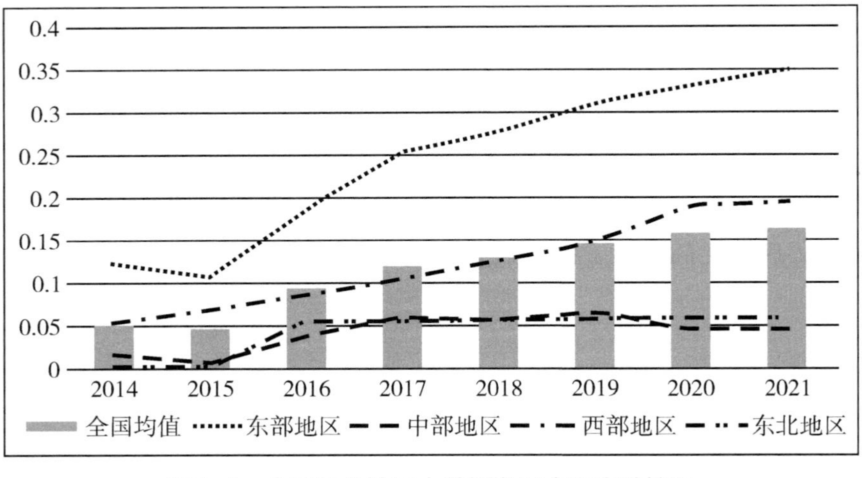

图3-1　全国及分地区大数据发展水平变动情况

二、制造业供给质量水平测度

（一）制造业供给质量水平指标体系构建

同样地，推动制造业供给质量提升是一个复杂的任务，仅依靠单一指标往往无法全面反映其复杂性和多维度的特性。根据前文的分析，制造业供给质量涉及多个维度，包括制造业产业结构、质量效益、技术创新、市场适应能力以及生态系统构建等方面。因此，建立一个综合性的指标体系来测算制造业供给质量水平是必要的。学界针对制造业供给质量指标体系的讨论较少，朱方明、蔡彭真（2022）从经济增长能力、产品竞争能力、要素生产能力、技术创新能力、结构优化能力、绿色发展能力等方面构建制造业供给质量评价指标体系并进行测度。另有不少学者讨论了制造业高质量发展、制造业结构升级等相关指标体系，并分别从产业结构、产品质量、技术创新、市场适应能力以及生态系统营造等维度进行了测算。在产业结构维度，卫平、余奕杉（2017）认为衡量制造业发展情况时应考虑制造业内部产业结构优化的影响；在产品质量维度，朱高峰、王迪（2017）认为制造业的质量效益是构建制造业评价指标时必须考虑的内容；在技术创新维度，李平等（2010）认为制造业的创新投入可以很好地衡量技术迭代的速度，需要加入制造业评价指标中；在市场适应能力维度，宁朝山（2020）认为制造业企业根据市场条件变化对生产进行调节的能力是衡量区域制造业发展质量的重要指标；在生态系统营造维度，柳毅、赵轩、杨伟（2023）认为创新链子系统的生态是制造业产业发展的重点维度。鉴于此，借鉴学界已有的研究，结合前文对制造业供给质量的内涵及维度的界定，本研究将制造业供给质量分为五大核心要素：结构调整、质量效益、技术创新能力、市场适应能力和生态系统价值共创能力，并由此构建五类一级指标。制造业供给质量水平指标体系如表3-4所示。

表3-4　制造业供给质量水平指标体系

一级指标	二级指标	三级指标	指标含义
结构调整	产业结构优化	高技术制造业增加值占规模以上工业企业增加值比重（%）	测度制造业内部产业结构优化水平
	企业结构优化	高技术企业占比（%）	测度制造业企业结构优化水平
	投资结构优化	制造业非国有经济固定资产投资占社会固定资产比重（%）	测度制造业投资结构的优化及民营经济、外资经济发展活力
质量效益	生产效益	制造业销售利润率（%）	测度制造业生产效益
	产品质量	制造业产品质量合格率（%）	测度制造业产品质量
	生态效益	制造业单位地区生产总值能耗（吨标准煤/万元）	测度制造业生态效益
技术创新能力	创新投入能力	制造业R＆D经费投入强度（%）	测度制造业研发资金投入强度
		制造业R＆D人员全时当量（人/年）	测度制造业研发人力资本投入强度
	创新产出能力	制造业新产品产值率（%）	测度制造业创新产出能力
		制造业人均新技术发明专利数（个）	
市场适应能力	国际市场适应能力	高技术制造业产品出口额占比（%）	测度制造业国际市场适应能力
	新产品市场拓展能力	新产品销售收入占规模以上企业主营业务收入比重（%）	测度制造业企业新产品市场拓展能力
	国内市场适应能力	行业销售收入占全国销售收入比重（%）	测度制造业国内市场适应能力
生态系统价值共创能力	制造业要素效率改善水平	制造业全要素生产率（%）	测度制造业的要素效率改善水平
	两业融合水平	生产性服务从业人员数占服务业从业人员总数比重（%）	测度制造业与服务业融合、制造业服务化水平

1. 结构调整

制造业结构调整包含产业结构优化、企业结构优化和投资结构优化三个方面，分别用高技术制造业增加值占规模以上工业企业增加值比重、高技术企业占比、制造业非国有经济固定资产投资占社会固定资产比重这三个指标来衡量。

2. 质量效益

制造业质量效益包含生产效益、产品质量和生态效益三个方面，反映制造业提质增效、绿色发展的水平及能力，分别用制造业销售利润率、制造业产品质量合格率、制造业单位地区生产总值能耗这三个指标来衡量。

3. 技术创新能力

制造业技术创新能力包含创新投入能力和创新产出能力两个方面，分别用制造业R＆D经费投入强度、制造业R＆D人员全时当量、制造业新产品产值率、制造业人均新技术发明专利数这四个指标来衡量。

4. 市场适应能力

制造业市场适应能力反映了供给端对市场需求的适应能力，可以从国际市场适应能力、新产品市场拓展能力和国内市场适应能力等三个方面来测度，分别用高技术制造业产品出口额占比、新产品销售收入占规模以上企业主营业务收入比重、行业销售收入占全国销售收入比重这三个指标来衡量。

5. 生态系统价值共创能力

制造业生态系统价值共创能力反映了对制造业产业链、供应链上下游生态系统的整合提升能力，本研究对这一指标进行创新设计，从制造业要素效率改善水平和两业融合水平（制造业与服务业融合、制造业服务化水平）两个方面来测度，分别用制造业全要素生产率、生产性服务从业人员数占服务业从业人员总数比重这两个指标来衡量。其中，制造业全要素生产率的测算借鉴杨慧梅、江王路（2021）的做法，使用DEA法进行测算。测算中使用的产出选用总产值表示，并以2014年为基期的实际值；投入选取资本和劳动表示，资本借鉴张军、吴桂英、张吉鹏（2004）的做法，利用固定资本形成总额和经永续盘存法测算出的固定资产投资价格指数表示，劳动选取各地区就业人员总数表示。

（二）测度方法及数据来源

同样采用熵值法对制造业供给质量水平指标进行客观赋权。选取我国30个省（区、市）的相关数据进行分析，数据来源于《中国统计年鉴》《中国工业统计年鉴》《中国高技术产业统计年鉴》《中国第三产业统计年鉴》《中国软件和信息服务业发展报告》《中国互联网络发展状况统计报告》以及国研网、各省市统计年鉴、Wind等数据库。各指标权重如表3-5所示。

表3-5　制造业供给质量水平各指标权重

一级指标	二级指标	信息熵值e	信息效用值d	权重系数w
结构调整	产业结构优化	0.95	0.05	6.57%
	企业结构优化	0.96	0.04	4.99%
	投资结构优化	0.99	0.01	1.70%
质量效益	生产效益	1.00	0.00	0.31%
	产品质量	1.00	0.00	0.20%
	生态效益	0.93	0.07	9.85%
技术创新能力	创新投入能力	0.97	0.03	4.54%
		0.89	0.11	15.06%
技术创新能力	创新产出能力	0.96	0.04	5.91%
		0.87	0.13	17.64%
市场适应能力	国际市场适应能力	0.96	0.04	5.33%
	新产品市场拓展能力	0.90	0.10	13.19%
	国内市场适应能力	0.94	0.06	8.56%
生态系统价值共创能力	制造业要素效率改善水平	0.97	0.03	4.65%
	两业融合水平	0.99	0.01	1.50%

（三）测度结果分析

根据制造业供给质量的测算方法，利用前文构建的制造业供给质量水平指标体系，得到了我国30个省（区、市）2014—2021年间的制造业供给质量水平指数，如表3-6所示。整体来看，2014—2021年我国30个省（区、市）的制造业供给质量总体呈现上升趋势，但不同省市之间还存在一定的差异。广东、江苏、浙江等沿海省份制造业供给质量提升幅度较大，增长速度分别为70.77%、51.96%、64.56%，这主要是因为广东、江苏、浙江作为制造业大省，具备较为完善的制造业产业链条，发展基础相较于其他省市更具优势，同时粤苏浙三地政府对制造业供给质量的提升极为重视，分别出台了《广东省制造业高质量发展“十四五”规划》《江苏省“十四五”制造业高质量发展规划》《浙江省新一轮制造业“腾笼换鸟、凤凰涅槃”攻坚行动方案（2021—2023年）》等一系列支持制造业发展的政策措施，对制造业供给质量提出明确的发展目标，为制造业供给质量提升赋能。相较于东部省份，东北和中西部省市制造业供给质量提升则较为缓慢，辽宁、吉林、黑龙江、广西、云南、甘肃、新疆、宁夏等省（自治区）2014—2021年间制造业供给质量变化不大，这主要是因为这些省市制造业门类不够完善，主导制造业集中在产业链中低端，同时对外开放水平与发达地区比仍有不小的差距，对先进技术和人才的吸引力仍不足。

表3-6 各省（区、市）制造业供给质量水平指数

地区	省份	2014	2015	2016	2017	2018	2019	2020	2021	均值	增速（%）
东部地区	上海	0.26	0.26	0.28	0.27	0.28	0.23	0.26	0.24	0.26	-6.64
	北京	0.25	0.23	0.24	0.25	0.27	0.26	0.25	0.30	0.26	22.04
	天津	0.26	0.26	0.26	0.29	0.26	0.20	0.22	0.21	0.24	-19.14
	广东	0.43	0.46	0.49	0.54	0.63	0.67	0.71	0.74	0.58	70.77
	江苏	0.38	0.40	0.42	0.43	0.46	0.52	0.57	0.58	0.47	51.96
	河北	0.17	0.17	0.17	0.18	0.19	0.19	0.20	0.20	0.18	17.96
	浙江	0.32	0.34	0.35	0.37	0.39	0.46	0.49	0.52	0.40	64.56
	福建	0.13	0.14	0.16	0.17	0.19	0.21	0.23	0.23	0.18	69.40
	山东	0.27	0.27	0.28	0.29	0.29	0.26	0.29	0.34	0.28	25.37
	海南	0.11	0.11	0.12	0.12	0.12	0.08	0.08	0.08	0.10	-29.20
中部地区	山西	0.19	0.20	0.21	0.21	0.21	0.22	0.13	0.13	0.19	-34.03
	安徽	0.18	0.19	0.20	0.22	0.25	0.25	0.29	0.32	0.24	80.11
	江西	0.19	0.19	0.20	0.21	0.22	0.24	0.26	0.28	0.22	50.27
	河南	0.16	0.17	0.18	0.19	0.21	0.21	0.22	0.23	0.20	43.56
	湖北	0.18	0.19	0.19	0.19	0.21	0.22	0.22	0.24	0.20	36.72
	湖南	0.23	0.24	0.24	0.24	0.30	0.25	0.27	0.27	0.25	15.72

续表

地区	省份	2014	2015	2016	2017	2018	2019	2020	2021	均值	增速（%）
西部地区	内蒙古	0.17	0.17	0.20	0.20	0.20	0.18	0.19	0.18	0.19	6.36
	广西	0.12	0.11	0.11	0.12	0.12	0.11	0.12	0.12	0.12	-2.52
	重庆	0.17	0.20	0.25	0.25	0.30	0.23	0.25	0.26	0.24	50.58
	四川	0.16	0.15	0.16	0.17	0.18	0.17	0.18	0.19	0.17	19.35
	贵州	0.13	0.12	0.13	0.14	0.14	0.11	0.12	0.11	0.12	-17.19
	云南	0.09	0.09	0.09	0.10	0.10	0.09	0.09	0.09	0.09	-3.30
	陕西	0.10	0.09	0.09	0.11	0.09	0.07	0.10	0.11	0.09	10.42
	甘肃	0.15	0.16	0.16	0.16	0.17	0.16	0.17	0.17	0.16	10.67
	青海	0.12	0.12	0.11	0.10	0.11	0.10	0.10	0.10	0.11	-18.70
	宁夏	0.19	0.18	0.18	0.18	0.20	0.18	0.20	0.18	0.19	-5.67
	新疆	0.11	0.12	0.11	0.11	0.11	0.10	0.12	0.11	0.11	0.00
东北地区	辽宁	0.14	0.14	0.14	0.14	0.13	0.13	0.13	0.13	0.13	-2.96
	吉林	0.13	0.14	0.15	0.16	0.13	0.13	0.10	0.13	0.13	-2.31
	黑龙江	0.17	0.17	0.17	0.17	0.18	0.18	0.17	0.17	0.17	0.00

图3-2展示了2014年至2021年各地区制造业供给质量水平的数据对比。具体来说，在东部地区，2014年的数据为0.256，到了2021年增长至0.342；中部地区在2014年的数据是0.187，而到了2021年则上升至0.244；西部地区在2014年的数据为0.137，到了2021年增长至0.146；东北地区在2014年的数据是0.145，到了2021年轻微下滑至0.142；全国均值在2014年为0.181，到了2021年增长至0.218。这些数据显示出在这八年间，除东北地区略有下滑外，东部、中部、西部地区的制造业供给质量都呈现出了稳步提升的趋势，这也反映出国家对制造业的支持和推动政策的有效性，以及各地区在优化产业结构、提高生产效率等方面的努力取得了积极成果。

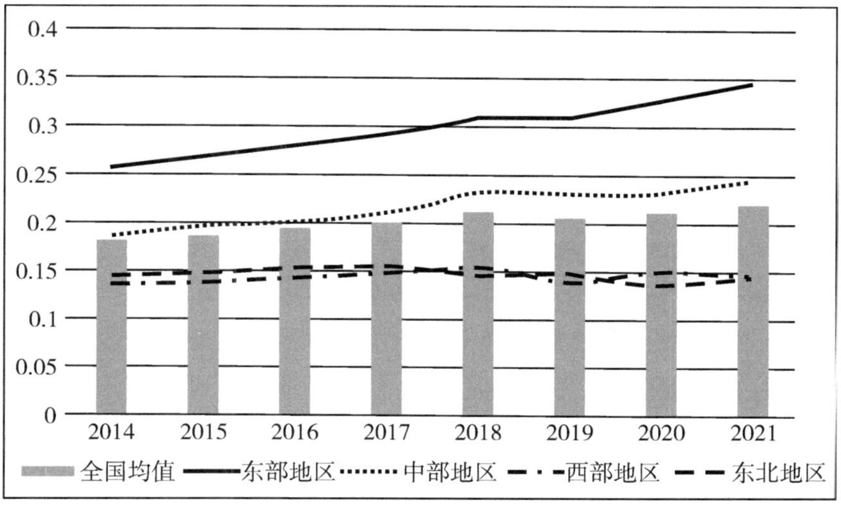

图3-2　中国制造业供给质量水平的区域差异性

第二节　理论机制与研究假设

大数据作为新型生产要素加入制造业全产业链，会对制造业供给质量提升产生直接和间接的影响，同时基于平台经济特有的“梅特卡夫效应”，还会对制造业供给质量产生非线性的影响。在前文分析影响机理的基础上，本小节进一步深入分析大数据影响制造业供给质量的传导机制，并提出研究假设。

一、大数据驱动制造业供给质量提升的直接影响机制

大数据作为生产要素融入生产运营过程，提高了制造业企业的生产效率和产出水平，为制造业供给质量的提升奠定坚实基础。同时，大数据通过实时监测、质量预测、供应商管理等技术手段，帮助制造业企业提高产品质量水平，提升产业链供给链的效率和竞争力（焦勇，2020）。

第一，大数据通过实时监测为制造业企业提供了高效而精确的流程优化调整手段（沈坤荣、丁露，2024）。传统的制造模式常依赖于产品生产后抽样或实验室测试以监测生产过程中的质量参数，对制造业企业生产过程的监测存在滞后性，难以提供及时的反馈机制。大数据作为生产要素加入生产过程后，重塑了传统的制造

模式，通过加快大数据在产业链上的流通速度，帮助生产部门对生产过程进行实时监测和优化调整，重塑产业链的价值生产过程。

第二，大数据发展为制造业提供了强大的数据分析和挖掘能力。通过对海量生产数据的处理分析，有针对性地筛选出生产过程中隐藏的模式和规律。借助云计算、工业互联网等基于大数据的数字技术预测分析，制造业企业可以针对产业链的薄弱环节展开集中攻关，保证产业链、供应链的自主可控。

第三，大数据在供应链质量管理和链条协同方面也具有重要的应用价值。制造业供给链通常呈复杂网络状，因链条间各节点分工细化、节点间连接繁杂，往往难以得到全面观测。一方面，大数据使制造业企业实时掌握产业链、供应链运行过程中的信息，通过收集各供应商的质量数据和绩效指标进行综合分析比较，从供应链中识别出高质量供应商获得高质量的原材料和零部件，提升制造业企业产出品的质量；另一方面，大数据作为生产要素加入产业链、供应链中，可以加快信息的流通速度，及时将市场需求传递至生产部门，企业端可以根据市场条件及时调整生产策略，增加产业链、供应链应对市场风险的韧性。

由此，本研究提出基本研究假说H1：大数据能够驱动制造业供给质量的提升。

二、大数据驱动制造业供给质量提升的间接影响机制

优化要素资源配置是制造业成本控制和质量提升的重要因素之一。小批量、精细化生产和生产性服务业的兴起是现代制造业发展的主要特征（过文俊、程远飞，2024）。一方面，大数据依托先进的技术手段，通过对土地、能源、人力等生产要素禀赋的全面整合评价，深入识别资源要素在生产过程中利用的瓶颈和优化方向。传统的资源配置模式往往基于经验和常识，难以全面准确地对要素资源进行利用。大数据不仅通过对海量数据的分析和挖掘，揭示资源要素利用方面存在的潜在问题和优化空间；还通过识别资源利用优化的方向，对制造业生产运营过程进行有针对性的调整和优化，实现资源要素配置均衡和区域资源利用效率最大化。另一方面，大数据要素还加速制造业与服务业的融合，催生出智能化的生产性服务业。随着制造业产业链的逐步完善，嵌入制造业链条中的数据要素借助数字技术手段打破

原有产业边界，加快制造业与服务业的交叉融合，以营销服务、物流服务等为主要业态的生产性服务业不断兴起，基于大数据的智能化服务模式不断涌现，拓展延伸了制造业产业链，推动制造业各环节高效协同、运营质量提升，从而加快制造业提质增效升级。

数据赋能是促进制造业价值创造及质量提升的关键手段。大数据的发展使得对海量数据的收集、存储、处理、分析和预测能力增强，为数据赋能带来了许多新的应用和价值（史丹、孙光林，2022）。一方面，大数据通过对海量数据要素的收集和存储，为数据赋能提供了更多的数据要素资源作为支撑。传统数据处理往往受到技术和成本的限制，只能对少量的数据进行处理。然而，随着数据要素加入产业链条，可以实现对海量的数据进行处理和分析，使数据赋能制造业企业数字化转型升级的效应进一步增强。根据数据分析结果，优化制造业生产过程中的关键业务节点和流程引擎，在每个交易节点上降低成本、提升效率。这涉及由点到面进行数据的洞察，即站在更高的角度看整条业务发展的链条，尤其能在价值链上找到关键问题，并进行行之有效的优化，提升制造业供给质量。另一方面，技术的进步可以帮助企业进行数据的挖掘，通过数据赋能为制造业企业带来更多的应用和价值。制造业企业可以通过数据技术对用户数据进行挖掘，了解用户需求和偏好，改进产品设计和营销策略；通过对生产数据的分析，优化生产流程，提高生产效率，这些数据资源可以帮助企业了解市场需求、优化生产流程、提高产品质量等，通过数据赋能分析的结论，对潜在客群、产品运营进行洞察，同时根据已有数据对产品质量和用户行为进行预测，进而对未来的业务流程进行优化改进。

大数据发展促使产业和学科间的耦合应用场景不断增加、扩展技术集成模块化的范围和深度、提升企业创新及区域创新能力（李颖、贺俊，2022）。在数据要素不断嵌入生产运营过程的背景下，基于分布式模块化的组合式技术架构创新不断涌现，为制造业克服技术瓶颈提供了全新的思路。跨学科技术的集成在推动制造业数字化升级方面发挥重要作用，不仅能加速产业主导设计和标准迭代的进程，同时还可以改变产业架构的规则和运营模式。大数据集成技术的创新打破了制造模块和流程之间的壁垒，成为数字经济时代制造业低成本跨越发展的重要方式。

鉴于以上分析，可以提出本研究基本研究假说H2、H3和H4。

H2：大数据通过优化要素配置来提升制造业供给质量。

H3：大数据通过数据赋能来提升制造业供给质量。

H4：大数据通过影响创新能力来提升制造业供给质量。

三、大数据驱动制造业供给质量提升的非线性传导机制

大数据联通对生产端和消费端都产生了巨大的影响，这种经济叠加效应可能呈现非线性增长的趋势（周振，2024）。这主要有两方面原因：一是数据要素产生价值需要技术与资本的持续投入，不仅要求具备完善的数字基础设施，还需要技术的快速进步。当生产部门与消费部门的网络化联系逐渐紧密，大数据不断对产业链的前后向关联渗透，特别是基于大数据平台的网络链接层次和规模突破临界值后，大数据的网络效应就会呈指数级增长，形成梅特卡夫效应。二是大数据的价值不仅体现在数据总量上，更体现在数据质量上。大数据的应用为制造业升级带来了新的优化思路，利用数据技术对海量数据进行筛选、分类、整理、分析和预测，能够不断提升数据质量并从中挖掘大数据的潜在价值，与制造业的其他生产要素紧密融合，不断加快价值增值，在产业链、供应链协同上激发出“厚积薄发”式的边际效益递增的乘数效应，进而推动制造业供给质量的提升。因此，大数据驱动制造业供给质量提升可能并不是简单的线性关系，而是存在着非线性的传导机制。

鉴于以上分析，可以提出本研究基本研究假说H5：大数据驱动制造业供给质量提升具有非线性的传导机制。

第三节　实证研究

前文对大数据提升制造业供给质量进行了理论研究，本节拟从实证角度检验大数据对制造业供给质量的影响效应。

一、模型构建及变量设定

（一）计量模型构建

本研究以2014—2021年中国30个省（区、市）的面板数据为样本，构建了双向固定效应模型来验证大数据发展对制造业供给质量的影响效应。制造业企业之间的差异（包括技术水平、管理效率、企业规模等因素）可能会影响供给质量。双向固定效应模型能够控制这些未观测到的、随时间不变的个体特征，从而更准确地评估大数据对供给质量的净影响。具体模型如下所示：

$$Manu_{it}=\beta_0+\beta_1 Big\_da_{it}+\beta_2 Control_{it}+\varepsilon_t+\sigma_i+\mu_{it} \tag{3-6}$$

其中，$Manu_{it}$代表t年i省的制造业供给质量水平，为被解释变量，Big_da_{it}表示t省i年的大数据发展水平，为核心解释变量，$Control_{it}$为影响制造业供给质量的其他控制变量，ε_t为不随个体变化的时间效应，σ_i为不随时间变化的个体效应，μ_{it}为随机误差项。β_1为待估参数，其中β_0为常数项，β_1为回归系数，代表大数据对制造业供给质量的影响[①]。

（二）变量选择及数据来源

被解释变量：制造业供给质量水平，详细指标体系构建过程及测度结果参见本章第一节所述。

核心解释变量：大数据发展水平，详细指标体系构建过程及测度结果参见本章第一节所述。

控制变量：制造业供给质量受多种因素的影响，除了大数据要素的影响外，还受科学技术水平、资金投入水平、城市发展水平等因素的影响。借鉴学界以往的研究（田时中、许玉久、范宇翔，2023；蒋为 等，2024），本研究选取以下5个控制变量：技术改进能力（*Tech_up*）选用地区规模以上工业企业技术获取和技术改造费用，即引进技术、消化吸收、购买境内技术和技术改造经费支出之和来表示；政府支持力度（*Gov*）选用地方财政一般预算内支出占GDP的比重来表示；经济发展水平（*GDP_ p*）选用人均GDP水平来表示；城镇化水平（*Urb*）选用城镇人口占地

① 由于STATA会自动识别模型中变量之间的共线性，若存在严重共线性则会被软件omit处理，而该模型中所有变量均未被软件处理，可认为不存在影响估计结果的共线性。

区总人口的比重来表示；外商投资水平（*Fdi*）选用地区外商投资企业年投资总额来表示。

中介变量：为探究大数据影响制造业供给质量的中介机制，同时借鉴学界以往之研究，本研究选取以下3个中介变量：区域要素配置（*Elem*），参考白俊红、刘宇英（2018）的做法选用中国要素市场化指数来衡量；数据赋能（*Ener*），参考王可、李连燕（2018）的做法选用有电子商务交易活动的企业数比重来衡量；创新能力（*Inno*），参考杨慧梅、江璐（2021），史丹、孙光林（2022）的做法选用规模以上工业企业R&D人员全时当量来衡量。

关于变量的描述性统计如表3-7所示。本研究选取2014—2021年中国30个省（区、市）的面板数据为样本，数据主要来源为《中国统计年鉴》《中国工业统计年鉴》《中国高技术产业统计年鉴》《中国第三产业统计年鉴》《中国软件和信息服务业发展报告》《中国互联网络发展状况统计报告》和各省市历年统计年鉴以及中国市场化指数数据库等。

表3-7　变量描述性统计

变量类型	变量名称	符号	观测值	均值	标准差	最小值	最大值
被解释变量	制造业供给质量水平	*Manu*	240	0.20	0.12	0.06	0.74
解释变量	大数据发展水平	*Big_da*	240	0.17	0.13	0.02	0.73
控制变量	技术改进能力	*Tech_up*	240	13.65	1.19	9.63	16.28
	政府支持力度	*Gov*	240	0.11	0.03	0.06	0.25
	经济发展水平	*GDP_p*	240	1.73	0.41	0.91	2.91
	城镇化水平	*Urb*	240	0.62	0.11	0.40	0.89
	外商投资水平	*Fdi*	240	15.38	2.68	6.58	19.69
中介变量	区域要素配置	*Elem*	240	8.30	1.85	3.74	13.48
	数据赋能	*Ener*	240	9.64	3.78	2.20	28.46
	创新能力	*Inno*	240	10.66	1.42	7.05	13.47

二、大数据驱动制造业供给质量提升的直接效应分析

（一）基准回归结果

表3-8中（1）~（6）显示逐步加入技术改进能力、经济发展水平、城镇化水平、政府支持力度、外商投资水平这5个控制变量后的模型。可以看出，将控制变量逐步加入回归模型中，大数据发展对制造业供给质量的提升有显著促进作用，回归系数为0.309，说明大数据发展每变动1个单位，制造业供给质量会增加0.309个单位，假设H1得到验证。数据要素促使资源要素实现高效流通，加快市场主体的整合，引发制造业在生产、组织及服务模式上的系统性转变。同时，大数据推动制造业从规模化生产向定制化生产转变，塑造出个性化定制、体验型制造与网络化生产等具有柔性的新型制造业形式。另外，数据要素于实体产业中深度融合数据、技术和场景，依靠其放大、叠加以及倍增的效能，为传统产业升级赋能，催生出新兴产业、业态和模式，提高全要素生产效率，从而优化制造业供给质量。

表3-8　基准回归结果

	（1）	（2）	（3）	（4）	（5）	（6）
	Manu	*Manu*	*Manu*	*Manu*	*Manu*	*Manu*
Big_da	0.294***	0.285***	0.286***	0.337***	0.310***	0.309***
	（0.049）	（0.049）	（0.05）	（0.053）	（0.053）	（0.053）
Tech_up		0.007	0.007	0.009	0.007	0.008
		（0.006）	（0.006）	（0.006）	（0.006）	（0.006）
GDP_p			0.026	-0.029	-0.005	0.011
			（0.059）	（0.062）	（0.062）	（0.064）
Urb				0.575**	0.422	0.431
				（0.219）	（0.223）	（0.225）
Gov					0.597**	0.591**
					（0.223）	（0.224）
Fdi						-0.003
						（0.007）

续表

	(1)	(2)	(3)	(4)	(5)	(6)
	Manu	*Manu*	*Manu*	*Manu*	*Manu*	*Manu*
常数项	0.153***	0.056	0.014	-0.276	-0.268	-0.247
	(0.009)	(0.087)	(0.129)	(0.168)	(0.166)	(0.178)
年份	YES	YES	YES	YES	YES	YES
省份	YES	YES	YES	YES	YES	YES
N	240	240	240	240	240	240
R^2	0.938	0.938	0.944	0.944	0.946	0.947

注：表中括号内报告的是稳健标准误，***、**和*分别表示回归结果在1%、5%和10%置信水平下通过显著性检验，下表同。

在控制变量层面，技术改进能力、政府支持力度和城镇化水平都对制造业供给质量存在着正向影响，其中政府支持力度对制造业供给质量的促进效应较为显著，这可能是因为制造业供给质量的提升要求企业具有雄厚的基础创新能力，可以突破关键核心技术和系统集成技术的壁垒，但企业自身能够调动的资源是有限的，需要政府在产业转型初期提供政策支持，由政府和科研院所牵头，加强产学研协同创新，构建以企业为主体的协同创新体系，支持制造业企业开展技术、工艺、装备、软件和管理模式创新，提高制造业的产品质量、生产效率和市场适应性，进而全面提升制造业的供给质量。

（二）稳健性检验

本研究还进行了以下稳健性检验：①对核心解释变量重新测算。为使得统计结果具有可靠性和普遍适用性，本研究通过使用不同的数据源、调整测量方法、采用替代指标，帮助确认原始结果不是由特定数据集或测量方法的偶然特性所驱动的。如果在不同的条件下得到相似的结果，那么就增加了研究发现的可信度。鉴于此，采用主成分分析法对大数据发展水平进行重新测算，结果如表3-9中（1）所示。实证结果显示大数据发展对制造业供给质量的系数仍显著为正，且大小与基准回归相近，说明基准回归结果具有稳健性。②采用联合固定效应进行检验。相较于单一使用时间和地区固定效应，联合固定效应可以同时控制随时间变化但不随地区变化的因素（时间效应）以及随地区变化但不随时间变化的因素（地区效应），由此剔除那些既随时间也随地区变化的干扰因素，从而提供更纯净的因果关系估计。此外，通过同时考虑时间和地区的固定效应，模型可以更准确地捕捉到数据的结构，减少残差中的未观测变异性，从而提高回归系数估计的准确性。鉴于此，本研究采用时间和地区的联合固定效应重新测算，结果如表3-9中（2）所示，实证结果显示大数据发展对制造业供给质量的系数仍显著为正，且与基准回归系数大小相近。

表3-9　稳健性检验

	主成分分析法测算核心解释变量	联合固定效应
	（1）	（2）
	Manu	*Manu*
Big_da	0.298***	0.280***
	（0.044）	（0.032）
Tech_up	0.003	0.010
	（0.006）	（0.006）
GDP_p	0.023	0.026
	（0.024）	（0.020）
Urb	0.521***	0.490***
	（0.044）	（0.155）
Gov	0.361**	0.445**
	（0.176）	（0.122）
Fdi	-0.005	-0.002
	（0.010）	（0.012）
常数项	0.263	-0.357
	（0.181）	（0.289）
年份	YES	NO
省份	YES	NO
年份×省份	NO	YES
N	240	240
R^2	0.921	0.932

（三）内生性检验

内生性指的是模型中的解释变量与误差项相关联，这会导致普通最小二乘法（OLS）估计量的偏误和不一致性。工具变量法通过引入一个或多个与内生解释变量相关但与误差项无关的变量（即工具变量）来解决这一问题。在满足相关性和排他性的条件下，工具变量法能够提供一致的参数估计，即便存在内生性的情况也是如此。因此，为缓解模型中存在的变量遗漏以及大数据和制造业供给质量之间存在的双向因果关系，本研究参考学界已有的研究思路，构建了工具变量“Bartik instrument”对其进行内生性处理，即采用滞后一期的大数据发展水平指数和全国大数据发展水平指数一阶差分的乘积作为工具变量。一方面，全国大数据发展水平指数由30个省（区、市）计算而来，其变化趋势受单个地区的影响不显著，因此差分项可以被视为外生；另一方面，制造业供给质量也可能受到其他未观测到因素的影响，但这一冲击并不会影响到全国大数据发展水平和滞后一期的大数据发展水平指数，因此工具变量满足有效性。

采用两阶段最小二乘法进行估计的结果如表3-10所示，在考虑内生性之后，大数据对制造业供给质量的影响仍显著为正，并在1%的显著性水平下显著。同时，对于原假设“工具变量识别不足”的检验，大数据的Kleibergen-Paap rk LM统计量p值小于0.05，可以显著拒绝原假设；在工具变量弱识别的检验中，大数据的Kleibergen-Paap rk Wald F统计量都大于Stock-Yogo弱识别检验10%水平上的临界值。综上所述，选取上述工具变量是合理的，并且前文回归结果也是稳健的。

表3-10　内生性检验

2SLS第一阶段回归结果		2SLS第二阶段回归结果	
变量	*Big_da*	变量	*Manu*
	1.901*** （0.634）	大数据发展	0.786** （0.298）
常数项	0.307 （0.258）	常数项	-0.908* （0.472）
控制变量	YES	控制变量	YES
年份	YES	年份	YES

续表

2SLS第一阶段回归结果		2SLS第二阶段回归结果	
变量	*Big_da*	**变量**	*Manu*
省份	YES	省份	YES
Kleibergen-Paap rk LM statistic	7.367 [0.000]		
Cragg-Donald Wald F statistic	85.908 {16.38}		

注：（　）内为稳健标准误，［　］内为p值，{　}内为Stock—Yogo弱识别检验10%水平上的临界值。

三、大数据驱动制造业供给质量提升的中介效应分析

前文的实证分析已经发现，大数据发展可以显著促进制造业供给质量的提升，但是其传导机制尚未可知。为此，本节借鉴学界已有的研究思路，通过中介效应模型来分别揭示大数据发展对制造业供给质量的传导机制，模型设定如下：

$$M_{it}=\delta_0+\theta_1 Big\_da_{it}+\theta_2 X_{it}+\mu_i+\varphi_t+\varepsilon_{it} \tag{3-7}$$

$$manu_{it}=\gamma_0+\varphi_1 Big\_da_{it}+\varphi_2 M_{it}+\varphi_3 X_{it}+\mu_i+\varphi_t+\varepsilon_{it} \tag{3-8}$$

上述模型中，*M*表示中介变量，包括区域要素配置（*Elem*）、数据赋能（*Ener*）和创新能力（*Inno*）。

本研究采用三步法检验中介效用，报告回归结果如表3-11所示。从模型1和模型2可以看出，区域要素配置是大数据促进制造业供给质量提升的有效中介变量。这主要表现为：（1）在模型1中，核心解释变量对要素配置的估计系数显著为正，说明大数据发展对地区要素配置具有显著促进作用。（2）在模型2中，要素配置对制造业供给质量的估计系数显著为正，表明要素配置对制造业供给质量具有正向促进作用。（3）在模型2中，控制要素配置之后，大数据发展对制造业供给质量的估计系数也显著为正，且小于基准回归中的系数，这说明要素配置是大数据对制造业供给质量提升的中介渠道。综上所述，假设H2得到检验。

表3-11 中介效应分析

	(1)	(2)	(3)	(4)	(5)	(6)
	Elem	*Manu*	*Ener*	*Manu*	*Inno*	*Manu*
Big_da	1.979*	0.288***	5.068*	0.307***	2.604***	0.266***
	(0.904)	(0.053)	(2.418)	(0.054)	(0.633)	(0.054)
Tech_up	-0.137	0.009	-0.124	0.008	-0.018	0.008
	(0.109)	(0.006)	(0.282)	(0.006)	(0.076)	(0.006)
GDP_p	0.814	-0.008	0.568	-0.001	2.667***	-0.044
	(1.091)	(0.063)	(0.521)	(0.064)	(0.765)	(0.065)
Urb	16.417***	0.419	8.371	0.589**	0.599	0.581**
	(3.823)	(0.231)	(9.802)	(0.225)	(2.679)	(0.220)
Gov	17.417***	0.248	-6.288	0.429	2.863	0.384
	(3.841)	(0.233)	(6.346)	(0.225)	(2.691)	(0.222)
Fdi	0.109	-0.004	0.908**	-0.003	-0.031	-0.002
	(0.128)	(0.007)	(0.326)	(0.008)	(0.089)	(0.007)
Elem		0.010*				
		(0.004)				
Ener				0.001		
				(0.002)		
Inno						0.017**
						(0.006)
常数项	-5.831	-0.186	-11.605	-0.242	6.493**	-0.122
	(3.038)	(0.177)	(8.094)	(0.179)	(2.224)	(0.182)
Bootstrap检验	0.288 [0.1460 0.4314]		0.307 [0.1219 0.4525]		0.196 [0.0396 0.3280]	
N	240	240	240	240	240	240
R^2	0.928	0.949	0.894	0.947	0.946	0.947

注：Standard errors in parentheses
*p<0.05，**p<0.01，***p<0.001

从模型3和模型4可以看出，数据赋能是大数据发展促进制造业供给质量提升的有效中介变量。这主要表现为：（1）在模型3中，核心解释变量对数据赋能的估计系数显著为正，说明大数据发展对数据赋能具有显著促进作用。（2）在模型4中，数据赋能对制造业供给质量的估计系数为正，虽不显著，但通过了Bootstrap检验，表明数据赋能对制造业供给质量具有正向促进作用。（3）在模型4中，控制数据赋能之后，大数据发展对制造业供给质量的估计系数也显著为正，且小于基准回归中的系数，这说明数据赋能是大数据发展对制造业供给质量提升的中介渠道。综上所述，假设H3得到检验。

从模型5和模型6可以看出，创新能力是大数据发展促进制造业供给质量提升的有效中介变量。这主要表现为：（1）在模型5中，核心解释变量对创新能力的估计系数显著为正，说明大数据发展对地区创新能力具有显著促进作用。（2）在模型6中，创新能力对制造业供给质量的估计系数显著为正，表明创新能力对制造业供给质量具有正向促进作用。（3）在模型6中，控制创新能力之后，大数据发展对制造业供给质量的估计系数也显著为正，且小于基准回归中的系数，这说明创新能力是大数据发展对制造业供给质量提升的中介渠道。综上所述，假设H4得到检验。

为了考察大数据发展在促进制造业供给质量的提升过程中是否存在非线性溢出效应，借鉴Hansen（2000）的研究方法，采用门槛回归模型进行估计：

$$manu_{it}=\alpha_0+\alpha_1 Big\_da_{it}*I(Big\_da_{it}\leq\gamma)+\alpha_2 Big\_da_{it}*I(Big\_da_{it}\leq\gamma)+ØX_{it}+\mu_i+\varphi_t+\varepsilon_{it} \quad (3-9)$$

$$manu_{it}=\alpha_0+\alpha_1 Big\_da_{it}*I(Blem_{it}\leq\gamma)+\alpha_2 Big\_da_{it}*I(Blem_{it}\leq\gamma)+ØX_{it}+\mu_i+\varphi_t+\varepsilon_{it} \quad (3-10)$$

$$manu_{it}=\alpha_0+\alpha_1 Big\_da_{it}*I(Ener_{it}\leq\gamma)+\alpha_2 Big\_da_{it}*I(Ener_{it}\leq\gamma)+ØX_{it}+\mu_i+\varphi_t+\varepsilon_{\mathrm{it}} \quad (3-11)$$

$$manu_{it}=\alpha_0+\alpha_1 Big\_da_{it}*I(Inno_{it}\leq\gamma)+\alpha_2 Big\_da_{it}*I(Inno_{it}\leq\gamma)+ØX_{it}+\mu_i+\varphi_t+\varepsilon_{it} \quad (3-12)$$

上式中，Big_da_{it}既是核心解释变量，也是门槛变量；*Elem*、*Ener*和*Inno*为门槛变量，γ为门槛值。可将观测样本划分为两组：I（·）为指标函数，当括号内的条件满足时取值为1，否则为0。

门槛模型回归结果如表3-12所示，故假设H5得到检验。经过500次抽样后，大数据发展水平、区域要素配置对制造业供给质量的回归通过单一门槛，未通过双重门槛和三重门槛检验，数据赋能、创新能力对制造业供给质量的回归则通过了双重门槛检验。由此可以看出，随着大数据发展水平的提高，其溢出效应表现出边际效用递增的非线性趋势；以区域要素配置为门槛的模型中，大数据发展在促进制造业供给质量的提升方面也呈现非线性增强趋势；以数据赋能为门槛的模型中，在跨越第一门槛值前系数较小，在第一门槛值和第二门槛值以及跨越第二门槛值之后系数显著增加，说明大数据发展在促进制造业供给质量的提升方面呈现先弱后强的非线性趋势；以创新能力为门槛的模型中，在跨越第一门槛值前系数很小，在第一门槛值和第二门槛值以及跨越第二门槛值之后系数显著增加，说明大数据发展在促进制造业供给质量的提升方面呈现先削弱后增强的非线性趋势。总体来看，大数据发展对制造业供给质量提升的影响不仅受到自身的作用，还存在着区域要素配置、数据赋能以及创新能力的调节效应，表现为大数据发展与区域要素配置、数据赋能以及创新能力之间存在着积极的互动关系。

表3-12　门槛效应分析

变量		调节变量			
		Big_da	*Elem*	*Ener*	*Inno*
门槛值	q1	0.3095	10.73	9.1316	11.4803
	q2			11.3789	13.0826
$dig_{it}*I$（Th≤q1）		0.091 （0.075）	0.135 （0.073）	0.117 （0.063）	0.003 （0.051）
$dig_{it}*I$（q1<Th<q2）		0.241** （0.086）	0.394*** （0.066）	0.292*** （0.089）	0.272*** （0.068）
$dig_{it}*I$（Th≤q3）				0.366*** （0.091）	0.489*** （0.058）
常数项		-0.209 （0.210）	-0.077 （0.160）	0.017 （0.190）	0.209 （0.144）
控制变量		YES	YES	YES	YES

续表

变量	调节变量			
	Big_da	*Elem*	*Ener*	*Inno*
年份	8	8	8	8
省份	30	30	30	30
N	240	240	240	240
R^2	0.4643	0.6069	0.4136	0.6942

第四节　异质性分析

一、大数据对制造业供给质量提升的区域异质性

为探究大数据发展对制造业供给质量影响的区域差异，本研究按照前文分类将样本分为东部、中部、西部和东北四个地区进行分析，表3-13中报告了回归结果。从表3-13中的（1）列和（3）列可以看出，东部地区（0.413）、西部地区（0.124）回归系数显著为正，同时东部地区系数远大于西部地区，这是因为东部地区是我国经济最发达、人口最密集、城市化水平最高的地区，也是我国数字技术应用和创新最为广泛的区域。东部地区拥有大量的互联网企业、科研机构、高校等数字创新要素，打造出一批具有国际影响力的数字产业集群和创新中心，同时北京、上海、深圳、杭州等城市不仅拥有海量的数据资源，还对数据算力和创新能力需求旺盛，需求和要素的累积为大数据发展提供了坚实基础和强大动力。另外，东部地区也是我国大数据消费最活跃、应用最广泛的地区，数据技术的应用场景涵盖电子商务、金融服务、智慧城市、工业制造等多个领域，成熟的数据生态为制造业数据化升级提供优质基础。西部地区大数据发展主要依靠政府政策支持，“东数西算”工程的实施为西部地区构建算力网络基础体系，通过在西部地区建设数据中心，将东部算力需求有序引导到西部，同时也为西部地区带来算力技术和人才储备，促进东西部协同联动，带动西部地区大数据产业发展和制造业数字化转型升级。

表3-13　区域异质性分析

	东部地区	中部地区	西部地区	东北地区
	（1）	（2）	（3）	（4）
	Manu	*Manu*	*Manu*	*Manu*
East	0.413***			
	（0.110）			
Middle		0.030		
		（0.138）		
West			0.124*	
			（0.047）	
Northeast				0.051
				（0.107）
常数项	-3.413***	0.196***	0.110	1.703
	（0.827）	（0.020）	（0.169）	（0.922）
控制变量	YES	YES	YES	YES
年份	YES	YES	YES	YES
省份	YES	YES	YES	YES
N	80	48	88	24
R^2	0.956	0.881	0.952	0.965

从表3-13中的（2）列和（4）列可以看出，中部地区（0.030）和东北地区（0.051）大数据对制造业供给质量提升尚不显著。可能的解释是中部地区和东北地区大数据产业规模相对较小，大数据基础研发能力较弱，大数据发展水平相对滞后，同时中部和东北地区制造业产业结构不够合理，主导产业集中在传统制造业，这些产业大多处于全球价值链中低端，仍以劳动密集型产业为主，对技术需求弹性小于对劳动力需求弹性，因此制造业企业数字化创新能力和原动力不足；同时由于缺乏企业家精神，中部和东北地区的企业文化和观念更加保守，对生产过程数字化转型和数据分享持观望态度，缺乏统一的区域数据开源平台，区域内数据资源开放共享程度较低，数据壁垒和数据鸿沟现象较为突出，数据要素流动性与发达地区相比还有较大差距。

二、大数据对制造业供给质量提升的行业异质性

为探究大数据发展对制造业供给质量的行业差异，本研究利用中国制造业细分行业数据对表3-4中的指标重新测算细分行业的供给质量水平①，同时用全国层面大数据发展水平对其进行回归分析。需要说明的是，本研究中制造业细分行业划分以《国民经济行业分类》（GB/T 4754—2017）为准，合并筛选处理后保留29个制造业细分行业②。根据研究需要，参考《高技术产业（制造业）分类（2017）》以及吕明元、苗效东（2020）对高中低技术产业的划分，将29个制造业细分行业划分为高技术制造业、中技术制造业和低技术制造业（如表3-14）。

表3-14　行业分类对照表

大类	中类		小类
第二产业	制造业	低技术制造业	烟草制品业；食品制造业；农副食品加工业；酒、饮料和精制茶制造业；纺织服装、服饰业；纺织业；皮革、毛皮、羽毛及其制品和制鞋业；木材加工和木、竹、藤、棕、草制品业；造纸及纸制品业；印刷和记录媒介复制业；家具制造业；其他制造业
		中技术制造业	橡胶和塑料制品业；非金属矿物制品业；黑色金属冶炼和压延加工业；有色金属冶炼和压延加工业；文教、工美、体育和娱乐用品制造业；金属制品业；石油加工、炼焦及核燃料加工业
		高技术制造业	化学原料及化学制品制造业；医药制造业；计算机、通信和其他电子设备制造业；仪器仪表制造业；航空、航天器及设备制造业；专用设备制造业；汽车制造业；电气机械和器材制造业；化学纤维制造业

结果如表3-15至表3-17所示，从总体来看，大数据发展会显著促进制造业各行业供给质量的提升。分行业来看，大数据发展对高技术制造业供给质量的提升较

① 鉴于数据的可得性，选取了原指标体系中制造业非国有经济固定资产投资占社会固定资产比重、制造业销售利润率、制造业R&D经费投入强度、制造业R&D人员全时当量、制造业新产品产值率、制造业人均新技术发明专利数、新产品销售收入占规模以上企业主营业务收入比重（%）和行业销售收入/全国销售收入等指标构建制造业分行业供给质量指标体系。

② 本研究在《国民经济行业分类》（GB/T 4754—2017）基础上做出以下调整：将2011年之前的“橡胶制品业”和“塑料制品业”合并为“橡胶和塑料制品业”。

大，其中对计算机、通信和其他电子设备制造业（0.603）的影响最大。这其实很好理解，计算机、通信和其他电子设备制造业作为数据处理的关键工具和设备供应商，面临着处理海量数据的需求，这些行业需要不断研发和改进硬件和软件技术，以满足数据处理的要求；同时，大数据需要庞大的存储和计算能力，云计算和大数据存储技术的发展为计算机、通信和其他电子设备制造业提供了巨大的商机，这些行业可以通过提供云计算服务、存储设备和解决方案来满足大数据存储和计算的需求。除了计算机、通信和其他电子设备制造业，大数据对汽车制造业（0.224）、电气机械和器材制造业（0.200）、专用设备制造业（0.116）中的影响作用也较大。这是因为大数据、云计算等技术改变了汽车行业、电气机械和器材制造业、专用设备制造业传统的发展模式，新能源汽车、智能化装备、智能电气装备等产业逐步规模化，数据要素已成为行业发展不可缺少的生产要素，在芯片生产、电子元器件制造等方面发挥了巨大作用。

大数据发展水平对中、低技术制造业也有显著的正向促进作用，但促进效果略小于高技术制造业。这可能是因为数据技术在产业结构中的渗透作用是自上而下的，由技术密集型产业逐步向资本密集型和劳动密集型产业蔓延渗透，现阶段数据技术在中、低技术制造业中的普及应用程度仍较低，大量劳动密集型产业仍以人工生产制造为主，大数据的应用仍有较大空间。例如，在纺织服装、服饰业和纺织业中，大数据对制造业供给质量的影响虽显著为正，但仅为0.012和0.016，影响效用较小。这主要是因为纺织服装行业仍是劳动密集型行业，大数据应用普及程度还较低，需要进一步引入大数据平台等手段，去帮助企业优化生产流程、调整生产计划、降本增效等，从而提升生产效率和质量。

表3-15　行业异质性（一）

低技术制造业						
	烟草制品业	食品制造业	农副食品加工业	酒、饮料和精制茶制造业	纺织服装、服饰业	纺织业
Big_da	0.003	0.019*	0.015*	0.004	0.012**	0.016***
	（0.002）	（0.006）	（0.009）	（0.003）	（0.005）	（0.004）

续表

低技术制造业						
常数项	0.026***	0.073***	0.173***	0.065***	0.164***	0.078***
	（0.001）	（0.003）	（0.005）	（0.002）	（0.003）	（0.002）
	皮革、毛皮、羽毛及其制品和制鞋业	木材加工和木、竹、藤、棕、草制品业	造纸及纸制品业	印刷和记录媒介复制业	家具制造业	其他制造业
Big_da	0.002	-0.011**	0.014**	0.019***	0.022**	0.009**
	（0.002）	（0.003）	（0.003）	（0.003）	-0.004	（0.002）
常数项	0.061***	0.044***	0.065***	0.027***	0.027***	0.017***
	（0.001）	（0.001）	（0.001）	（0.001）	-0.002	（0.001）

表3-16　行业异质性（二）

中技术制造业							
	橡胶和塑料制品业	非金属矿物制品业	黑色金属冶炼和压延加工业	有色金属冶炼和压延加工业	文教、工美、体育和娱乐用品制造业	金属制品业	石油加工、炼焦及核燃料加工业
Big_da	0.059**	0.107**	-0.003	0.085**	0.001	0.092***	0.105***
	（0.010）	（0.023）	（0.035）	（0.018）	（0.005）	（0.011）	（0.008）
常数项	0.118***	0.257***	0.390***	0.189***	0.056***	0.134***	0.122***
	（0.005）	（0.011）	（0.016）	（0.008）	（0.003）	（0.005）	（0.003）

表3-17　行业异质性（三）

高技术制造业					
	化学原料及化学制品制造业	医药制造业	计算机、通信和其他电子设备制造业	仪器仪表制造业	铁路、船舶、航空航天
Big_da	0.025	0.066**	0.603***	0.036**	0.033**
	（0.020）	（0.015）	（0.066）	（0.007）	（0.007）
常数项	0.439***	0.133***	0.395***	0.055***	0.111***
	（0.009）	（0.007）	（0.030）	（0.003）	（0.003）

续表

高技术制造业					
	通用设备制造业	专用设备制造业	汽车制造业	电气机械和器材制造业	化学纤维制造业
Big_da	0.073**	0.116***	0.224**	0.200***	0.019***
	（0.019）	（0.016）	（0.042）	（0.033）	（0.002）
常数项	0.218***	0.175***	0.369***	0.312***	0.034***
	（0.009）	（0.007）	（0.019）	（0.015）	（0.001）

第五节　实证分析小结

本章的主要结论如下。

第一，本章采用熵权法分别测算大数据发展水平和制造业供给质量水平，发现在2014—2021年我国30个省（区、市）的大数据发展水平和制造业供给质量水平都呈上升趋势，但不同地区差距较大，总体来看，东部地区大数据发展水平和制造业供给质量水平都优于中西部地区。大数据发展水平较高的省市如广东、北京、江苏、上海和浙江，多位于东部沿海地区，人才集聚，交通便利，数字基础设施先进，有较好的大数据发展环境；而排名靠后省份（自治区）如内蒙古、新疆、云南、宁夏和甘肃，位于西部地区，生产力水平较低，数字基础设施较落后，与东部地区大数据发展水平差距愈发明显，区域之间的大数据发展差距呈现不断拉大的趋势，“数字鸿沟”现象凸显。同时，广东、江苏、浙江等沿海省份制造业供给质量提升幅度较大，增长速度分别为70.77%、51.96%、64.56%，这主要是因为广东、江苏、浙江作为制造业大省，具备较为完善的制造业产业链条，发展基础相较于其他省市更具优势；相较于东部省份，东北和中西部省市制造业供给质量提升则较为缓慢，辽宁、吉林、黑龙江、广西、云南、甘肃、新疆、宁夏等省份（自治区）2014—2021年间制造业供给质量变化不大。

第二，本章通过构建双向固定效应模型研究大数据发展对制造业供给质量的影响，同时采用更换核心解释变量测度和采用联合固定效应进行稳健性检验；为缓解模型中存在的遗漏变量以及大数据和制造业供给质量之间存在的双向因果关系，采用工具变量法检验模型中可能存在的双向因果。实证结果表明，大数据发展对制造业供给质量的提升有显著促进作用，大数据发展每变动1个单位，制造业供给质量会增加0.309个单位。同时，利用中介效应模型的研究结果表明，区域要素配置、数据赋能、创新能力是大数据发展促进制造业供给质量提升的有效中介变量。

第三，随着大数据发展水平的提高，其溢出效应表现出边际效用递增的非线性趋势；以区域要素配置为门槛的模型中，大数据发展在促进制造业供给质量的提升方面也呈现非线性增强趋势；以数据赋能为门槛的模型中，在跨越第一门槛值前系数较小，在第一门槛值和第二门槛值以及跨越第二门槛值之后系数显著增加，说明大数据发展在促进制造业供给质量的提升方面呈现先弱后强的非线性趋势；以创新能力为门槛的模型中，在跨越第一门槛值前系数很小，在第一门槛值和第二门槛值以及跨越第二门槛值之后系数显著增加，说明大数据发展在促进制造业供给质量的提升方面呈现先削弱后增强的非线性趋势。大数据发展对制造业供给质量提升的影响不仅受到自身的作用，还存在着区域要素配置、数据赋能以及创新能力的调节效应，表现为大数据发展与区域要素配置、数据赋能以及创新能力之间存在着积极的互动关系。

第四，在区域异质性层面，东部地区、西部地区大数据发展水平对制造业供给质量的影响较为显著，同时东部地区远大于西部地区；中部地区和东北地区大数据对制造业供给质量提升尚不显著。这是因为东部地区是我国经济最发达、人口最密集、城市化水平最高的地区，也是我国数字技术应用和创新最为广泛的区域。东部地区拥有大量的互联网企业、科研机构、高校等数字创新要素，打造出一批具有国际影响力的数字产业集群和创新中心，同时北京、上海、深圳、杭州等城市不仅拥有海量的数据资源，还对数据算力和创新能力需求旺盛，需求和要素的累加为大数据发展提供了坚实基础和强大动力。中部和东北地区制造业产业结构不够合理，主导产业集中在传统制造业，这些产业大多处于全球价值链中低端，仍以劳动密集型产业为主，对技术需求弹性小于对劳动力需求弹性，因此制造业企业数字化创新能力和原动力不足。

第五，在行业异质性层面，从总体来看，大数据发展会显著促进制造业各行业供给质量的提升。从分行业来看，大数据发展对高技术制造业供给质量的提升较大，其中对计算机、通信和其他电子设备制造业的影响最大，对汽车制造业、电气机械和器材制造业、专用设备制造业的影响作用也较大。大数据对中、低技术制造业也有显著的正向促进作用，但促进效果略小于高技术制造业。这可能是因为数据技术在产业结构中的渗透作用是自上而下的，由技术密集型产业逐步向资本密集型和劳动密集型产业蔓延渗透，现阶段数据技术在中、低技术制造业中的普及应用程度仍较低，大量劳动密集型产业仍以人工生产制造为主，大数据的应用仍有较大空间。

第四章

大数据驱动制造业供给质量提升的区域模式比较

数字技术的快速进步推动了大数据产业的飞速发展，大数据在制造业中的应用和融合加速，促进制造业逐步从传统生产、运营和服务模式转型到数字化生产、运营和服务模式。本章综合考虑大数据发展的区域均质性与异质性及其在推动制造业供给质量提升方面的普遍作用，从区域大数据发展水平、制造业基础、数字基础设施、数字经济禀赋、数实融合水平五个方面分析全国30个省（区、市）大数据驱动区域制造业供给质量提升的不同特征，选取全国具有代表性的大省进行比较研究，分析不同区域模式的形成机制，并基于区域异质性提出优化路径。

第一节　大数据驱动制造业供给质量提升的区域评价

制造业高质量发展的关键因素之一是技术创新（黄群慧、贺俊，2015）。数据要素代表当前技术进步的最主要方向之一，因其具有高创新性、强渗透性和广覆盖性等特征，可同时推动产业增量扩展和存量优化（徐星　等，2023）。制造业供给质量提升是区域禀赋、产业组织、产业环境和技术进步等因素共同作用的复杂过程，为分析制造业供给质量提升中的复杂动力问题，需从传统的线性分析转向非线性和多要素耦合视角。本节从区域大数据发展水平、区域数字经济禀赋、区域制造业基础、区域数字基础设施和数实融合水平五个维度，探索全国各省（区、市）（不含港澳台）制造业供给质量提升的影响因素。

一、区域大数据发展水平

有关产业数字化和数字产业化的研究成果表明，自《促进大数据发展行动纲要》等相关政策发布以来，大数据产业取得了长足发展，年均复合增长率超过30%（冯宗宪、段丁允，2022；焦帅涛、孙秋碧，2021；刘英恒太、杨丽娜，2021；孙勇　等，2022）。2023年，中国数据的生产总量已高达32.85ZB（泽字节），数据存储总量达1.73ZB，存储空间利用率59%，其中，云存储占比超过40%[①]。大批龙头企业快速崛起，已初步形成产业链。2022年，我国大数据产业产值达1.57万亿元，已是数字经济发展的核心产业之一[②]。以下参考“大数据产业指数”来分析区域大数据发展水平[③]。

① 颜之宏、严赋憬：《最新报告出炉！2023年我国数据生产总量达32.85ZB》，https://www.gov.cn/yaowen/liebiao/202405/content_6953440.htm，2024-05-24。

② 韩鑫：《2022年我国大数据产业规模达1.57万亿元》，《人民日报》2023年2月22日第001版。

③ 北京大数据研究院、大数据分析与应用技术国家工程实验室、治数科技：《中国大数据产业发展指数报告》（2023版），https://mp.weixin.qq.com/s?__biz=MzA5MjI1NzEwMQ==&mid=2649799535&idx=3&sn=a8811114d49e1ae5db22b9c6331239a2&chksm=886bf54dbf1c7c5b16c246715cf790b68e1ffba5175ee72fe230829f47ffb9ef3404c80e8cbf&scene=27，2023年9月27日。

一是显著的省际分异。2023年，全国30个省级行政区大数据产业发展水平差异和分化态势显著，具有明显的三大特征。第一，沿海地区具有显著的集聚效应，中西部地区通过特色应用驱动赶超发展。第二，北京、广东、江苏、浙江、上海等地具有绝对优势，分列第1至第5位，发展水平全国领先。第三，中部有安徽、河南、湖北等省份排名前15，产业实力不断提升。第四，西部发展缓慢，但四川、重庆和贵州位列前15，具有强劲的发展势头。各省（区、市）大数据发展指数得分情况如表4-1所示。

表4-1　2023年各省（区、市）大数据发展指数得分情况（前15名）

省市	2023年总排名	产业水平排名	产业创新排名	产业环境排名
北京	1	1	1	8
广东	2	2	2	1
江苏	3	5	4	2
浙江	4	4	3	4
上海	5	3	5	10
山东	6	6	6	3
安徽	7	7	8	6
四川	8	8	11	7
河南	9	13	10	5
福建	10	10	12	9
湖北	11	9	7	11
辽宁	12	16	9	13
重庆	13	15	18	14
天津	14	11	20	15
贵州	15	20	22	12

数据来源：《中国大数据产业发展指数报告（2023版）》。

头部省份各项指标排名位居前列，其他省份部分指标也有亮点。北京、上海、广东、江苏、浙江5省（市）在“产业水平”和“产业创新”两大维度均排名前五，在“产业环境”分项中的前五强占三席，具有极强的综合实力。山东及河南的大数据“产业环境”表现突出，位居全国前五。其中，山东实施数字产业集群培育工程，实施了“繁星”“龙腾”“沃土”“雨露”“焕新”“匠心”六大行动，大数据产业快速发展；河南加快打造现代化产业体系，配套环境建设成效显著。安徽、四川、湖北等中西部省份也有突出表现，政府重视大数据产业发展，潜力较大，有望成为我国大数据产业的重要增长极。贵州的“产业环境”突出，带动总排名进入前 15，产业环境建设对产业发展具有显著的效果。

二是发达城市优势明显。在我国163个大城市中，北、上、深、杭、广5个城市大数据产业发展连续四年稳居全国前五，在产业水平、产业创新和产业环境三个维度基本均衡，综合实力较强。东部省份主要城市优势明显，是大数据产业领先地区；西部地区只有成都、重庆入围，部分西部城市依托政策优势，发展速度不断加快，东西部地区产业差距逐渐缩小。总体来看，前15强以南方城市居多，北方城市大数据产业仍有待大力发展。

二、区域数字经济禀赋

一是全国层面，数字经济对经济的支撑作用愈发强劲。2022年，我国数字经济规模达50.2万亿元，占国内生产总值的41.5%，有力支撑了国民经济的发展。数字经济主要包括数字产业化和产业数字化两大方面，从数字产业化来看，其在2022年的规模达9.2万亿元，占数字经济比重为18.3%，占国内生产总值的7.6%（刘楷，2022）。从产业数字化来看，平台经济加快发展，智能制造、传统产业数字化升级，2022年规模达到41万亿元，占数字经济的81.7%，占国内生产总值的33.9%（赵梦，2023）。从信息化与工业化的融合[①]来看，北京、天津、上海、江苏等省（市）融合系数都在0.9以上。

二是大型平台经济总部高度集中在东部。基于数据要素支撑的地区平台经济实力大小，对制造业供给质量提升也产生较大影响。2023年，全国的电子商务市

① 信息化带动工业化发展的融合系数表示在一定的信息化水平下所能达到的工业化水平，系数越大则说明带动力越强，融合效果越好。

场规模达到50.57万亿元，较上年增长6.3%[①]。部分拥有大型平台的地区，工业产品与市场结合度更高，更能降低成本。2022年，全国企业信息化及开展电子商务企业共1368152个，其中，广东、江苏、浙江的数量位列前三，分别为185659个、154761个和123293个。截至2021年底，市值10亿（美元）以上的平台企业超200家，其中，腾讯、阿里、字节跳动、拼多多、美团等企业市值均超万亿美元[②]，平台经济快速发展且分布集中；头部电商平台中，北京、长三角、珠三角分别有39家、38家、12家，中西部分别有5家和3家（刘楷，2022），高度集中于东部地区，对当地制造业转型升级更为有利。

2022年，全国企业电子商务销售额共计302219.5亿元，广东、上海、北京均超过3万亿元，分别为47419.7亿元、39597.8亿元和36792.5亿元，其他地区均小于2.5万亿元，表明电子销售市场集中在广东、上海、北京等经济发达省市。如表4-2所示，从有电子商务交易活动企业的比重来看，全国水平为10.4%，其中北京最高，达到了24.7%；东部沿海省市中海南最高，达到了13.3%，第二为山东（12.8%），广东、上海并列第三，均为11.8%，浙江为11.0%，福建为10.3%，江苏仅为9.6%（如表4-2）；尚有大量省（区、市）低于10%，说明我国的制造业与电商市场的结合度还有待提高。

表4-2　各省（区、市）企业信息化及电子商务开展情况（2022年）

地区	企业信息化及开展电子商务企业数（个）	有电子商务交易活动企业数（个）	有电子商务交易活动企业的比重（%）	企业电子商务销售额（亿元）	企业电子商务采购额（亿元）
全国	1368152	141680	10.4	302219.5	149228.3
北京	40699	10061	24.7	36792.5	21284.9
天津	25506	1982	7.8	6974.9	4385.8
河北	39475	2669	6.8	3524.8	2061.0

① 网经社电子商务研究中心：《2023年度中国电子商务市场数据报告》，https://www.100ec.cn/detail--6639728.html，2024年6月17日。

② 宋婧：《激发平台经济创新活力 打造数字经济强劲引擎》，https://www.xinhuanet.com/tech/20220615/9cc646d152074b0eb4510276b9ccae02/c.html，2022年6月15日。

续表

地区	企业信息化及开展电子商务企业数（个）	有电子商务交易活动企业数（个）	有电子商务交易活动企业的比重（%）	企业电子商务销售额（亿元）	企业电子商务采购额（亿元）
山西	25777	1498	5.8	5629.4	1768.9
内蒙古	11498	921	8.0	4466.6	2863.8
辽宁	29992	1919	6.4	6702.4	3438.3
吉林	12605	603	4.8	608.9	331.2
黑龙江	14195	792	5.6	1180.0	676.0
上海	51573	6111	11.8	39597.8	24329.0
江苏	154761	14897	9.6	22553.6	10566.5
浙江	123293	13539	11.0	18144.1	5841.2
安徽	52245	5877	11.2	8780.4	3944.2
福建	63816	6587	10.3	8465.2	2240.8
江西	44292	4337	9.8	3908.3	1275.1
山东	98861	12676	12.8	24263.8	11298.2
河南	68415	3850	5.6	5947.0	3205.6
湖北	52824	5018	9.5	8356.7	4157.4
湖南	49864	4671	9.4	6070.1	3244.4
广东	185659	21827	11.8	47419.7	23038.7
广西	26654	2318	8.7	3703.8	1634.5
海南	5522	735	13.3	1585.9	498.8
重庆	26486	3265	12.3	14206.3	4338.5
四川	57360	6136	10.7	9092.5	5430.7
贵州	18833	1655	8.8	3520.5	994.5
云南	22072	2077	9.4	2326.3	912.3
西藏	1509	126	8.3	174.7	33.2
陕西	29424	2968	10.1	4034.5	2208.7
甘肃	11145	855	7.7	1174.2	1136.2
青海	2501	305	12.2	820.0	315.8

续表

地区	企业信息化及开展电子商务企业数（个）	有电子商务交易活动企业数（个）	有电子商务交易活动企业的比重（%）	企业电子商务销售额（亿元）	企业电子商务采购额（亿元）
宁夏	4209	358	8.5	468.6	341.5
新疆	17087	1047	6.1	1725.9	1432.3

数据来源：《中国统计年鉴（2023）》。

三是各地均有明确的发展方向。我国各地产业基础差异大，明确合适的发展方向对各地数字经济壮大最为关键。2022年6月，中央提出明确的要求①，涉及制造业供给质量提升所需的数据大部分为非竞争性资源，对要素的开放环境要求更高，只有开放才能最大化实现数据的市场价值，数据是典型的半公共产品，这要求政府对于制造业供给质量提升所需数据要素的投资，加大政策支持力度。从大数据驱动制造业供给质量提升角度看，也需要政府制定和完善相关政策。在国家“十四五”规划的指导下，各地出台当地的“十四五”数字经济规划、数字经济专项规划等，明确了产业数字化的发展方向。

东部地区省市实力强，所定的目标也较高。例如，北京提出要“实现全方位、全角度、全链条、全要素数字化转型，打造具有国际竞争力的数字产业集群”；上海要求建设国际数字之都，“十四五”期末，数字经济核心产业增加值占全市GDP的15%左右，规模以上制造业数字化转型比例达到80%左右，数字经济水平居全国前列；广东提出打造“粤港澳大湾区国际科技创新中心和综合性国家科学中心”。中西部省市立足本地优势，做强做大特色产业，增强竞争力。湖北提出打造关键核心技术创新链，建设世界级光芯屏端网产业集群，加快数字化转型；四川要求到“十四五”期末建成全国数字经济科技创新中心、数字化转型赋能引领区，初步建成数字经济发展新高地（刘楷，2022）。在政策引导下，各地涌现出众多特色案例。

① 指“更好发挥政府在数据要素收益分配中的引导调节作用”，引自2022年6月中央全面深化改革委员会第二十六次会议审议通过的《中共中央 国务院关于构建数据基础制度更好发挥数据要素作用的意见》。

三、区域制造业基础

地区产业基础会影响新技术的应用和政府的产业政策（谭海波、范梓腾、杜运周，2019）。一方面，地区制造业的规模和类型及其与数据要素结合的难易程度直接影响制造业供给质量的提升。地区传统产业规模大，其转型的压力也大，对数字化转型的需求也更迫切。另一方面，大数据作为制造业供给质量提升的主要影响因素之一，只有形成活跃度较高的数据要素市场，才能保证制造业供给质量提升的良好运行（刘淑妍、王湖葩，2021）。

我国的工业主要分布在沿海省市。如表4-3所示，从规模来看，2022年，全国工业增加值达到398814.5亿元，工业化率（工业增加值占GDP比重）为33.14%。江苏、广东和浙江规模位居前三，工业增加值规模分别为48593.6亿元、47723.0亿元和28871.3亿元（如表4-3），广东和江苏的制造业基础规模处于同一水平，山东也达到了28739.0亿元，与浙江同处于第二层次，四者规模远大于其他省（区、市）。规模最小的西藏仅为200.8亿元，规模较小的省（区、市）其数字化驱动制造业升级的压力和迫切性相对并不强。我国的制造业主要集聚于城市群地区，重点集聚在东部地区，特别是沿海城市群地区。长三角、珠三角和京津冀等作为重要制造业基地，在制造业产出效益、创新能力等方面保持了良好态势，产业科技含量及产品附加值较高。制造业作为实体经济的主体，是地方高质量发展的主战场，制造业规模的差异也影响着其向数字化转型的路径。

表4-3　各省（区、市）工业增加值规模及其占全国比重（2022年）

地区	工业增加值规模（亿元）	工业增加值/GDP（%）	地区	工业增加值规模（亿元）	工业增加值/GDP（%）
全国	398814.5	33.14	河南	19592.8	31.94
北京	5036.4	12.10	湖北	17546.3	32.65
天津	5402.7	33.12	湖南	15025.3	30.87
河北	14675.3	34.64	广东	47723.0	36.96
山西	12758.6	49.76	广西	6775.9	25.76
内蒙古	9703.8	41.90	海南	770.1	11.29

续表

地区	工业增加值规模（亿元）	工业增加值/GDP（%）	地区	工业增加值规模（亿元）	工业增加值/GDP（%）
辽宁	10239.1	35.34	重庆	8276.0	28.41
吉林	3737.9	28.60	四川	16412.2	28.92
黑龙江	4257.6	26.78	贵州	5493.1	27.24
上海	10794.5	24.17	云南	7197.1	24.86
江苏	48593.6	39.55	西藏	200.8	9.42
浙江	28871.3	37.15	陕西	13158.3	40.15
安徽	13792.0	30.62	甘肃	3297.2	29.44
福建	19628.8	36.96	青海	1228.7	34.04
江西	11770.3	36.70	宁夏	2094.0	41.31
山东	28739.0	32.87	新疆	6022.8	33.95

数据来源：《中国统计年鉴（2023）》。

四、区域数字基础设施

信息基础设施是大数据支撑制造业供给质量提升的重要基础。信息技术越来越成熟和更加广泛地应用，孵化出更多的数据生产功能，奠定了数据的生产、存储、传输、共享基础，形成了数据资源化—资产化—资本化的基本条件（金骋路、陈荣达，2022；乔晗、李卓伦、黄朝椿，2023）。随着数字设施建设的推进，数字经济将释放强大的赋能效果，从而改善企业发展质量，为制造业供给质量提升奠定基础（梁继、苑春芸，2022）。人工智能、区块链、隐私保护等技术在数据要素流通中得到更多应用，为数据安全和制造业供给质量提升提供了保障。因而，信息基础设施和新技术共同为制造业供给质量提升提供技术支撑。各省（区、市）信息基础设施建设水平是影响数字支撑制造业供给质量提升的重要因素。

一是通信基础设施发展较快。如表4-4所示，从建设情况来看，截至2022年底，我国建成5G基站231.2万个，5G移动用户数为56017.8万户。其中，广东5G基站24.7万个，占全国的10.68%，5G移动用户数全国第一，达到了6351.7万户（如表4-4），是推动通信能力进一步升级的重要市场支撑。

表4-4 各省（区、市）主要数字基础设施指标（2022年）

地区	5G基站数量（万个）	5G移动用户数量（万户）	期末使用计算机数（台）	每百人使用计算机数（台）
全国	231.2	56071.8	64414662	37
北京	7.6	1399.2	5290838	81
天津	3.6	581.2	1152505	45
河北	9.4	2680.9	1568849	33
山西	6.1	1414.0	931616	28
内蒙古	3.8	901.0	608965	38
辽宁	6.6	1485.0	1444509	41
吉林	2.9	958.8	556917	40
黑龙江	4.5	1156.6	703780	44
上海	7.2	1340.3	4951441	68
江苏	18.0	3690.8	6778956	33
浙江	16.4	3263.4	5317036	33
安徽	8.1	2082.2	1879609	29
福建	7.4	1640.7	2079176	24
江西	6.5	1599.3	1169987	25
山东	14.6	3181.0	3645004	34
河南	12.0	3682.4	1916565	24
湖北	8.3	1886.8	2164957	33
湖南	8.9	2358.6	1668593	28
广东	24.7	6351.7	11051742	45
广西	6.6	1881.4	948034	31
海南	1.6	431.0	250456	45
重庆	6.1	1296.1	1316021	30
四川	11.3	3104.5	2723254	33
贵州	6.4	1493.3	640320	33
云南	6.6	1628.4	859379	36

续表

地区	5G基站数量（万个）	5G移动用户数量（万户）	期末使用计算机数（台）	每百人使用计算机数（台）
西藏	0.6	88.2	45577	42
陕西	6.3	1654.6	1392860	40
甘肃	3.7	894.6	413904	31
青海	1.1	271.2	149062	44
宁夏	1.2	341.4	201049	36
新疆	3.3	833.5	593701	33

数据来源："5G基站数量（万个）""5G移动用户数量（万户）"数据来源于中华人民共和国工业和信息化部网站公开的年度数据（https://www.miit.gov.cn/gxsj/tjfx/ndsj/2022n/index.html）。"期末使用计算机数（台）""每百人使用计算机数（台）"数据来源于《中国统计年鉴（2023）》，为2022年数据。

二是"5G+工业互联网"等以大数据为驱动的新型基础设施加快建设。5G等数字基础设施与工业互联网的深度协同成为加速制造数字化转型的重点，同时也是拓展经济规模和提升发展质量的主要方向。截至2023年11月，全国建成超8000个"5G+工业互联网"项目，涵盖了全部工业大类。工业互联网产业规模超过1.2万亿元，具有超过240个较大影响力的工业互联网平台，连接的设备不少于8900万台（套）。工业和信息化部发布了5G工厂、工业互联网园区、公共服务平台等218个工业互联网试点示范项目，涵盖了工厂、园区、载体、网络、平台、安全六大类别[①]。工业互联网已深度嵌入经济各个行业之中，赋能作用日渐凸显。从已有引导政策来看，工业和信息化部推动包括电子设备生产、装备制造、钢铁、采矿、电力等第一批重点行业发展[②]，涉及东部先进制造业企业和内地特色制造业与资源产业的华为、中兴、格力、三一重工、上海外高桥造船、海尔、福田汽车、中国商飞、华菱湘钢、宝钢、国家电网、南方电网、马钢、中核集团等企业。

① 申佳平：《数实融合持续破题 "5G+工业互联网"提档升级》，https://m.huanqiu.com/article/4FRlzhUczeK，2023年11月21日。

② 中华人民共和国工业和信息化部：《工业和信息化部信息通信管理局负责人解读〈打造"5G+工业互联网"512工程升级版实施方案〉》，https://www.miit.gov.cn/jgsj/xgj/gzdt/art/2024/art_9e8e63322ec042baaecec8f1eb489387.html，2024-12-30。

五、区域数实融合水平

21世纪以来，数字技术快速迭代，推动信息化和工业化从两化融合到深入渗透、支撑制造业与数字化、大数据的融合。目前，新一代数字技术更是进一步推动制造业向智能化方向发展（白新华、李国英，2023），呈现出“点—线—面”递进的演进方式，向更大范围、更广领域和更深层次挺进，加速迈向数字经济和实体经济在更深层次上相互渗透、协同发展的新阶段。

各地区均把推动数实融合作为发展数字经济的首要任务。目前，各地纷纷以数字经济赋能实体经济发展，以实体经济转型持续壮大数字经济，打造区域竞争新优势。第一，扩大区域经济效益，各省市通过推动区域优势产业、特色产业加快数字化转型，利用大数据及数字技术赋能，进一步加速产品创新、供应链协作、价值链提升等方面的产业发展。第二，畅通区域经济循环，各地在推进数实融合过程中积极打造大数据平台和协作网络，加快产业、科技、资金、人才等要素流通，促进区域内外生产、分配、流通、消费等环节的有效循环，推动区域产业与城市协调共生，畅通区域经济循环。第三，助力区域一体化发展，重点地区通过推进数实融合，加快新型基础设施建设，以基于大数据的工业互联网平台为依托，开展产业链上下游组织网络化协作和跨产业链合作、跨区域协同，深度绑定区域内各个城市之间的链接和互动关系，加速区域一体化建设进程。当前，东部沿海地区数实融合方向主要是紧跟国际前沿，提升国际竞争力；中西部地区则是根据特色禀赋，推动优势领域的数实融合。

然而，目前各区域之间的数实融合差距仍然比较明显，大数据与制造业高质量发展的融合深度有待提高。从与大数据应用相关的各省（区、市）制造业数字化指标（如表4-5）来看，江苏、山东、上海、北京、浙江、广东、天津、重庆、福建等省市两化融合水平较高，均高于全国水平，其中江苏和山东分别为117.9和116.1，远超其他省（区、市）。西藏、甘肃、青海、新疆、海南、广西、黑龙江等省（区、市）两化融合水平较低，与发达省（区、市）差距较大，制造业数字化发展程度较低。分指标来看，在生产设备数字化方面，江苏、浙江、北京生产设备数字化率较高；在数字化研发设计工具普及方面，江苏、上海、浙江、山东数字化研发设计工具普及率处于领先地位；在关键工序数控化方面，江苏、北京、天津关键工序数控化率领先其他省（区、市）；在应用电子商务方面，江苏、山东、天津制造业企业应用电子商务比例较为突出；在实现产业链协同方面，山东、四川、湖北实现产业链协同比例较高；在关键业务环节全面数字化普及方面，浙江、山东、江苏关键业务环节全面数字化普及率较高；在数字化生产设备联网方面，江苏、上海、北京数字化生产设备联网率处于全国领先地位；在经营管理数字化普及方面，浙江、江苏、山东经营管理数字化普及率较为突出；在智能制造就绪方面，山东、浙江、江苏智能制造就绪率较高；在工业云平台应用方面，浙江、上海、山东工业云平台应用率处于前列。

表4-5　全国及各省（区、市）制造业数字化相关指标

地区	两化融合发展指数	生产设备数字化率（%）	数字化研发设计工具普及率（%）	关键工序数控化率（%）	应用电子商务比例（%）	实现产业链协同比例（%）	关键业务环节全面数字化普及率（%）	数字化生产设备联网率（%）	经营管理数字化普及率（%）	智能制造就绪率（%）	工业云平台应用率（%）
全国	99.9	51.8	75.1	55.7	65.9	13.0	53.0	45.5	72.3	11.9	51.5
北京	111.8	58.3	73.7	60.7	65.1	12.3	42.3	53.3	76.9	11.9	50.9
天津	106.4	56.9	85.2	60.6	73.9	14.2	59.5	51.8	76.7	13.7	55.5
河北	87.4	51.3	70.3	58.7	59.3	9.1	37.2	45.8	71.8	10.6	43.2
山西	84.1	50.5	70.2	58.1	56.4	11.3	42.3	45.6	68.8	9.6	44.6
内蒙古	79.2	49.5	62.1	58.4	61.4	11.8	35.6	42.8	61.7	8.6	37.4
辽宁	87.6	45.3	75.3	56.2	54.7	11.1	41.5	42.9	64.5	8.2	36.8
吉林	72.3	40.1	66.9	44.4	57.4	11.9	37.9	38.7	60.0	7.6	40.6
黑龙江	67.6	44.8	54.2	44.0	49.1	9.6	30.9	38.1	56.2	8.1	41.3
上海	112.5	55.7	87.8	55.3	67.2	13.1	53.6	53.3	76.1	15.1	62.7
江苏	117.9	59.9	87.9	61.0	76.2	12.5	64.6	53.6	80.2	19.9	58.2
浙江	110.0	58.3	87.0	59.7	72.7	12.4	70.4	51.9	82.7	20.8	66.1
安徽	95.0	51.5	78.6	53.6	70.6	17.0	57.5	46.2	76.9	12.8	61.3
福建	103.3	51.8	84.2	55.3	71.5	9.2	64.4	45.1	79.9	10.4	48.5
江西	76.6	47.2	71.7	50.7	64.8	13.7	52.0	42.2	70.6	10.3	42.2
山东	116.1	57.5	87.0	59.2	76.2	26.8	69.8	52.6	80.0	21.2	62.3
河南	88.7	50.3	80.3	52.9	71.4	11.0	49.5	42.9	69.0	14.3	50.6
湖北	88.8	51.1	77.4	58.1	65.9	17.1	58.7	46.2	75.5	12.4	51.5
湖南	87.9	48.4	78.3	46.7	67.3	9.7	48.3	42.3	68.5	9.9	46.6

续表

地区	两化融合发展指数	生产设备数字化率（%）	数字化研发设计工具普及率（%）	关键工序数控化率（%）	应用电子商务比例（%）	实现产业链协同比例（%）	关键业务环节全面数字化普及率（%）	数字化生产设备联网率（%）	经营管理数字化普及率（%）	智能制造就绪率（%）	工业云平台应用率（%）
广东	107.8	53.2	81.1	57.5	69.7	12.6	54.3	47.7	77.9	13.3	48.5
广西	67.2	43.5	67.3	52.2	63.3	10.0	46.8	41.3	63.6	7.6	37.3
海南	66.4	55.6	46.5	59.4	53.8	10.6	18.9	47.8	51.9	12.0	33.9
重庆	105.4	51.5	80.9	58.8	68.6	9.6	51.2	47.9	72.9	16.2	50.7
四川	96.4	52.2	80.9	54.6	72.6	19.7	58.9	48.4	76.6	19.6	57.4
贵州	75.4	40.6	66.5	44.2	64.2	11.9	47.1	35.5	67.7	8.8	50.7
西藏	58.6	32.6	44.1	52.8	46.8	8.2	20.9	36.4	46.2	5.6	33.5
陕西	77.1	44.0	70.3	52.1	60.3	11.0	41.5	39.6	65.5	9.8	39.8
甘肃	60.4	48.4	53.9	50.6	55.8	8.6	27.4	44	56.7	5.5	32.3
青海	62.9	42.8	42.2	52.6	42.7	11.3	30.3	35.2	55.6	6.0	34.9
宁夏	73.6	49.4	56.4	56.1	53.8	13.4	33.8	40.5	61.1	7.9	42.1
新疆	65.6	47.2	47.5	53.5	45.1	12.2	35.6	42.1	57.2	5.1	29.0
云南	70.5	43.6	49.1	55.2	64.2	10.7	40.8	45.5	67.4	8.0	34.9

数据来源：两化融合公共服务平台，2023年。

六、综合评价

综上，制造业供给质量提升是一项复杂的系统工程（Arthur，2014；毛征兵、陈略、范如国，2021），地区大数据发展水平、地区数字经济禀赋、制造业基础、数字设施、数实融合水平等都会影响制造业供给质量的提升，且各因素作用的过程是协同联动的。比如，在制造业供给质量提升过程中，信息基础设施不仅提供基础通信服务，还深深地渗透到了组织管理的各个方面：数字政府的建设，本质上是对传统政府管理方式的一次深刻变革，它通过利用信息基础设施的强大能力，实现政务服务的数字化、网络化和智能化，极大地提高了行政效率。同时，技术进步推动的新型基础设施（如5G、区块链、云计算等）快速发展，带来了大数据产业蓬勃发展，为制造业供给质量提升提供了保障。

从上述五个维度的比较分析可以看出，区域大数据发展水平方面，近年来，我国数据总量大规模增长，特别是非结构化数据呈现爆炸式增长，为大数据产业和大数据赋能制造业供给质量提升提供了强劲动力。区域数字经济禀赋方面，我国数字经济大规模增长，数字产业化和产业数字化呈现“二八分布”结构，对第二产业和第三产业的渗透程度加深，有效驱动了第二产业和第三产业发展质量的提升。区域制造业基础方面，各省（区、市）制造业规模进一步增长，全国工业化水平（工业增加值/GDP）进一步提升，为制造业技术进步起到了良好的引导作用。区域数字基础设施方面，我国的5G、工业互联网等基础设施规模进一步扩大，占全球比重超过一半，支撑了中国数字经济规模的持续增长，体现了中国在新基建领域具有全球独一无二的国家能力，为制造业供给质量提升提供了持续的动力保障。区域数实融合水平方面，得益于产业大数据的蓬勃发展，传统要素边界和产业边界被打破，数据要素与传统要素的融合提升了技术进步效率、要素配置效率，并带来了产业融合，而产业的融合又带来了规模经济和范围经济，这使得制造业全要素生产率得到提升，进一步推动了制造业供给质量的提升。

虽然我国大数据驱动制造业供给质量提升取得了显著的效果，但还存在以下主要不足：（1）区域大数据发展方面，大部分省市侧重于应用，但应用场景并不完善，数据挖掘、开放、共享还需要进一步深化强化；数据存储能力的建设也需要加强；我国数据管理还处于相对初级的阶段，数据管理方式还需优化；同时，各省市还需要根据各自的禀赋特色，结合智能化发展的最新趋势，强化算力基础设施的布局。（2）区域数字经济发展禀赋方面，除了东部沿海地区和中西部省会城市，大部分省市的平台经济水平较低，大量制造业企业还需强化与电子商务的结合，通过产业数字平台实现降本增效，并通过产业互联网进一步开拓市场，提升供给质量。（3）区域制造业基础方面，各地特色禀赋和制造业发展规模差异较大，还需根据地区产业特色，提出利用大数据驱动本地制造业供给质量提升的具体路径和方案。（4）区域数实融合方面，区域间数实融合差距明显，大数据与制造业高质量发展的融合深度有待提高。由于各地制造业水平有差异，数字基础设施及大数据产业园区分布、企业上云用云难易程度也不同，各省（区、市）还需要加强本地区大数据的应用推广及数字基础设施布局，并提前做好制造业供给质量提升所必需的算力设施、企业级大模型的前瞻性建设。

第二节　大数据驱动区域制造业供给质量提升的典型模式

以下选取我国大数据与制造业融合发展具有代表性的省份，通过典型区域案例比较，结合不同地区大数据驱动制造业供给质量提升的差异性，根据不同维度不同组合分析研究各地区大数据驱动制造业供给质量提升的典型发展模式。

一、广东省：工业大数据平台创新+产业集群数字化+要素融合

广东省是市场最开放、技术领先和政府服务能力最强的地区之一，重视提升制造业的数字化水平，在全国率先出台相关政策，为了进一步推动制造业的转型和升级，各级政府部门正采取积极措施，实现省（区、市）之间的紧密联动。在这一过程中，广州、深圳、佛山、东莞等城市被选为数字化转型的试点城市，这些城市承担起示范和引领的责任，通过实践探索出一条适合自身发展的数字化改造之路，取得了显著的成效。

（一）大力打造工业大数据平台，深化平台创新

2018年至今，广东数字经济政策主要侧重于顶层设计：2021年出台了《广东省数字经济发展规划（2018—2025年）》，同年广东又发布相关政策①，要求在当前经济全球化和技术进步的背景下广泛推广和应用新的商业模式和业态。这些新模式新业态，如共享经济、平台经济、网络协同制造等，不仅改变了传统的生产经营方式，也为消费者带来了更加丰富多样的选择和更加便捷的服务。这些创新的商业模式和业态的推广，进一步激发了市场的活力和创造力，为产业的持续发展注入了新的动力②。同时，加快建设重大数据平台，引领制造业数字化升级。目前，广东建设了省级数据运营管理机构、广州数据交易所，打通了供需渠道，数据要素生产、分配、流通、消费等环节循环进一步畅通，成立了广东数据发展联盟，推进了数据要素市场化配置改革。2018—2022年，广东财政投入16.4亿元，率先建设

① 《广东省人民政府关于印发广东省制造业数字化转型实施方案及若干政策措施的通知》，https://www.gd.gov.cn/zwgk/wjk/qbwj/yf/content/post_3338922.html，2021年7月6日。

② 同上。

工业互联网标识解析国家顶级节点，目前已接入二级节点34个，覆盖重点行业25个，接入企业5591家，标识注册量109亿个，累计标识解析量96.2亿次，指标均居全国前列，并辐射福建、广西、海南等地区。

广东工业互联网平台建设成效显著，形成了“综合性+特色性+专业性”的工业互联网平台体系，共拥有6个国家级的跨行业、跨领域工业互联网平台（华为、腾讯、富士康、树根互联、美的、华润），数量居全国第一。同时，广东还围绕重点行业和主要产业集群，建设了若干特色型、区域型、专业型的平台①。截至2022年，广东已有543家优秀数字化服务商入选2022年国家级双跨平台，推动了大批中小型制造企业数字化转型。

广东落实“5G+工业互联网”行动方案，培育了300多个行业标杆示范项目，提前完成国家级双跨平台的建设任务，且平台建设完善、市场化使用率高。华为的FusionPlant工业互联网平台作为领先的工业智能化解决方案，已经在全球范围内取得了显著的成就。截至目前，该平台已经为超过10万家企业提供了服务，这些企业通过FusionPlant平台的赋能，实现了生产流程的智能化和数字化转型。在这一过程中，FusionPlant平台连接的设备数量已经超过了240万台（套），这些设备包括但不限于传感器、机器人、生产线等，它们共同构成了一个庞大而复杂的工业互联网生态系统。截至2022年10月，在全球评选出的114家“灯塔工厂”中，中国的有42家，其中广东的有5家（如表4-6）。国家工业和信息化部等部委评选的2021年全国110家智能制造示范工厂，广东有博创智能装备股份有限公司、广州汽车集团股份有限公司、广州白云电器设备股份有限公司、广东美的制冷设备有限公司等9家公司入选。

表4-6　广东入选全球“灯塔工厂”名单

工厂名称	行业	城市	入选时间
美的	家用电器	佛山	2022.10
宝洁	消费品	广州	2022.03

① 《广东加快制造业数字化转型建设工业互联网示范区》，https://gdii.gd.gov.cn/mtbd1875/content/post_3323432.html，2021年4月16日。

续表

工厂名称	行业	城市	入选时间
美的	家用电器	佛山	2021.03
美的	家用电器	广州	2020.09
富士康	电子设备	深圳	2019.01

资料来源：世界经济论坛。

（二）聚焦大数据驱动双十产业集群数字化转型，深化产业协同发展

广东的ICT[①]产业全国领先。20世纪80年代，广东利用改革开放前沿阵地优势，引入当时刚刚兴起的电子信息产业（当时称为高新技术产业），培育起了强大的产业基础。典型如深圳，目前已经崛起，成为国内电子信息制造业的重要中心，其产业规模之大，令人瞩目，具体来说，该地区的电子信息制造业的规模占到了全国总量的六分之一，而在全球的电子信息制造市场中，它也占据了十分之一的份额，这证明了其产业实力和国际竞争力，辐射带动了珠江东岸的东莞和惠州乃至粤北河源电子信息产业的发展，推动了产业链跨城市整合，建成了全球最完备和响应速度最快的电子信息产业链。

广东制造业数字化转型重点方向是推动“双十”产业集群的数字化，通过政策创新，加快产业数字化和数实融合发展（如图4-1、表4-7）。广东电子信息制造业基本形成了“广深研发、其他地市产业化”的格局，产业综合实力显著提升，整体竞争力全国领先，世界级产业集群的基础进一步夯实。

① ICT即信息通信产业，包含电信业、电子信息制造业、软件和信息技术服务业以及互联网行业，是数字经济发展的先导，为数字经济提供丰富的数字技术、产品和服务支撑。ICT依托信息通信产业的集群发展优势，上游形成对关联产业的带动效应，下游通过其产品和服务在实体经济中的融合应用，带动产业数字化转型深入推进。

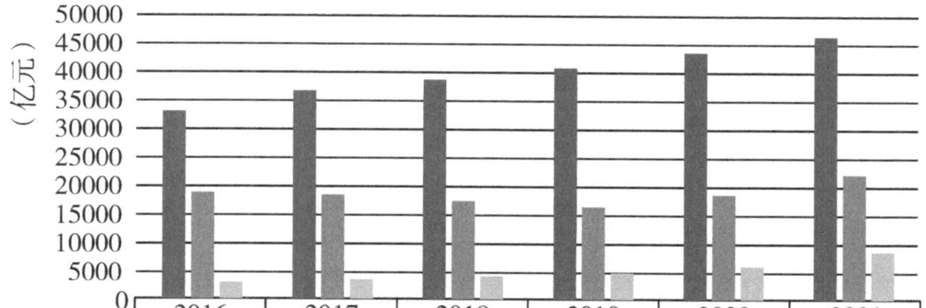

	2016	2017	2018	2019	2020	2021
■广东	33121.04	36737.28	38755.62	40905.46	43880.13	46395.14
■江苏	18881.07	18530.61	17448.26	16434.93	18450.07	22158.7
■浙江	3226.89	3687.4	4449.88	4998.41	6172.65	8676.93

图4-1　广东、江苏、浙江计算机、通信和其他电子设备制造业规上企业营业收入

数据来源：《广东统计年鉴》《江苏统计年鉴》《浙江统计年鉴》。

表4-7　广东战略性产业集群数字化发展重点方向

类型	集群名称	重点方向
战略性支柱产业集群	新一代电子信息产业	新型工业软件研发与应用
	绿色石化产业	在广州及惠州开展数字园区、数字工厂建设
	智能家电产业	龙头企业规模化个性化定制和供应链整合，中小型企业自动化及数字化升级
	汽车产业	整车制造、零部件、销售服务、研发设计、虚拟仿真、云平台
	先进材料产业	关键设备及流程数据采集、应用分析能力
	现代轻工纺织产业	机加工、注塑、装配及包装等环节的设备上云、人机协同
	软件与信息服务产业	建设广州深圳等中国软件名城，培育软件产业生态
	超高清视频显示产业	互动式沉浸式虚拟现实等视频、云服务等新业态和新场景
	生物医药与健康产业	支持大数据、人工智能等技术应用
	现代农业与食品产业	区块链、大数据、物联网、遥感等技术应用

续表

类型	集群名称	重点方向
战略性新兴产业集群	半导体与集成电路产业	数字电路EDA工具软件核心技术攻关
	高端装备制造产业	在珠三角主要城市建设高端数控精密加工装备和激光装备产业基地
	智能机器人产业	人工智能、感知、识别、控制等数字研发平台
	区块链与量子信息产业	智能制造、供应链、金融、数字版权、产品溯源等与区块链的融合
	前沿新材料产业	以材料数字化为基础，推进产用平台等数字公共平台建设
	新能源产业	数据管理、智能管理，关键零部件研发和动力集成
	激光与增材制造产业	激光与增材制造装备，激光软件配套服务
	数字创意产业	数字创意与生产制造融合、仿真设计，数字化营销
	安全应急与环保产业	危化学品信息监管系统、工业互联网+安全生产试点
	精密仪器设备产业	新型传感、控制、数据采集技术应用

（三）数字赋能制造提质增效，要素融合孵化新业态新模式

广东以工业互联网为突破口推进了“5G+工业互联网”的应用（如图4-2），实施5G赋能专项行动，支撑制造业供给质量提升。大数据、人工智能、区块链和物联网等前沿技术的迅猛发展，以及这些技术的融合与创新，正逐步改变着各行各业的运作模式，尤其是在工业领域，引发了一场深刻的数字化转型浪潮。通过“上云上平台”的策略，即利用云计算和平台服务，中小企业能够以较低的成本和门槛享受到大数据分析和智能决策带来的便利，从而实现普惠性的数字化升级。到2023年，广东累计推动约3万家规上工业企业实现数字化转型，带动约75万家中小企业“上云用云”。

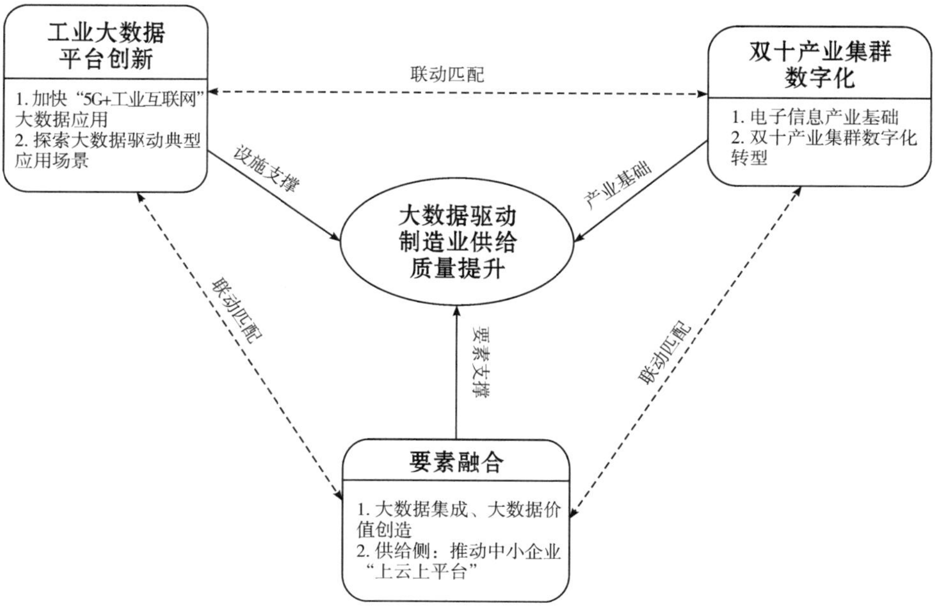

图4-2　广东模式：工业大数据平台创新+产业集群数字化+要素融合

注：笔者绘制。

二、山东省：应用场景融合+龙头带动+跨行业跨区域整合

山东将大数据作为驱动制造业质量提升的主要方向，通过打造工业互联网作为核心支撑，以制造业龙头企业为核心，推动跨行业和跨区域产业链整合，带动了产业整体质量的提升。

（一）加快大数据应用场景的融合发展

依托雄厚的产业基础和广阔的应用场景，山东制造业以大数据应用为牵引，推动制造业数字化快速转型。目前，山东通过基于大数据的工业互联网平台培育培优工程，持续保持领先优势。山东加快推动“四新”转型，围绕“四强”任务①，突出“应用赋能”，603个省级示范项目作为先锋，已经在各个领域得到了广泛的推广和应用，78个国家级的新一代信息技术与制造业融合项目，以及工业互联网试点项目，也在国家的大力支持下得到了精心培育，新产业、新业态和新模式如雨后

① “四新”转型指“新基建、新动能、新优势、新融合”；“四强”任务指“强企业、强行业、强区域、强链条”。

春笋般大量涌现，120个典型应用场景被精心打造。这些场景覆盖了智能制造、智慧城市、数字经济等多个领域，增强了产业集群竞争力。企业上云加快，关键业务数字化率达到67.8%，位居全国第二。

（二）推动龙头企业率先实现以大数据应用带动转型

山东强化龙头企业加快以大数据应用为牵引的数字化转型，带动了制造业的整体转型。2022年，轨道交通装备制造领域的中车青岛四方、石化化工领域的赛轮、轻工领域的海尔智家、电子信息领域的浪潮信息4家企业入选工业和信息化部首次开展的“数字领航”评选的装备制造领域，为新一代信息技术与制造业融合发展探路。山东通过优选行业标杆，解决制造业企业共性问题，带动全产业链协同创新发展。此外，山东还有11个平台入选工业和信息化部同期公布的特色专业型工业互联网平台，入选总数达到29个，数量居全国第一。

山东已形成了以大数据应用为驱动的工业互联网“雁阵”，链接大量传统企业，带动产业链及产业网络升级。以海尔智家数字化研发平台为例，全球新品设计周期缩短30%，在行业内率先实现国家重点实验室、国家制造业创新中心、国家工程研究中心等国家级创新平台全覆盖，还在发明专利占比、标准数量等4个维度实现行业领先。数字领航企业在关键领域和核心环节强化自主创新能力，国产软件使用占比平均达75.9%，为加速国产软件产品迭代升级，逐步摆脱对外技术依赖树立标杆示范。“雁阵”企业多年探索形成的数字化转型经验，为中小企业带来了便利。浪潮服务器工厂打通了市场预测、研发、生产、采购、交付全价值链体系，实现大规模柔性生产。

（三）做大做强以大数据为驱动的“双跨”平台

山东把以大数据为驱动的工业互联网建设作为推动制造业供给质量提升的核心，实施了“工赋山东”专项行动（如图4-3）。通过“建”“用”并重，加快向高层次多领域发展，赋能效应显著，工业互联网示范区（国家级）从试验到成熟。通过与垂直平台的联动，形成了“资源共享、流量集聚”的一体化发展模式。2022年，山东“双跨”平台总数达到4家，占全国七分之一，位列全国第三。

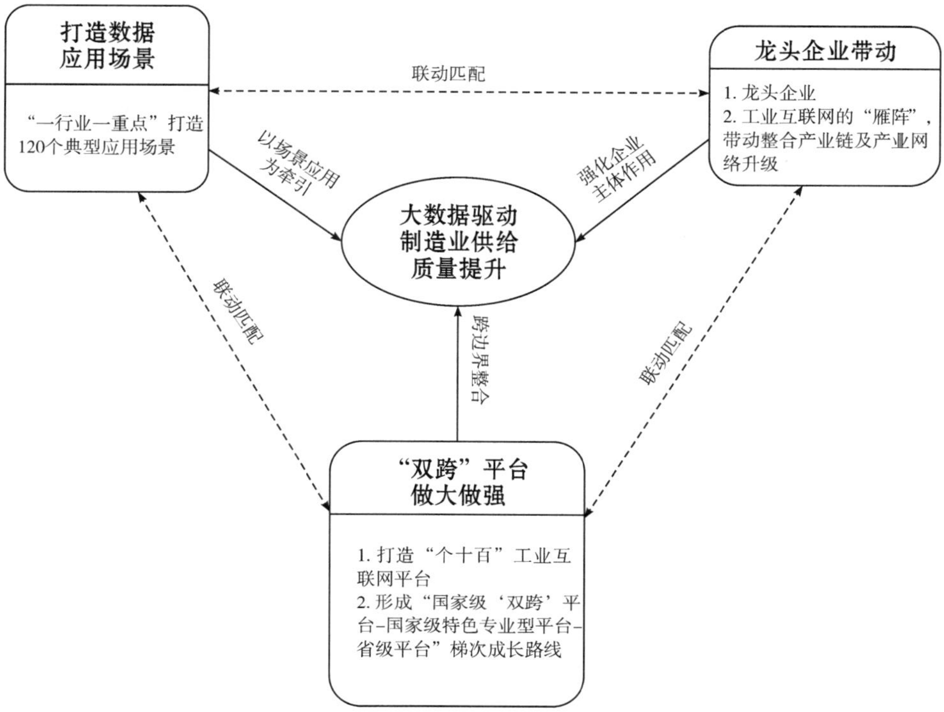

图4-3　山东模式：应用场景融合+龙头带动+跨行业跨区域整合

注：笔者绘制。

山东大力培育省级平台，2021年，已有省级重点平台155个，并选出了60个优质平台。通过“个十百”工程，形成“国家级‘双跨’平台[①]-国家级特色专业型平台-省级平台”体系。海尔集团旗下的卡奥斯平台表现得尤为突出，连续四年稳居全国首位；浪潮集团旗下的云洲平台，在全国范围内获得了第六名的佳绩；橙色云和蓝海平台，凭借创新的技术解决方案和高效的运营模式，成功入选国家级“双跨”平台名录。山东入选国家级特色专业型平台达18个，这些平台在各自的领域内展现出了独特的专业优势和创新能力，23家平台因其在创新应用方面的卓越表现，被选入工业和信息化部的平台创新领航应用案例名录，数量均为全国第一。总之，山东不仅推动了国家级平台的高质量发展，而且还促进了155个省级平台的全面进步。这些平台在实际应用中形成了4000多个数字化转型方案，为各行各

① “双跨”指跨行业、跨领域。

业的数字化升级提供了强有力的支撑和丰富的选择，服务的中小企业数量达50多万家。

三、浙江省：营销数字化+消费互联网倒逼+数字生态

浙江从2020年开始就在国内率先提出“未来工厂”模式，通过建设“未来工厂”，推动制造业以大数据应用为驱动的数字化转型。通过“未来工厂”的示范效应，在全国范围内带动更多企业与各类“数字化+传统产业”的深度融合，实现传统制造业的更新迭代。

（一）以大数据应用实现营销数字化

浙江是制造业和数字经济大省，平台经济辐射带动能力强大。其实施数字经济“一号工程”的主要内容包括以下几个方面：一是推动数字产业化，通过创新和技术发展，将数字化转化为产业发展的动力，形成新的增长点和产业链。二是促进产业数字化，利用大数据技术改造提升传统产业，实现产业转型升级，提高生产效率和产品质量。三是以大数据为牵引，推进治理数字化，在政府管理和公共服务中广泛应用数字技术，提高治理能力和水平，实现更加高效、透明的政务服务。四是建设高级创新平台，打造有利于创新的环境，吸引和培养高端人才，支持科研成果转化。五是营造良好的创业创新生态系统，激发市场主体活力。六是实施“人工智能+物联网”战略，将人工智能和物联网作为重点发展方向，推动制造业智能化转型，提升产业竞争力。七是支撑数字与产业融合，通过数字化手段，促进不同产业之间的融合与协同，创造新的价值和市场空间。浙江旨在通过数字经济“一号工程”的这些措施，加快建设数字经济高质量发展强省，打造全球数字变革高地，为经济高质量发展提供强有力的支撑；加快数字技术全流程全方位渗透，打造千亿级数字产业集群。

（二）以消费互联网建设倒逼制造业升级

浙江已构建了较完备的大数据驱动制造业供给质量提升的政策体系。浙江在电子商务方面陆续发布政策文件，旨在加快电子商务的发展，推动数字化转型。这些

政策主要包括以下几个方面：一是发布了相关政策①，提出了加快电子商务发展的具体措施，包括支持电子商务平台建设、鼓励创新创业、优化服务环境等，以促进电子商务产业的健康快速发展。二是发布了《浙江省电子商务服务体系建设实施意见》，聚焦于构建完善的电子商务服务体系，涵盖物流、支付、信用等多个方面，为电子商务的深度发展提供支撑。三是发布了《浙江省跨境电子商务实施方案》，提出推动跨境电商的发展，通过培育和引进跨境电商平台，加快构建跨境电商新业态新模式，提升浙江在全球电商领域的竞争力。这些政策的出台和实施，不仅有助于浙江电子商务行业的规范化管理，也为企业和消费者提供了更加明确的方向和依据。通过这些措施，浙江的电子商务和数字经济领域预计将迎来更加广阔的发展空间。此后浙江又于2017年开启了第二产业数字化转型。从发展历程看，浙江先扶持服务领域的平台经济持续壮大，通过消费互联网的发展，培育出了引领全国的电商市场，对制造业的数字化形成了正反馈。

（三）全面打造大数据生态

浙江以建设大数据驱动的工业互联网为支撑，加快“产业大脑”建设，融合产业、政府数据，打通生产与消费各环节，赋能数字化转型，形成全要素全产业链全价值链体系（如图4-4）。在开展“化工大脑”试点的基础上形成了建设规范，揭榜挂帅，先行推进各细分行业产业大脑建设试点，综合集成整体产业大脑。打造“1353”体系为四种“未来工厂”提供服务，其中，“1”指企业数字化优质发展目标，分为组织效率、国际竞争力和供应链；第一个“3”指模式创新，如私人化定制、网络协同、衍生服务等；“5”指设计数字化智能化生产、安全管控、数字化管理和绿色制造等要求；第二个“3”指三大支撑，即数字生态组织、新一代信息技术和先进制造工艺。“未来工厂”包括“头雁工厂”“硬核工厂”“链主工厂”“协同工厂”四类。

① 《浙江省人民政府关于进一步加快电子商务发展的若干意见》，http://www.zcom.gov.cn/art/2013/10/18/art_1389624_13889891.html，2013年10月18日。

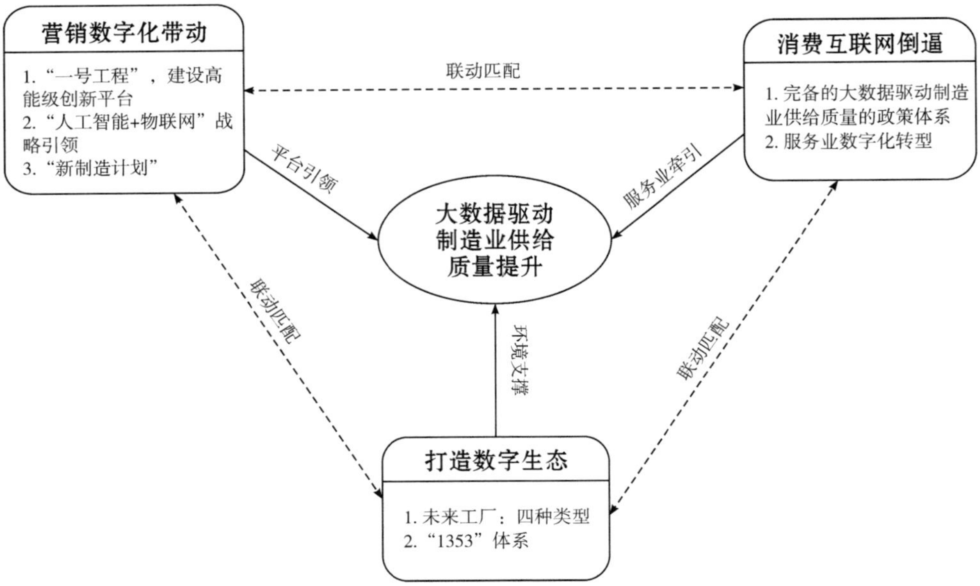

图4-4　浙江模式：营销数字化+消费互联网倒逼+数字生态

注：笔者绘制。

四、江苏省：智改数转+集群数字化协同

江苏制造业具有明显的集群优势，竞争力领先全国。江苏制造业体量大、支撑强、门类全、集群程度高，数字化转型成效明显。截至2021年底，全省两化融合发展水平达64.8，连续7年居全国首位。现有国家两化融合管理体系贯标评定企业3777家，居全国第一。江苏为推动制造业的智能化改造和数字化转型出台了相关政策①，将数字经济作为转型发展的关键，加速推进数字产业化和产业数字化，提出“到2024年，规上工业企业全面实施智能化改造”。目前，江苏信息化与工业化的深度融合，成为制造业供给质量提升的关键因素，江苏形成了科技、产业、金融系统支撑的制造业供给质量提升的生态体系。

（一）推动“智改数转”，以大数据应用加快制造业供给质量提升

江苏加快数字经济布局，促进数实融合，培育新业态新模式，加快大数据应用

① 江苏省人民政府办公厅：《江苏省制造业智能化改造和数字化转型三年行动计划（2022—2024年）》，https://www.js.gov.cn/art/2021/12/30/art_87820_10678687.html，2021年12月30日。

驱动的制造业数字化转型。通过实施龙头企业引领工程、中小企业推进工程、产业链升级工程等“十大工程”，推动“智改数转”发展。江苏省为了加快制造业数字化转型，建立了统一资源池，集中省内智能装备、网络服务、系统解决方案、咨询服务等优势资源，为制造业供给质量提升提供服务。江苏大数据工业应用目前位居全国首位，全省已认定数字经济示范区12个、数字经济示范园34个、数字经济示范平台90个。江苏实施“一市一重点平台、一行业一重点平台”工业互联网平台体系培育工程，培育了1家国家级十大双跨平台、70家省级重点工业互联网平台，打造了90家工业互联网标杆工厂和2940家星级上云企业。

（二）打造产业协同化集群，以大数据应用驱动制造业加快转型

江苏通过核心企业及关联企业，如服务供应商、上下游产业厂商等的联动，强化了产业集聚。2022年工业和信息化部公布了45个国家先进制造业集群的名单，江苏10个上榜，排名第一，覆盖软件信息、船舶、纳米新材料、生物医药等产业（如表4-8）。

表4-8 国家先进制造业集群名单（江苏：2022年）

序号	国家先进制造业集群
1	无锡市物联网集群
2	南京市软件和信息服务集群
3	南京市新型电力（智能电网）装备集群
4	苏州市纳米新材料集群
5	徐州市工程机械集群
6	常州市新型碳材料集群
7	南通市、泰州市、扬州市海工装备和高技术船舶集群
8	苏州市生物医药及高端医疗器械集群
9	泰州市、连云港市、无锡市生物医药集群
10	苏州市、无锡市、南通市高端纺织集群

产业集群效应越显著，越有利于产业协作，这对企业降低成本、提高供给水平和经营效率、增强市场竞争力极其重要。典型如无锡，作为物联网发展的前沿阵地，是全国唯一的国家传感网创新示范区。经过多年深耕，无锡物联网产业规模于2021年超过了3500亿元，占全省50%和全国近25%。受物联网的渗透带动，无锡数

字经济大跨步前进，2021年核心产业规模超6000亿元，发展指数位居江苏首位。徐州市工程机械集群，也是徐州支柱产业、江苏首批重点培育的4个世界级先进制造业产业集群之一，对徐州的经济增长具有重要的促进和带动作用。早在2021年3月22日，徐州市工程机械集群在国家先进制造业集群竞赛决赛中脱颖而出，成为全国第一批15个先进制造业集群之一，体现了徐州在工程机械产业领域的强大实力和领先地位，徐州的核心配件如液压油缸、驱动桥、回转支承等也在全国销量中位居第一。

（三）以龙头企业为牵引，加强攻克共性技术

江苏按行业梳理出“智改数转”共性问题，对接近千家资源服务商以及专业的大院大所，帮助企业攻关关键技术，研发通用的解决方案（如图4-5）。以龙头企业牵头的方式，帮助中小企业探索大数据驱动的数字化转型方案。2023年，江苏在16个先进制造业集群和50条重点产业链上实施“智改数转”项目建设，将为1.8万家中小企业提供免费的“一企一策”数字化转型方案[①]。

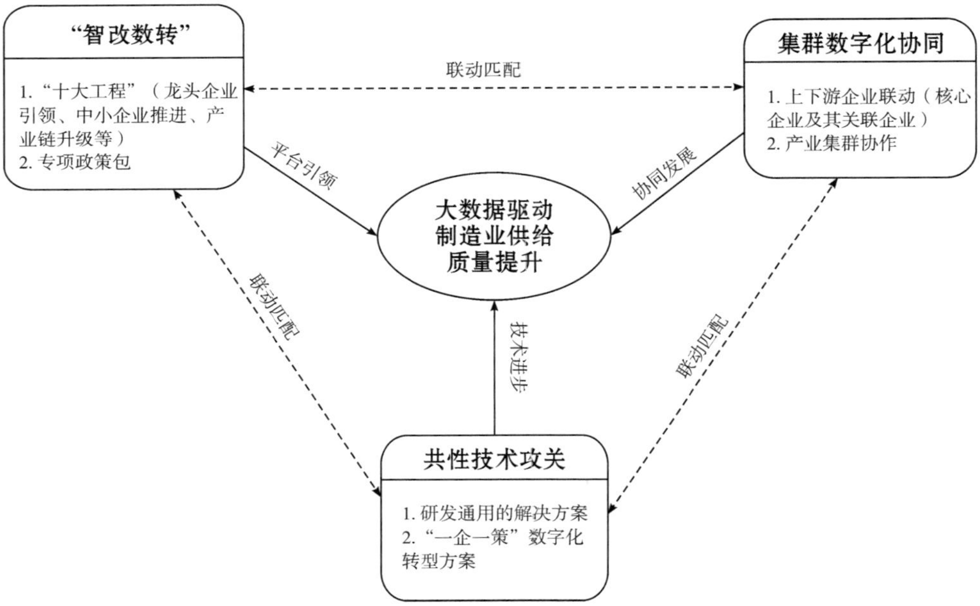

图4-5　江苏模式：智改数转+集群数字化协同

注：笔者绘制。

① 苏雁、姬尊雨：《江苏“智造”夯牢实体经济“家底”》，《光明日报》2023年6月8日第003版。

五、上海市：政府数字化引领+园区建设+龙头带动+跨区域整合

上海围绕国家战略，建设长三角科技创新共同体，整合长三角科创资源，形成了独特的发展模式。该模式为“政府的数字化转型赋能和新型基础设施支撑+园区智慧化建设+龙头企业带动+产业链跨区域整合”的综合推进模式。

（一）强化政府的数字化转型及大数据基础设施先导作用

一是强化政府数字化转型赋能。上海通过政府数字化建设，加强了产业专项服务，上海的数字政府建设全国领先，全程网办能力达到84%。同时，为了加快推动数字化转型，确保数字化发展的协调性和有效性，上海各区均成立了数字化转型工作领导小组，负责本区域内的数字化转型工作，同时与市级相关部门建立沟通机制，以确保市与区在数字化转型方面的战略和行动计划能够紧密对接和高效执行。上海市政府建立了“一区一特”机制，各区根据本区的产业特色和发展定位，设计和实施符合自身特点的数字化转型路径，这有助于充分发挥各区的优势，实现差异化发展，共同推动全市的数字化进程。上海结合“五个新城”规划，将数字化转型视作这些新城区建设的重要组成部分，通过推进数字化先行区的建设，打造一系列高水平的数字化应用示范区域，带动整个城市的数字经济发展。金山区还建立了“上海湾区数字化转型赋能中心”，为企业提供数字化技术支持和服务，促进制造业的数字化改造升级，加速区域经济的数字化进程，汇聚经济、生活、治理数字化各类工具，为制造业供给质量提升提供服务。

二是新型基础设施建设强化了支撑。信息基础设施建设对制造业的数字化转型具有重要的引导作用，截至2022年，上海已建成6.8万个5G基站，在数字化转型和新型基础设施建设方面取得了显著成就，不仅实现了中心区和郊区重点地段的5G网络覆盖，还推进了400余项5G项目应用，促进了产业链和创新链的融合。此外，上海建设了国内领先的数据中心和计算平台，互联网数据中心的机架已超过35.9万个，服务规模位居国内前列。上海启用了全国第一家市域物联网运营中心，每天产生的数据量超3400万条。上海作为我国科技创新的重要前沿阵地，已建和在建的国家重大科技基础设施共14个，集群效应日益凸显，为制造业供给质量提升奠定了基础。

（二）通过智慧园区建设促进以大数据驱动制造业数字化转型

上海制造业的高度集中和产业园区的主导产业集聚度均达到了较高水平，其中国家级开发区的主导产业集聚度最为显著，全市90%的工业总产值在各级开发区中产生。其中，园区的主导产业集聚度为84.97%，国家级开发区的主导产业集聚度更是高达92.41%，市级开发区也达到了77.67%，反映了上海在制造业方面的集中度和专业化水平（滕堂伟，2021）。园区智慧化建设和特色园区的发展在上海制造业供给质量提升中起到了关键作用。园区智慧化主要包括智能化的生产流程、数字化的管理系统、网络化的协同创新等方面，这些有助于提高生产效率、降低运营成本、优化资源配置，从而提升制造业的整体供给质量。上海在推动园区智慧化建设和制造业供给质量提升方面采取了以下措施：一是优先布局新型基础设施。上海在园区内优先布局基于数据收集和传输、智能算法和智能应用场景的新型基础设施，提升园区内企业的智能化生产和服务水平，提高整体运营效率。同时，通过企业间信息共享、大数据存储和处理等设施的建设，促进企业间的协同创新和资源共享，降低沟通成本，推动产业链的协同发展。二是协同推进数字化。上海通过智能工厂推动产业链、供应链数字化转型，推进生产方式数字化改造，如发展服务型制造、楼宇型制造、众创定制、个性化定制生产等。这些新模式有助于提升制造业供给质量，满足市场需求的多样化和个性化。三是推进生产性服务的数字化。上海推动生产性服务数字化发展，鼓励园区内企业利用数字技术提升服务效率和质量。同时，通过实现生活性服务的数字化，为园区内企业和员工提供更加便捷、高效的生活服务。

（三）发挥龙头示范效应，以大数据应用牵引制造业加快智造化转型

上海加强涉及未来产业发展关键领域的多重支持，通过发挥龙头企业带动作用，大数据驱动制造业供给质量提升取得显著效果。围绕三大先导产业（集成电路、生物医药、人工智能），上海加强政策支持、资金投入、人才培养，推动产业的快速发展。通过优化产业布局、提升产业链协同效率和创新能力，推动产业的转型升级和可持续发展。推动基于大数据的工业互联网升级，推动数字化与制造业融合。通过构建开放的工业互联网平台，实现设备、大数据、人才等资源的高效整合和共享，提升产业链协同效率和创新能力，加快智能制造和企业数字化转型的步伐。通过引入先进的大数据技术和设备，推动企业生产方式的智能化、自动化和柔

性化，提高生产效率和产品质量，降低运营成本和资源消耗。优先推动国企实现以大数据为驱动的工业互联网数字化转型，支撑先进制造业与信息技术产业集群融合（滕堂伟，2021）。截至2020年底，上海开展工业互联网应用的大型企业已有300多家，具有影响力的工业互联网平台40多个，上云上平台的中小企业12万家，已建成了14个国家级智能工厂、80个市级智能工厂，平均提质8.6%、降本10%、增效7.3%、减存4.4%。全市已有248家企业实现两化融合管理体系贯标评定，7600家企业开展了两化融合自评估。

（四）通过产业链跨区域整合优化产业组织分工

上海依托长三角城市群优势，实施一网通办、一网统管，在长三角三省一市（江苏、浙江、安徽、上海）实现共享互认21类电子证照，可跨省通办83项事项。2021年，长三角三省一市签署《联合开展产业链补链固链强链行动合作协议》，在一体化进程中推进数字化转型（如图4-6）。共建关键共性技术测试床、新产品中试场、长三角企业数字化转型服务平台、制造业高水平开源社区联盟等，成为引领长三角制造业数字化转型升级的龙头。由于土地、电力等资源供应紧张，上海制造业升级压力大，收紧了数据中心建设政策，禁止中环内新建数据中心，严控新建数据中心的规模、能耗。在此背景下，主要IDC服务商及部分本地服务商加快推动IDC业务在上海周边地区（如南通经济技术开发区及苏州太仓市、昆山市）布局，为上海机柜资源的有效供应提供了重要支持。

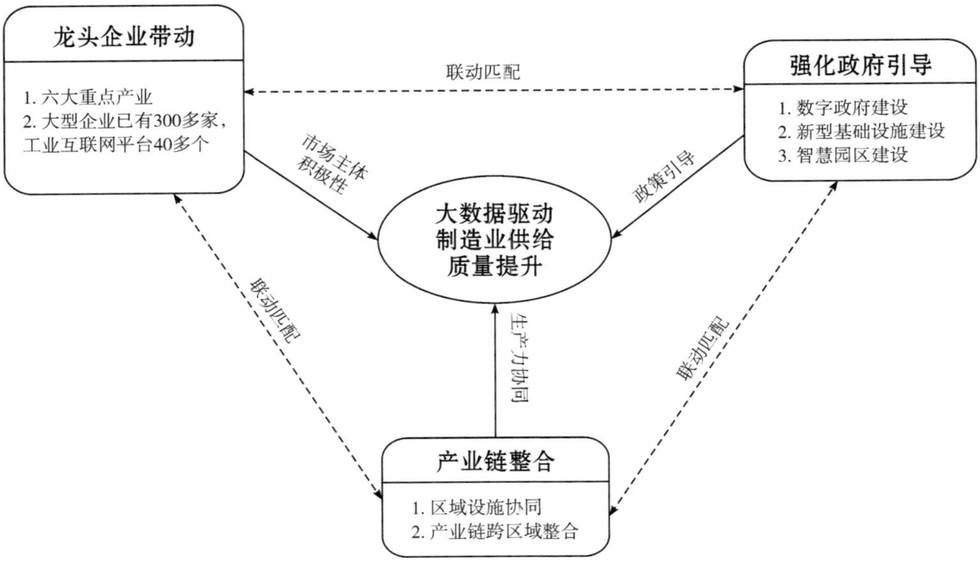

图4-6　上海模式：政府数字化引领+园区建设+龙头带动+跨区域整合

注：笔者绘制。

六、贵州省：大数据产业引领+工业大脑+数字化赶超

贵州作为经济欠发达地区，其制造业数字化转型源于充分发挥自身资源禀赋优势，推动大数据产业优先发展，为制造业供给质量提升提供了基础支撑。贵州的大数据产业发展始于2014年将大数据确立为发展战略，而贵阳作为大数据产业的核心发展区，也经历了大数据产业从无到有、快速发展的过程。

（一）大数据产业引领

一是通过将自身资源禀赋优势与大数据产业对环境的需求结合，形成后发比较优势。技术密集型产业的发展往往需要优越的自然环境。贵州夏无酷暑，冬无严寒，紫外线辐射低，贵安新区的大数据产业基地凭借其得天独厚的自然环境（年均气温14℃~18℃），拥有发展大数据产业的天然优势，能够显著降低数据中心机房降温和除尘的成本（因为服务器设备在运行过程中会产生大量热量，需要有效的散热系统来保持设备稳定运行）。在自然温度较低的环境中建设数据中心，可以大幅度减少冷却系统的能耗，同时减少对环境控制系统的依赖。贵安新区大数据产业基地依山傍水，拥有良好的自然生态环境，而利用天然岩洞来储存大数据中心服务器群落则是一个创新且高效的选择。天然岩洞因其稳定的地质结构和较低的温度，为数据中心提供了一个安全、省电、易散热的存储环境。贵安新区内有红枫湖、凯掌湖、松柏山水库、花溪水库等水库和黔中水利枢纽工程，水资源丰富，可满足大数据产业发展所需用水量。贵州电力充沛，电能富集，大数据产业基地总计超250万台服务器的庞大用电量可就近解决。同时，贵阳作为西部重要交通枢纽，与周边城市交通便捷。贵州利用“生态—能源—产业—基础设施”等优势，以大数据产业为驱动，实现了转型升级，形成了数实深度融合的“贵州模式”。

二是借助资源禀赋优势引入龙头企业，形成产业基础。贵州引入了中国电信、中国移动、中国联通三大运营商建设数据中心基地，投资150亿元，集聚30万机架、上百万台服务器，带动周边配套快速改善，加快人才集聚，目前已成为全球最大的数据聚集地之一。同时，贵州省与阿里巴巴集团共同开发“云上贵州”，通过阿里云飞天技术为贵州政务提供数据共享和资源整合平台，已有多个政府部门在该云平台上运行。腾讯则利用微信庞大的用户规模和移动在线功能，与贵州达成了深层合作，为贵州制定了“智慧城市”的解决方案。

（二）借助大数据产业基础，建设“工业大脑”，推动制造业数字化转型

贵州借助适宜的气候条件和政府的前瞻规划建立了大数据产业基础后，继续深化数实融合，实施了“万企融合”大行动，推动了工业互联网、智慧园区、智慧工厂和数字车间等工程建设，通过面向众多企业提供大数据会诊服务，促进实体企业与大数据的深度融合。贵州在智能化改造方面也取得了显著成效，256家煤矿通过接入“能源云”平台，实现了智能化管理和运营，提高了安全性和效率．贵州在促进企业数字化转型方面走在了全国前列。贵州构筑的多链融合的“工业大脑”，提升了制造业的供给质量，为整个省份的工业体系注入了新的活力，全方位的集成化平台为企业提供了知识库和资源池，有助于企业在产品设计、生产优化、市场分析等方面作出更加精准和高效的决策。

（三）数字化赶超，通过适时合理的产业政策引导，形成赶超发展路径

贵州大数据产业的成功主要得益于制度创新。首先，贵州通过“一把手”工程，保障大数据产业发展。贵州省人民政府成立大数据产业发展领导小组，要求除特殊领域外，所有省级政务数据全部存储于云端。其次，进一步将诱致型制度创新

提升为正式制度并推广，在“一把手”工程基础上印发了《关于加快信息产业跨越发展的意见》，制定了大数据产业发展规划；贵阳市也出台了相应的政策意见，为大数据产业发展提供有力的保障。最后，产业资源导入后提升了大数据产业发展速度，中关村贵阳科技园作为统筹园区建设的平台，持续引入先进科技，为大数据产业持续健康发展提供各类型要素支撑（如图4-7）。

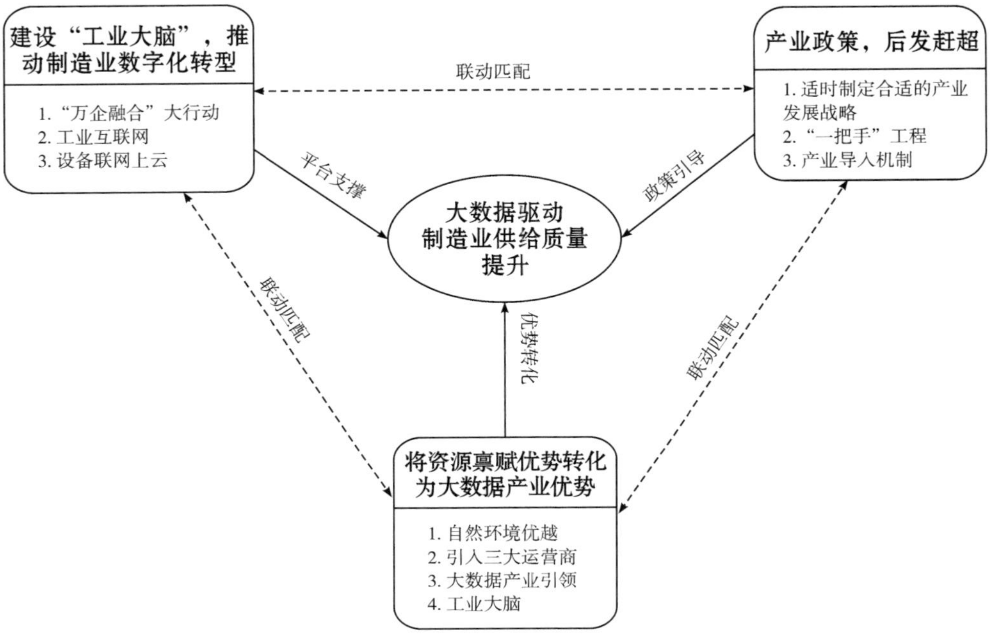

图4-7　贵州模式：大数据产业引领+工业大脑+数字化赶超

注：由笔者绘制。

第三节　大数据驱动制造业供给质量提升的区域优化路径

一、根据区域资源禀赋明确发展方向

立足各地资源禀赋，结合国家及省市战略规划，通过比较优势引导各地确立大数据驱动制造业供给质量提升的目标并规划具体路径。东部地区应建设世界数字经济高地，京津冀、长三角及珠三角地区应加快新型基础设施及大数据产业园区建设。依托电商及工业互联网平台，推动制造业数字化转型，在5G、AI、物联网、智能制造等领域加速技术突破，引领中国走向世界产业前沿。中西部及东北地区应加快优势产业数字化进程，发挥武汉、西安、合肥、重庆、成都等中心城市的优势，依托科教及企业等本地优势，形成各具特色的发展模式，带动周边发展。西南、西北等地区围绕“东数西算”布局，推动制造业数字化供给质量差异化提升，利用当地能源优势，建设数据中心和计算基地，实现资源优化配置。这种局部高地的发展模式旨在辐射带动周边地区的发展，形成区域协同效应，共同推动国家向数字化转型的深度发展（刘楷，2022）。东北地区应以大型国企为龙头，结合东北振兴战略，推动装备制造业数字化进程，提升整体竞争力。

二、加强大数据基础设施的支撑能力

一是加快布局大数据基础设施。新型基础设施是推进数实融合的关键，是传统制造业供给质量提升的新渠道，更是技术赶超发展的突破口。首先，根据地区特征布局新基建。东部沿海地区要先行推进大数据基础设施升级，完善公共大数据平台建设，深化资源开放共享，加快应用场景开发，为制造业供给质量提升提供支撑，增强区域在全球数字经济中的竞争力。内陆地区要提升互联网为制造业供给质量提升的服务能力，加强网络设施建设，提高网络接入速度和稳定性，推动移动宽带网络覆盖，确保企业充分利用数字化平台，提高生产效率，对标东部沿海地区，逐步缩小差距。相关省份特别是西部省份要加强统筹，建立省级数字经济发展领导小组，统筹大数据基础设施建设；加大对大数据基础设施关键技术和产品的财政支持力度，激励社会资本参与建设，把大数据基础设施作为公共品纳入政府采购计划。

二是加快传统基础设施的数字化改造。提升铁路、能源、电网等基础设施的数字化程度，一方面，推进人工智能在物流、交通、资源管理等领域的运用，并建立服务体系，挖掘智能技术对传统基础设施的服务能力，为制造业供给质量提升提供体系保障；另一方面，加快建设工业互联网平台，为各行业提供可靠的数据交换和分析工具，促进生产过程的优化和资源配置的高效化，进而提升整个制造业产业链的智能化水平和市场反应速度。推动企业硬件升级，完成对研发、制造各环节机器设备数字化的更新，提升效率，保障制造业供给质量的提升。

三、充分发挥数据要素的驱动功能

一是建设工业大数据集成共享平台。针对数据开放度低、数据孤岛、市场价值无法体现等问题，加快建设国家级工业数据综合平台，优化数据管理机制。第一，加快组建工业大数据集成共享平台，加大投资力度，推动大数据跨行业高效协同，提升覆盖率和服务能力，推动数据互联互通，为制造业供给质量提升提供支撑；第二，消除数据孤岛，深化数据共享机制建设，共建数据平台，有效释放数据价值，加快技术迭代。东部地区要发挥产业规模、数字设施、政策等优势，打造全链条的综合性平台；中西部地区应依托区域要素禀赋和产业基础，打造特色化平台，特别是借力发达地区，面向全国性市场需求，构建“本地资源+特色产业→外地市场+技术”的合作模式。

二是完善大数据标准与安全监管体系，通过整合形成有价值的数据资产。国家应尽快出台权威的统一数据标准，破除地区、行业、部门和企业间的数据壁垒，推动数据在统一标准下实现“跨界”共享。建设多层次安全监管体系，解决数据乱采滥用、权属不明、无成本使用等问题，破解数据安全难题，提升数据流通效率。

三是推动数实深度融合。从平台和“生态”两个方向着力，推动工业互联网平台脱“虚”向“实”。东部沿海地区特别是电子信息产业基础雄厚的大省，应提升半导体集成电路产业发展速度，提升产业链供应链自主可控程度及竞争力。内陆省市应推动优势产业数字化提速，提升优势产业能级；能源富集的内蒙古、新疆等西部大省区，应依托国家“东数西算”工程、国家数据中心集群项目，加快信息网络基础设施建设，提升数字产业化的基础能力。

四、强化制造业大数据人才培育体系

一是加大力度引进高层次大数据人才。第一，政府加快出台相应政策，做好大数据人才的落户、子女就业、补贴等服务工作，建立多层次的大数据人才评价机制，促进数字经济高端人才引育。第二，丰富人才引进渠道，做好引进人才的岗位协调，建立合理的奖惩机制，通过适度股权激励为数字人才提供薪资福利奖励。

二是培养复合型大数据人才。第一，聚焦科技前沿和战略领域，推动数字经济的产学研融合，增设制造业数字化转型相关专业和课程，优化产学研协同机制，加快大数据创新人才培育。第二，借助市场培训组织，培育一批兼具数字技能和制造技能的复合型人才。第三，加快大数据人才队伍建设。东部地区和内地的中心城市要加大对大数据人才的支持力度，优化新型交叉学科和课程的设置，培育复合型人才队伍体系，为数字经济发展提供后备人才支撑。聚焦地区产业重点，对领军人物及创新人才在聘用、科研、福利待遇、项目申报、对外交流等环节完善支持性政策，完善人才引育机制。

五、加快建设“大数据平台+园区”

推动“大数据平台+园区”融合是加快制造业供给质量提升的重要方向。要围绕园区建设培育平台，对产业基础相对雄厚的东部以及部分中西部、东北地区发达的中心城市园区，借助典型场景，培育制造业数字化转型升级载体，加快企业“上云上平台”速度，推动国企率先实现制造业数据的开放共享、制造业数字化场景和平台建设，通过数据共享、制造协同，在企业加速数字化转型中提升供给质量。中西部地区的特色园区，应加快围绕优势产业，引进专业化数据平台，提升大数据和制造业融合发展速度。

六、提升各地区的数据治理水平

发达地区要兼顾数字产业的快速发展、大数据安全与传统制造业供给质量提升之间的关系，实现数据治理的综合化和体系化，为政府与平台间良性互动、制造业发展和数字经济规模扩张提供保障。进一步保障工业互联网的技术安全，引导企业建立并完善数据安全和风险管控体系，以龙头企业为主力，建设公共服务平台，提升产业链的风险防范能力，强化产业韧性。欠发达地区应加快打造大数据核心基础设施，以政府大数据平台为先导，鼓励各类平台深度对接，提升决策的精准性、科学性、前瞻性。

第五章

大数据驱动传统制造业转型升级与质量提升

本章针对传统制造业面临的现实困境，结合传统制造业应用大数据转型升级的需求，深入分析大数据驱动传统制造业供给质量提升的影响机理，重点开展纺织服装、家具制造等典型传统制造行业的案例研究，进一步识别大数据驱动传统制造业转型升级与质量提升的关键影响因素，并提出大数据驱动传统制造业供给质量提升的发展路径。

第一节　大数据驱动传统制造业供给质量提升的机理分析

一、传统制造业发展面临的现实困境

与现代制造业不同，传统制造业一般指以劳动密集型为主导，不具备高技术含量，产品附加值不高，生产满足基础设施和基本生活需要的产品的制造业，主要包括纺织服装、家具制造、皮革加工、木材加工、食品加工等行业。传统制造业在我国经济中的地位不容忽视，从20世纪80年代起，我国便以传统制造业闻名遐迩，

享有“世界工厂”“中国制造”等一系列美誉。然而，近年来，传统制造业面临重重困难，绝大部分行业中的传统制造企业感受到较为严峻的生存压力，突出表现在以下方面。

（一）市场饱和、销路不畅

在传统制造业中，有不少细分行业仍处于产业价值链的中低端环节，高附加值、高品质的产品非常缺乏，供需结构不相匹配，难以满足日益多样化、高端化、智能化的市场需求。另外，传统制造业在经过发展成熟期之后，产出了大量的同质化产品，而市场对于缺乏竞争力的同质化产品的消费量已达到饱和，并且没有太多扩展的潜力。国际市场的情形也不容乐观，受贸易壁垒以及发展中国家低端制造业的双重挤压，特别是后疫情时代国际市场需求持续低迷，国际市场出口面临巨大压力。

（二）产能过剩、库存积压

传统制造业作为劳动密集型产业，相对来说缺乏科研的投入，产品一般技术含量偏低，传统制造业市场需求量逐渐缩小与竞争条件下各企业供给过多，自然会形成结构性过剩的局面。根据相关学者的研究，我国传统制造业的产能过剩问题已非常严重（纪峰，2017；陈国汉，2019；黄宗远、王凤阳、阳太林，2023）。当生产端的产能过剩问题同时遭遇市场需求的持续低迷，大量同质化产品无法在短时间内得到疏解，产能过剩以及随之而来的库存积压就成为传统制造业在经济发展中面临的严峻问题。

（三）极致缩本、行业内卷

传统制造业成本主要由劳动力成本、资源成本、制度性成本等构成。近年来，我国传统制造业在生产端包括劳动力、原材料等生产要素的成本不断上升，加上产能过剩导致的库存积压增加的运营成本，更加压缩了企业的利润空间。在利润率很低的情况下，不少传统制造行业内的企业强行采取优势并不明显的低价策略，进行低价比拼，严重影响了传统制造业的可持续发展。

（四）利润有限、创新不足

传统制造业偏重加工制造环节，自主创新效能不足，短时间内稳步提升的难度较大。我国传统制造业与欧美国家相比，在技术创新、核心技术研发上差距较大，生产出的产品大多数为中低端产品，核心竞争力缺失；并且历年来我国传统制造业创新投入不足，行业R&D投入增长率也在逐年下滑。相关研究表明，近十年受技术创新匮乏、制度保障不足、资源适用不合理等因素影响，我国传统制造业总体来说创新能力有限，缺少持续发展动力（常歆、韩平，2022；王明亮、张清霞，2020）。而目前内卷的低价策略、大量的库存积压、企业资金运转困难、狭小的利润空间使得技术创新投入更是雪上加霜。

综上所述，在需求收缩、供给冲击、预期转弱三重压力叠加下，我国传统制造业面临的是收缩的市场，大量的库存和急剧缩减的利润空间。在严酷的竞争环境下，传统制造业亟待提升供给端的质量，加大技术创新力度，加快产业转型升级。

二、传统制造业应用大数据转型升级的需求

全球制造业正在经历深刻的变革，传统制造业面临转型升级的迫切需求。与此同时，大数据成为新型生产要素，能够促进制造业生产方式发生深刻变化，加快推动传统制造业实现数字化转型，有效解决满足市场需求、处理库存积压、降本增效等难题。

（一）亟须通过大数据捕捉和满足个性化需求

为缓解市场饱和销路不畅的局面，传统制造业迫切需要打开产品销路，减少同质化产品的生产。长期以来，我国传统制造业都是无差别式生产，不仅面向的消费市场有限，能获得的利润也不乐观。传统制造业在寻找市场开拓之路时，需要明确细分市场需求，了解不同区域、行业、客户个体的需求偏好，用个性化的产品代替以往同质化的产品，大力推广定制模式生产。调查显示，中国消费市场中，高端人群的消费普遍偏向“个性化定制”，而借助互联网大数据平台，制造企业能够积累消费者的个性化需求数据，运用大数据分析技术快速准确地识别消费者个体的异质性需求，从而提高供需匹配度，帮助打开市场销路。

（二）亟须利用大数据按需生产，缓解库存积压的矛盾

针对库存积压、产能过剩的局面，除了打开销路、去库存的做法外，为防止产能过剩带来的库存积压，传统制造业还需要借助大数据分析技术建立库存预警机制，动态监管库存异常情况并对可能的风险及时预警。同时，为了强化对供应链的监管，需要借助大数据分析技术，科学备货，精准订货，有效降低原材料库存

数量。

（三）亟须通过大数据应用加快降本增效

当前形势下，为应对行业极致降本的竞争局面，传统制造企业压缩成本的需求迫切。而通过数据要素赋能以及大数据技术的深化应用，能够使传统制造业的企业运营、企业管理高效合作，从而降低成本。例如，通过物流配送数据分析制定高效合理的物流配送方案，确定物流配送的交通工具、最佳线路等。此外，利用大数据扩大供应链建设，实现产业链上下游高效协作，也是降低传统制造业运营成本、提高运营效率的重要途径。

（四）亟须利用大数据手段驱动行业创新

传统制造业面临关键核心技术创新能力不足的难题，亟待通过大数据与传统制造业的深度融合驱动行业创新，包括大数据在内的数字技术是企业获得创新优势的重要源泉。大数据通过变革制造业创新资源的连接方式，能够帮助降低传统制造业企业的创新成本。同时，依托大数据技术还可为传统制造业企业提供开放式的创新平台，促进企业创新效率的快速提高。

综上所述，我国传统制造业亟须进行数字化转型，大数据生产要素以及大数据技术的应用是传统制造业新旧动能转换的重要驱动力。在大数据驱动下，传统制造业供给质量有望实现跨越式的提升，从而应对国际国内严酷的竞争环境。

三、大数据驱动传统制造业供给质量提升的影响机理

大数据在生产方式、成本控制、供应链（网）协作等方面给传统制造业带来了变革。从全产业链的角度，大数据驱动传统制造业质量提升主要体现在以下几个环节（如图5-1）：一是在研发设计环节，消费端的异质性需求数据借助大数据平台汇聚并驱动生产端的多样化研发设计，制造企业通过个性化设计及时响应消费者偏好需求，从而优化供需结构；二是在生产制造环节，通过发挥大数据的生产要素特性，综合个性化定制数据与柔性模块配置功能，使生产制造智能化、柔性化，促进提升产品附加值，提高生产效率；三是在原料供应和物流配送环节，大数据赋能精准库存管理，驱动供应链协同运作；四是在营销服务环节，通过对个性化定制数据的分析挖掘，针对目标消费群体开展精准化、快捷化的营销服务；五是在组织管理

层面，大数据平台赋能各环节的组织管理，实现扁平化管理，降低生产运营成本；六是在行业生态构建层面，通过行业数据资源的共享和集成，大数据赋能传统制造行业生态网络化、协同化，促进产业生态系统价值共创，从而加快传统制造行业质量提升。在这些环节中，大数据的驱动效能具体展开如下。

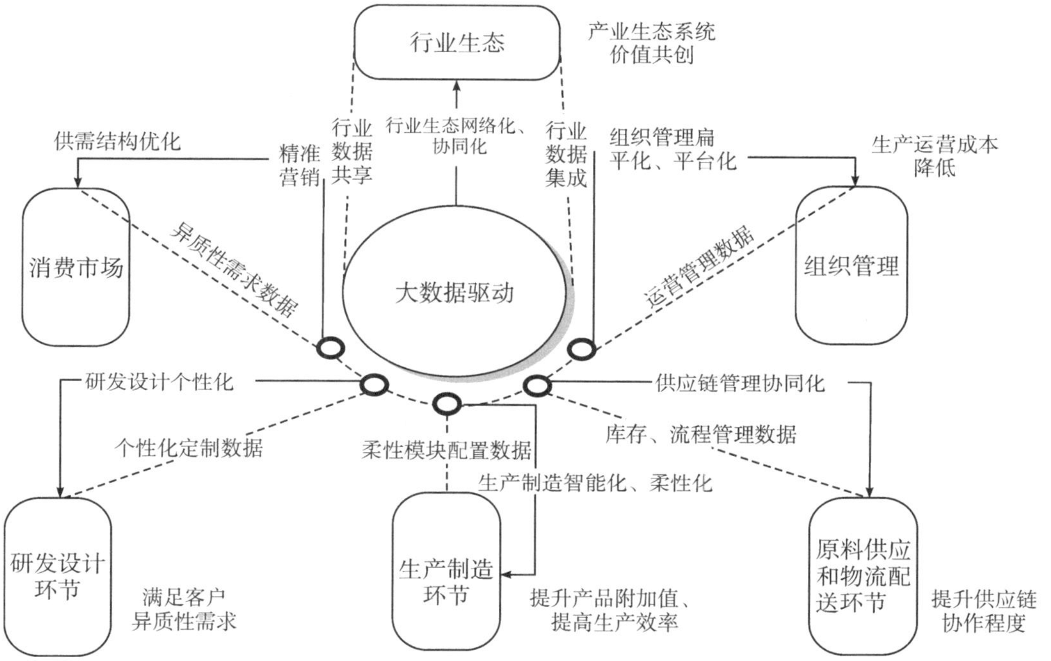

图5-1　大数据驱动传统制造业供给质量提升的影响机理

注：笔者绘制。

（一）大数据驱动研发设计个性化、多元化，按需适配异质性需求

精准定位消费者需求是提高研发设计水平的关键前提条件。在传统制造模式下，由于难以把握用户需求，企业加强研发设计往往缺乏导向性。而依托大数据平台，利用线上线下渠道更高效地汇聚消费者购买行为及需求偏好数据，能够帮助传统制造企业快速、全面地把握消费者的个性化需求。同时，通过需求大数据的挖掘和分析，可以形成针对不同消费者群体的多元化用户画像，驱动企业在新产品的研发设计上能够根据用户画像特征智能设计体现其个性偏好的产品，更好地满足消费者异质性需求，提升匹配市场能力和产品创新开发能力。

（二）大数据驱动生产制造智能化，提高产品质量效益

依托大数据平台汇聚的众多消费者订单数据，并通过搭建智能化、柔性化生产线，传统制造企业能够根据众多设计款式（产品外观、颜色、性能有所区别）的不同订单，快速进行不同款式的产线切换或多种款式混合生产。将各个订单对应的设计数据及数量信息传递到生产端，基于大数据的智能制造系统可以快速计算出工艺流程和结构优化，并分解出作业指导，传递到各个生产岗位，形成柔性、快速的响应能力，按市场需求的款式及数量快速生产，帮助解决传统先备货模式带来的日益严重的库存积压问题。同时，大数据平台能够对生产线上的各个设备、各个节点实时采集数据，实现对生产过程的监控，从而从技术上实现把控产品质量、过程质量，优化各类装备连成的产线，突破协作的瓶颈，增加鲁棒性，把质量和效益提升落到实处。

（三）大数据驱动供应链管理协同化，加快降本增效

供应链各主体间的大数据共享与协同价值创造机制，不仅可以提升传统制造企业从上到下各个岗位的决策精度和正确性，还可以实现跨部门跨组织高效协作（Zakaria，Lim，2017；Fawcett et al.，2011；张明超、孙新波、钱雨，2018）。基于传统制造企业及所在产业供应链上下游大数据平台，来自生产商和供应商、零售终端、经销商等多个环节存在异源异构问题的数据能够得到结构优化与共享，促进上下游原材料和零配件供应链高效协作，从而改进供应流程，降低运营成本。

（四）大数据驱动营销服务精准化，提升消费者服务水平

基于消费者需求及消费行为大数据的深度挖掘及分析预测，可以帮助传统制造企业掌握用户画像偏好特征，形成消费模型，针对目标客户开展精准营销及个性化营销，建立线上线下相结合的新销售模式，开展全营销链数字化管理，从而为消费者提供高品质的产品推荐及售后服务，增强企业品牌与消费者的黏合度，提高用户的满意度。

（五）大数据驱动组织管理扁平化，促进产业组织创新

借助大数据平台，传统制造企业原有的多层级组织管理模式及分割的业务部门得以重构，企业内部的信息孤岛被打破，使得企业、设备、人员、产品实时互联，管理更为智能化、扁平化。例如，数字化转型之后的传统制造企业为满足个性化生产需要，可以根据柔性功能模块组成不同的分工岗位，各岗位基于大数据能够进行

各种生产协同，并形成各种柔性生产组织，从而提高生产管理效率。同时，大数据平台通过企业内外部的实时互联，也能够促使异地生产部门的组织管理降低难度，使运营成本大幅度降低。

（六）大数据驱动产业生态网络化，实现全方位价值创造

传统制造企业往往是孤立的，通过竞争来争夺市场份额和利润。而产业生态系统强调制造企业之间的紧密联系和相互依赖，企业之间会通过合作共同开发新产品，共享供应链和经销渠道等资源，从而提高整个系统的效率和协作能力。大数据要素与大数据技术在传统制造业的深化应用，能够驱动传统制造业生态系统的行业融合与细分协同演化，促进协同设计、协同生产、协同库存、协同物流。同时，大数据驱动传统制造业生态系统的多元合作方式，主要包括业务外包（Outsourcing）、众包（Crowdsourcing）、共同创造（Co-creation）等形式。通过行业数据共享及行业网络系统化，给最终用户提供产品和服务所创造的价值是由上下游协作的各家企业形成产业生态系统合作共创的，从而促进行业整体结构优化、生态改善，进一步形成传统制造业生态系统价值共创能力。

第二节 大数据驱动纺织服装行业供给质量提升

一、我国纺织服装行业面临的挑战及数字化转型需求

我国是全球最大的纺织服装生产和出口国之一，纺织服装行业规模庞大，供应链完整，已形成从原材料采购、加工生产到成品配送的完善体系，对经济发展和就业创造起着重要的作用。然而，我国的纺织服装行业也面临不少问题和挑战，亟待通过数字化转型推动产业升级及质量提升。

（一）纺织服装行业面临的挑战

目前我国纺织服装行业面临的问题和挑战主要包括以下方面。

一是成本压力增加。随着劳动力成本、原材料价格等要素成本持续上涨，以及环保要求的提高，纺织服装行业面临着成本压力日益加大的挑战。

二是产业链、供应链协同能力亟待提高。我国纺织服装行业以中小微企业为主，受资金及技术条件等的制约，生产组织模式较为落后，产业链协同能力和供应链管理能力较弱，使得整个行业的效率和竞争力受到限制。

三是品牌建设和设计创新不足。我国纺织服装行业在过去几十年里以大规模生产和低成本制造著称，中低端产品占据主流，低质低价竞争激烈，产业附加值较低。纺织服装行业在技术创新及研发设计方面的投入不足，质量保障体系有待进一步完善，产品品质、品牌建设仍难以满足消费升级的需要。

四是库存积压矛盾突出。受“以产定销”、产能过剩、消费市场波动、设计和款式失配，以及渠道管理不善或销售渠道转型困难等因素影响，不少传统纺织服装企业库存积压严重。

（二）纺织服装产业的数字化转型需求

近几年，数字化浪潮席卷全球，大数据等新技术新模式不断赋能各行各业。纺织服装行业企业以此为契机，不断探索与创新，积极寻找数字化解决方案，包括优化设计流程、智能生产制造、数字营销、数据化决策、智慧物流、供应链协同、在线定制、云端协作、内部管理优化等各环节各要素的转型诉求，以达到降低经营成本、提高运作效率、提升供给质量、打造创新模式的目标。

1．亟须提高生产流程和装备数字化水平，提升生产效率及质量

纺织服装行业生产工艺流程复杂、设备种类多，亟须通过数字化手段加强“生产数据采集+智能化装备”，实现生产运营高效管理。数据是数字化的基础，数字化升级首先要实现基础数据的连接和管理。根据纺织服装业的痛点，首先需要从基础生产数据采集入手，通过智能传感代替人工记录，搭建数字化基础，推动生产运作流程数字化。同时，通过各工序生产设备的智能化改造，可实现各种纺织品及设备在线自动检测和设计的数字化，促进生产质量和效益提升。

2．亟须借助大数据精益分析管理，加快行业降本增效

传统纺织服装企业生产运营成本很高，亟须利用大数据等数字化软硬件技术和工具实现精益化分析和管理，降低运营成本。纺织服装企业需要结合基于大数据的精益分析管理，帮助快速准确地诊断企业的生产运营问题，优化生产及管理流程，提高运营效率。

3. 亟须通过大数据平台洞察市场需求，创新生产运营模式

在激烈的市场竞争中，传统纺织服装企业多采用少品种、大批量的生产模式，但由于难以快速掌握市场变化趋势，高库存及大量资金被占用。因而传统纺织服装企业亟须借助大数据平台等数字技术，实时感知市场需求，根据需求加快产品更迭，有效减少库存积压，打造“小单快反”模式，推动产品研发设计敏捷创新。

4. 亟须加强内外部大数据链接，优化产业链、供应链协同

针对纺织服装行业小批量生产、定制化订单的特点，纺织服装企业亟须通过数字化手段加强与产业链上下游及外部供应链的快速协同链接。纺织服装企业需要结合自身业务场景建设基于大数据的柔性生产系统，改造传统供应链，打造动态感知的数字化供应链管理体系，在数据联通共享的基础上提高产业链、供应链的快速响应与协同能力。

二、案例分析：大数据驱动的“个性化设计+精准营销+小单快反”模式——以希音为例

（一）希音模式的特点

希音（SHEIN）是一家创立于中国的B2C跨境电商企业，成立于2008年，专注于提供快速时尚的服装、配饰等（其发展历程如图5-2）。希音不仅打造了自主品牌“SHEIN”，开启自主研发设计之路，并构建数字供应链体系，成为全球最受欢迎的快时尚品牌之一，而且还深入服装全产业链进行数字化改造，带动了从服装设计研发、生产加工、原料采购、工艺流程到商品营销、物流配送等多个环节的中小企业转型升级，增强了我国纺织服装产业集群的国际竞争力。下面结合实地调研及文献研究对希音模式进行分析。

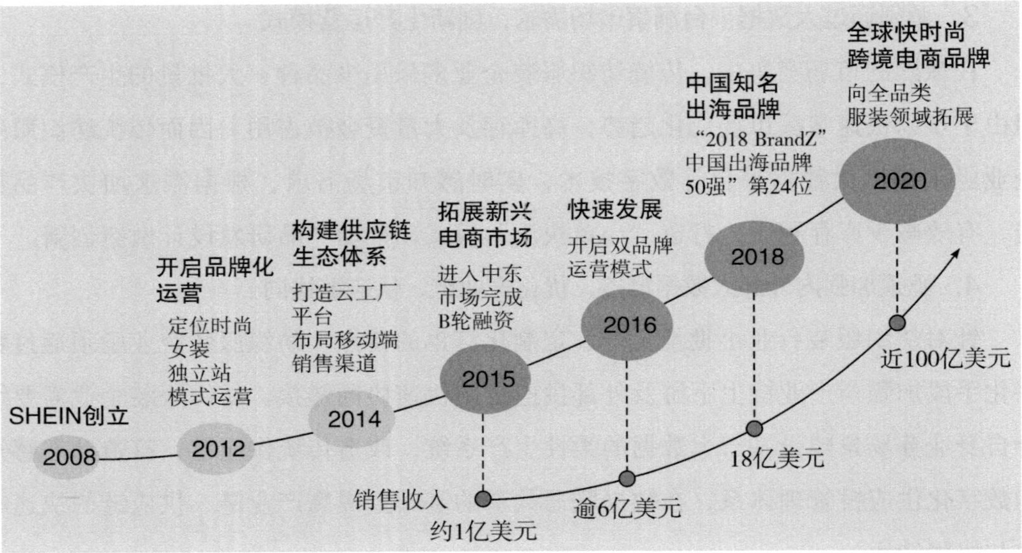

图5-2　希音的发展历程

资料来源：邓贻龙：《希音打造快时尚跨境电商品牌》，《企业管理》2022年第2期。

希音公司的业务模式具有以下几个特点。

1．快速迭代商品

希音采用"早产品，少库存"的业务模式，服装从设计到上线的时间很短，一天可以上线超过1000款新品，确保商品样式快速更新。

2．数据驱动决策

希音汇聚用户数据、销售数据、搜索数据等，构建数据平台，利用数据驱动商品设计、生产、营销等决策。

3．小批量多SKU（库存单位）

希音将单个商品库存控制在少量，但提供大量类目和款式选择（SKU数量巨大）。这种长尾策略可以满足不同用户的个性化需求。

4．社交电商推广

希音大力利用TikTok、Facebook、Instagram等海外社交媒体平台进行商品推广和用户互动，提高品牌认知度和用户黏性。

5．全球化供应链

希音在全球范围内构建供应链体系，实现设计、采购、制造、物流全球化布局，降低成本的同时提高响应速度。

希音公司通过运用大数据、人工智能等数字技术预测全球服装流行趋势，辅助产品设计，构建云工厂柔性供应链平台，利用海外社交平台开展数字化营销，以数字化赋能中小服装企业，带动了纺织服装产业集群的数字化转型。2023年，希音公司的销售额约为450亿美元，成为全球最受欢迎的快时尚品牌之一。

（二）传统模式与希音模式的对比

服装作为非标品的最典型范本，用户对产品属性认知度低，感性决策，个性化程度高。按照传统服装供应链的“以产定销”模式，服装品牌商的供应链周期普遍在3~4个季度，订货流程冗长，灵活性较差，往往要求企业提前半年决定某一季度的货品结构，并生产大量库存。这一模式有明显的牛鞭效应，对消费者需求理解滞后、不精准，一旦市场有变，销售不如预期，那前期备货的商品就会一下子变成库存。消费者需求的变化与传统企业供应链滞后的矛盾成为整个行业库存高的根源。传统服装企业业务流程及希音公司业务流程分别如图5-3、图5-4所示。

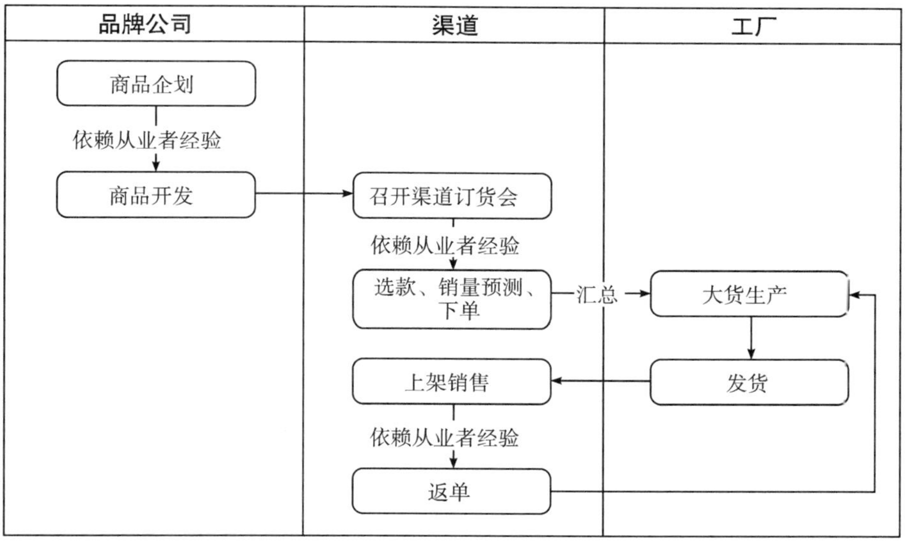

图5-3 传统服装企业业务流程

注：笔者绘制。

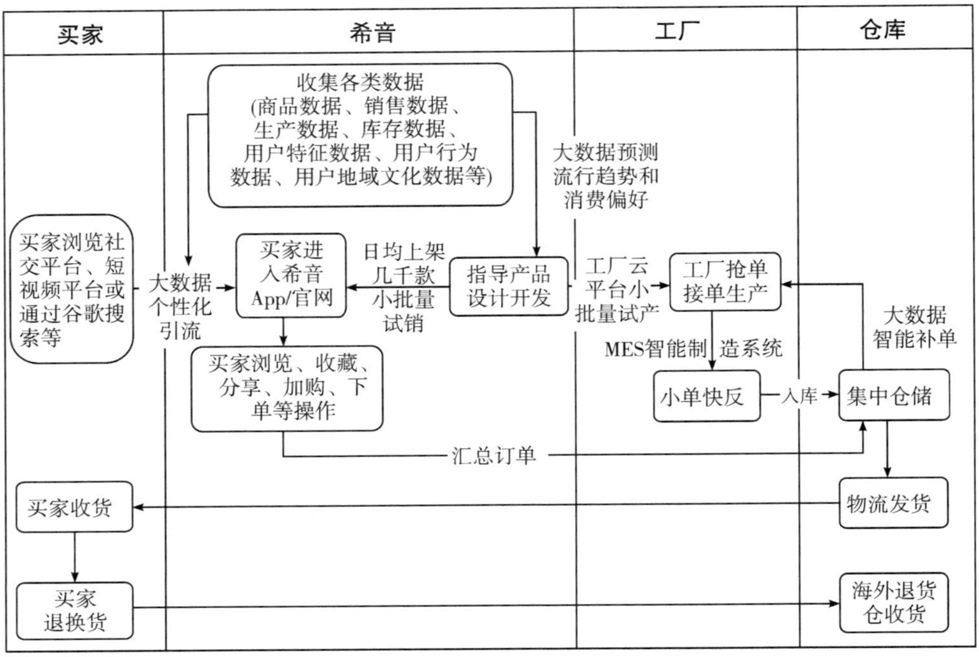

图5-4　希音公司业务流程

注：笔者绘制。

希音模式与传统模式相比，在以下几个方面存在明显的优势。

产品研发：传统模式下，服装设计和生产周期相对较长，需要经历多个环节和复杂的流程，而希音模式以快时尚为核心，强调快速迭代和及时跟进时尚潮流。他们通过敏捷的供应链和精细的数据分析，能够快速推出新款式、调整产品组合，满足年轻消费者对时尚的追求。

生产制造：在传统服装供应链“以产定销”的模式下，服装品牌商的供应链周期普遍在3~4个季度，订货流程冗长，灵活性较差。而希音通过每日上架大量新款试销，实时统计款式销售数据，通过云工厂平台智能下单补货，实现小单快反。

市场营销：希音模式非常注重与社交媒体和影响者合作。他们与社交媒体平台合作推广产品，并与时尚博主和影响者合作，提高品牌的曝光度和影响力。反观传统模式，品牌的推广主要依靠传统的广告渠道和宣传手段。

销售运营：希音模式注重数据分析和个性化推荐。通过收集和分析大量用户数据，包括购买历史、浏览行为和喜好等，希音公司能够提供个性化的产品推荐和定制化的购物体验。传统模式下，这种个性化程度较低，更多依赖于市场研究和经验判断。

供应链管理：传统模式下，服装供应链通常较为复杂，涉及多个环节，包括设计、生产、分销等，而希音模式通过垂直整合供应链，将设计、生产和销售环节紧密结合，实现了供应链的高度集成和优化。这使得希音能够更加迅速地响应市场需求，灵活调整产品线，并缩短产品上市时间。

（三）大数据驱动“个性化设计+精准营销+小单快反”希音模式的机理分析

希音公司的业务已经覆盖全球230多个国家和地区，从设计、生产到上线销售的整个流程最快可控制在7天以内，平均每天上新5000款，从海外用户正式下单到收货的标准配送时间不超过14天，而快递配送仅需8天左右。要支持如此高效的业务运转，离不开数字化支撑和大数据驱动，其大数据驱动机理如图5-5所示。

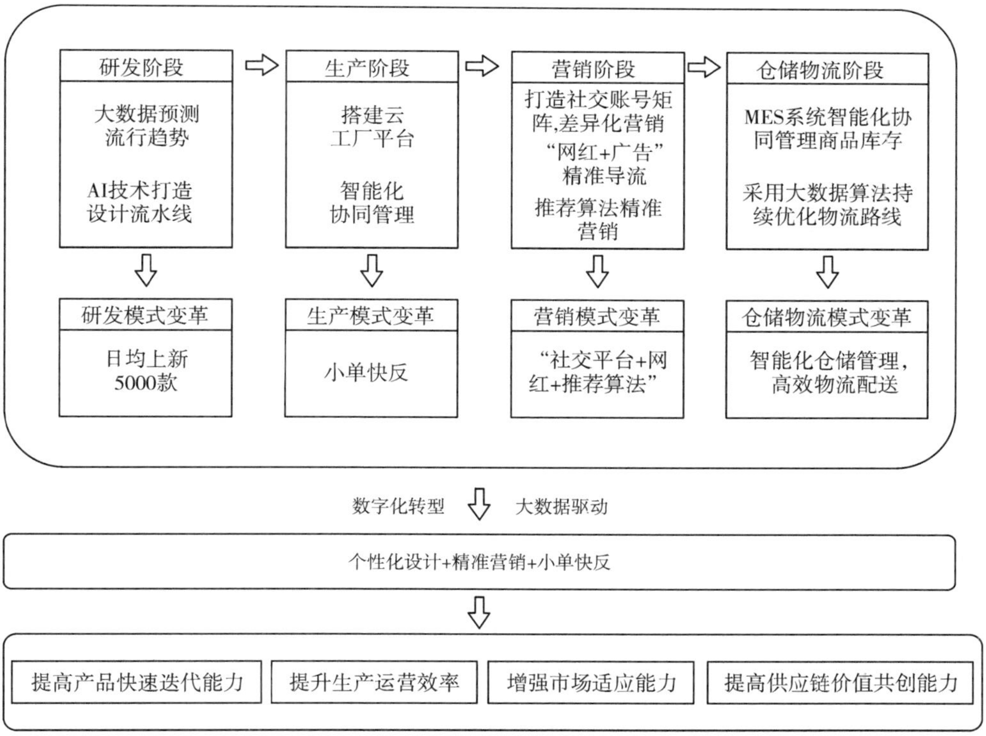

图5-5　希音模式的大数据驱动机理

注：笔者绘制。

希音基于数字化的大数据系统对“个性化设计+精准营销+小单快反”模式的驱动主要体现在以下方面。

1. 大数据驱动前端运营，打造流量入口和品牌高地

2012年，希音开始从传统的电商平台转向独立站模式，以拥有独立域名和经营自主权的品牌官方商城为基础，摆脱了对第三方电商平台的依赖。2014年，随着业务的快速发展，希音进一步布局移动端销售渠道，推出了移动应用App。2022年2月，希音网站成为访问量最大的时装服饰网站；2022年6月，希音App全球下载量超过1.7亿次，注册用户数超过1.2亿人，取代亚马逊成为全球安装量最高的购物应用程序。庞大的独立站流量，既是打造品牌的载体，又可以收集到大量用户的浏览行为、购买历史和偏好等数据，使得希音能够通过对大数据的分析，迅速掌握全球不同市场的消费者的个性化需求，并实时驱动前端的服装研发设计，打造与用户需求相适应的时装爆款。

2. 利用“大数据+AI”进行个性化研发设计

希音运用大数据来识别及预测服装流行趋势，并且根据不同国家和地区市场的消费者需求，有针对性地调整产品设计风格。希音一方面对独立站和移动端App用户数据进行实时捕捉，分析研究不同市场消费者偏好；另一方面，还利用Google的搜索趋势发现器（Trends Finder）以及自主开发的网页抓取、追踪系统工具，收集时装面料等相关数据，分析判断海外各国的时装热销元素，预测未来流行趋势。同时，借助AI技术，希音的设计部门能够基于时尚趋势的大数据分析预测结果，运用AI技术为消费者画像，还专门开发智能设计辅助系统，快速形成设计样稿。

3. 云工厂和小单快反的生产模式

希音没有自己的生产工厂，而是通过搭建云工厂平台，背靠当地成熟的产业集群，连接数千家中小服装加工企业。希音在云工厂平台发布订单需求信息，各服装厂家根据移动端App和独立站的实时销售情况直接接单、抢单；希音进一步利用智能化协同管理系统对订单交付进行管理，以确保生产交付质量并缩短交付周期。希音主要采用“小单快反”模式，先上新50~100件“试水”，根据实时销售数据及时发现爆款后马上下单大量生产。从下单到出货，希音只需7天即可完成，比ZARA快7～8天。

4. 基于数字化的社交媒体和网红营销

希音主要采用“社交平台+网红+推荐算法”的数字化营销模式，针对目标客户主要是海外年轻消费者的特征，利用Instagram、Facebook、Twitter、Pinterest、TikTok等海外社交平台打造账号矩阵，对粉丝用户进行差异化营销；同时通过“网红+广告”的方式导入品牌流量，网红营销梯队化，并采用大数据推荐算法，依据不同地区行情进行差异化营销和精准营销，抓住全球各地消费者的需求点和兴趣点，促进购买行为。

5. 基于大数据共享打造高效率的供应链生态和物流体系

希音依靠智能化MES协同管理系统进行仓储管理和供应链管理，实现仓储管理系统与后端生产系统之间的数据互联互通与共享，确保供应链的高效运作。智能仓储管理系统一方面把库存动态实时可视化地呈现给后端生产企业，另一方面还可以根据仓储状态做出智能化补库存决策，及时向云工厂平台发出订单需求，以便供应商快速接单供货。同时，希音高效整合公司前端配送服务（自有国际货运公司负责）和终端货运服务（与本地第三方货运公司合作），并通过大数据技术持续优化物流路线，不断改进配送方案，提升运输效率，控制物流成本。

三、研究结论与启示

（一）大数据应用的成功因素

希音在数字化转型和大数据应用方面取得成功的原因主要有以下几点。

1. 敏锐的商业嗅觉

希音的创始人和管理团队具有敏锐的商业嗅觉，能够及时利用大数据捕捉市场变化和趋势，并做出相应的战略调整。这种敏锐的市场洞察力，使得希音能够快速适应市场变化，抓住发展机遇。

2. 重视技术和数据

希音从创立之初就高度重视技术和大数据的应用。通过不断投入和研发，希音在数据采集、存储、处理和分析等方面拥有了强大的技术实力，为大数据应用提供了有力支撑。

3. 深度挖掘用户需求

希音通过大数据分析用户的消费行为和反馈，深入挖掘用户需求，实现精准营销和个性化定制。这种对用户需求的深入了解和迎合，使得希音能够提高用户满意度和忠诚度，从而获得更多的市场份额。

4. 优化供应链管理

希音通过大数据技术优化供应链管理，实现快速响应市场变化和降低成本。这种优化供应链管理的做法，使得希音能够提高效率，减少浪费，实现可持续发展。

5. 创新商业模式

希音利用大数据等数字化技术，创新小单快反及柔性供应链商业模式，开拓新的市场空间。这种创新商业模式的做法，使得希音能够抓住市场机遇，实现快速扩张。

6. 高效的运营管理

希音基于大数据应用实现高效的运营管理，通过自动化、智能化的管理方式提高工作效率，减少人为错误，从而实现更高效的业务运营。

上述因素的共同作用，使得希音能够在竞争激烈的快时尚服装市场中脱颖而出，取得巨大的成功。

（二）借鉴与启示

希音在数字化和大数据运用方面的成功实践，对传统纺织服装企业和其他行业的数字化转型有以下借鉴意义。

1. 建立数字化战略

希音的成功离不开其数字化战略的制定和实施。传统纺织服装企业也应该根据自身情况和市场需求，制定符合自身特点的数字化战略，明确数字化转型的目标和路径。

2. 重视数据价值

希音通过大数据分析用户行为和市场趋势，优化业务流程，提高营销效果。传统纺织服装企业应该在生产运营过程中重视数据价值，注重收集、分析和利用数据，实现数据驱动的决策和业务优化。

3. 打造基于大数据的新商业模式

希音充分利用大数据、移动互联网、物联网、5G、AI等数字化技术手段打造服装领域新的商业模式，解决了传统纺织服装行业性价比、交付周期、库存周转三者不可兼得的制造业难题。传统纺织服装企业应该借鉴希音的经验，积极探索数字化转型带来的商业模式创新机会，寻找新的增长点。

4．产业链、供应链协同

希音通过产业链供应链协同，促进跨界合作与共创共赢，实现产业升级和国际化发展。传统纺织服装企业也应该在数字化转型中积极融入行业龙头企业的产业链供应链生态体系当中，努力寻求跨界合作机会，提高企业竞争力和可持续发展能力。

第三节　大数据驱动家具行业供给质量提升

一、我国家具行业数字化转型的现实需求

家具行业是传统制造业的一个重要组成部分，其市场规模巨大，不仅关系到人们的日常生活，还直接影响国民经济的发展。在存在疫情反复、房地产行业动荡、人口出生率下降且老龄化程度加深等多种不利外部因素的情况下，我国家具行业及其上下游行业面临严峻挑战，市场规模的增速进一步放缓。目前，中国传统家具行业面临的核心问题是成本快速增长、库存积压严重、生产方式落后、产业附加值低以及消费者需求变化。

（一）传统家具行业面临的挑战

1．从成本毛利看，成本快速增长，附加值低

随着中国经济增长，家具行业规模扩大，市场竞争加剧。传统家具行业的成本优势不复存在，劳动力成本上升速度超过发达国家和不少发展中国家，企业面临招工难和成本快速增长的问题。受全球经济波动等多种因素的影响，家具行业上游原材料价格显著上涨，这导致了采购困难、生产停工、运输管控以及供需匹配问题的错位，从而全面提高了上游原材料制造商的成本。上游制造商和供应链也随之将上升的成本转

嫁给了中游家具行业，导致家具行业所需各类原材料的价格持续攀升。在成本快速增长的同时，传统家具行业的产品附加值低，主要依赖劳动力投入，技术创新和品牌价值贡献有限，难以提高产品附加值和溢价能力，摆脱价格竞争。

2. 从经营能力看，传统家具行业库存积压严重

库存水平综合反映企业运营能力。传统家具生产通常采用批量方式，导致库存积压。由于市场需求不确定且消费者个性化需求上升，传统家具企业常需提前生产大量备货以满足市场。然而，过多库存大量占用资金，将带来库存风险。若企业的判断出现偏差，将面临产品滞销、库存积压、资金不足等风险，严重削弱盈利能力，也浪费社会资源。高库存根源于企业供给能力无法满足市场快速变化需求。

3. 从管理效率看，传统家具制造企业资金周转慢

传统家具制造企业的资金周转主要依赖销售款项的回收，而销售过程通常较长。由于家具产品的价值较高和购买决策过程较长，资金回流的时间也较长，这给企业的资金流动性带来了挑战。资金周转慢不仅限制了企业的发展速度，还可能导致企业无法及时支付供应商货款或债务，影响企业的信誉和合作关系。因此，如何有效缩短销售周期并提高企业的市场议价能力成了传统家具制造企业实现转型必须破解的问题。

4. 从生产方式看，数字化柔性生产能力不足

随着数字化时代的到来，企业需求和消费者观念发生了重大变革。随着信息技术的不断发展和行业的革新加速，消费者对家具产品的需求不再局限于基本功能和舒适性，而更加注重个性化、场景化、互动性、性价比和可持续发展。数字化技术改变了消费者的购物决策方式和体系，消费者权利、参与度和选择权不断增强。与此同时，疫情也导致了消费观念的根本性变革，消费者更趋向于理性消费。

在当前快速变化的市场环境中，传统供应体系变得不再适用，传统家具行业一直存在着供需不匹配的问题，大量低质、低端、标准化的工业品和消费品导致供应超过需求，供应反应速度无法跟上需求变化的步伐。因此，传统家具制造企业必须努力提高柔性供应能力，以满足不断变化的消费者需求。然而，目前企业面临的主要挑战是，如何解决个性化定制与大规模生产之间的矛盾。

（二）家具行业数字化转型的需求

挑战中蕴藏着机遇，传统家具行业目前面临最重要的问题是高库存和难以同时实现个性化定制与大规模标准化生产。造成这一困境的根本原因在于供应能力未能跟上市场需求的快速变化，这是创新能力和经营管理能力滞后的结果。库存积压一直是困扰家具企业的问题。由于市场需求不确定，传统家具企业通常大量生产标准化产品，这也造成了高昂的库存成本。与此同时，消费者对个性化定制的需求不断增加，但传统生产方式难以满足。这就形成了一种矛盾：传统制造方式更适应大规模生产，但市场需要更多的个性化选择。因此，解决问题的关键在于如何实现供需的精确匹配。突破传统家具行业的困局要从供给侧结构性改革入手，挖掘潜在消费市场，解决库存风险，提升价值链水平。数字化技术可作为有力的推动力，通过数字化转型重新构建供需关系，实现高水平的供需平衡。

1. 从成本控制看，大数据有助于驱动精益化管理

传统家具行业一直面临着成本控制和毛利优化的挑战。数字化技术在这方面发挥了关键作用。通过数据分析、自动化生产和数字化供应链，传统家具制造商可以实现更精细的成本管理，降低生产成本。这对于一个市场竞争激烈、价格敏感的行业来说尤为重要。例如，通过智能生产设备和物联网技术，家具制造商可以提高生产效率，减少废品率，降低原材料浪费，从而改善成本结构。这不仅有助于提高利润，还可以让制造商在市场上提供更有竞争力的价格。

2. 从经营能力看，大数据有助于提升库存管理水平

传统家具行业往往面临季节性需求和变化的挑战，数字化供应链管理和预测分析为家具行业提供了更好的库存管理工具。通过实时监测市场趋势和客户需求，家具制造商可以更精确地规划生产，减少过度库存，并确保生产与需求的更好匹配。这有助于减轻库存积压，提高库存周转率，并确保及时供应，提高客户满意度。这对于传统家具行业来说是一项关键的竞争优势。

3. 从管理效率看，大数据有助于驱动高效资金管理

家具行业的企业通常需要大量的资金来支持生产和库存。数字化金融工具和平台可以提高资金的有效运用。家具制造商可以利用电子支付、供应链融资以及数字化账务管理来优化资金管理，提高资金周转效率。这有助于减轻与长期资本占用相

关的压力，提高生产灵活性，从而增强竞争能力。

4. 从生产方式看，大数据有助于驱动柔性生产

传统家具制造通常是大规模批量生产，但市场需求对个性化和快速交付的要求越来越高。数字化转型使家具制造商能够更灵活地调整生产方式，实现个性化定制，这在满足客户的个性化需求方面具有巨大潜力。智能制造技术，如3D打印和自动化生产线，使生产更加灵活，可以迅速响应市场变化，提高客户忠诚度和品牌竞争力。

二、案例分析："大数据+全屋定制+智能制造"模式——以维尚家具为例

佛山维尚家具制造有限公司（以下简称"维尚家具"）作为国内全屋家具定制的龙头企业，是首家提出"数码化定制概念"的家具企业，也是首家实现"全屋家具定制"及"大规模个性化定制生产"先进模式的"工业4.0"家具企业。下面结合实地调研及问卷访谈搜集的一手资料，对维尚家具大数据驱动模式进行案例分析。

（一）维尚家具企业简介

成立于2006年的维尚家具，一直在积极探索如何精确匹配供应和需求，为这场产业变革提供了现实的榜样。维尚家具目前已在广东佛山、江苏无锡和四川成都等地建立制造基地，且与多家海内外企业开展合作，赋能全屋定制家具经营能力。维尚家具建立了一个企业级全屋家具大规模个性化定制工业互联网平台，该平台覆盖从设计、拆单、排产、采购、生产、物流、安装到售后的全流程数字化协同管理。维尚家具在传统家具制造领域引领创新，作为数字化智造的领先家具企业之一，他们依靠自身的IT技术和能力，深入数字化转型的研发、生产、供应和销售领域，从根本上改变了传统的"手工式"粗放低效生产模式，推动了供给侧结构性改革，树立了数字化转型的行业典范。

（二）维尚家具基于大数据的定制模式与传统模式的区别

区别于传统家具企业的个性化定制模式，维尚的"大数据+全屋定制+智能制造"模式主要是利用大数据从销售设计端、生产端和供应端三端出发，在以往传统个性化定制模式的基础上，重新构建供应和需求之间的关系，构建敏捷供应链、挖

掘消费市场潜力、化解库存风险、提升价值链水平，从而实现高度的供需平衡。（如图5-6）

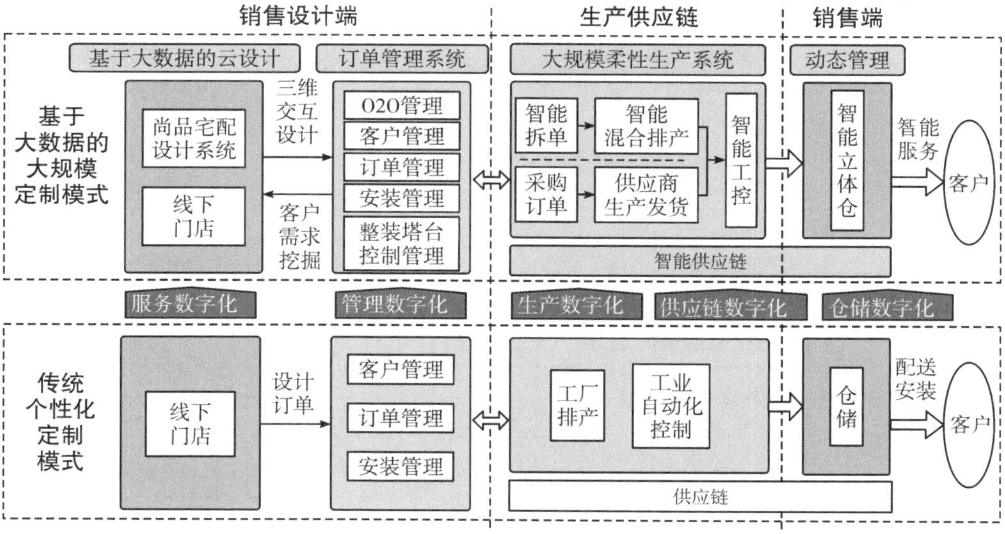

图5-6 基于大数据的大规模定制模式与传统个性化定制模式的区别

注：笔者绘制。

（三）“大数据+全屋定制+智能制造”模式全流程分析

维尚家具大数据驱动模式主要体现在以下四个环节。（1）客户需求捕捉：依托面向不同业务场景的多功能数据库，高效准确地识别消费者的个性化需求，为家具设计制造等流程的推进提供大数据基础；（2）组织结构创新：通过实现组织高效管理和结构创新，激活组织活力，为整个数据驱动成果落地提供保障；（3）业务流程改造：通过数字化和模块化改造流程，实现大规模个性化生产，是数据驱动效益的主要环节；（4）上下游合作共赢：打造数据商业生态圈，促进合作伙伴之间的密切协作，包括供应商、物流提供商和服务商，以确保产品能够快速交付给客户，实现放大数据驱动的效益。其全流程机制如图5-7所示。接下来，笔者将从大数据驱动的视角对维尚家具大数据驱动的四个环节进行案例分析和机理解释。

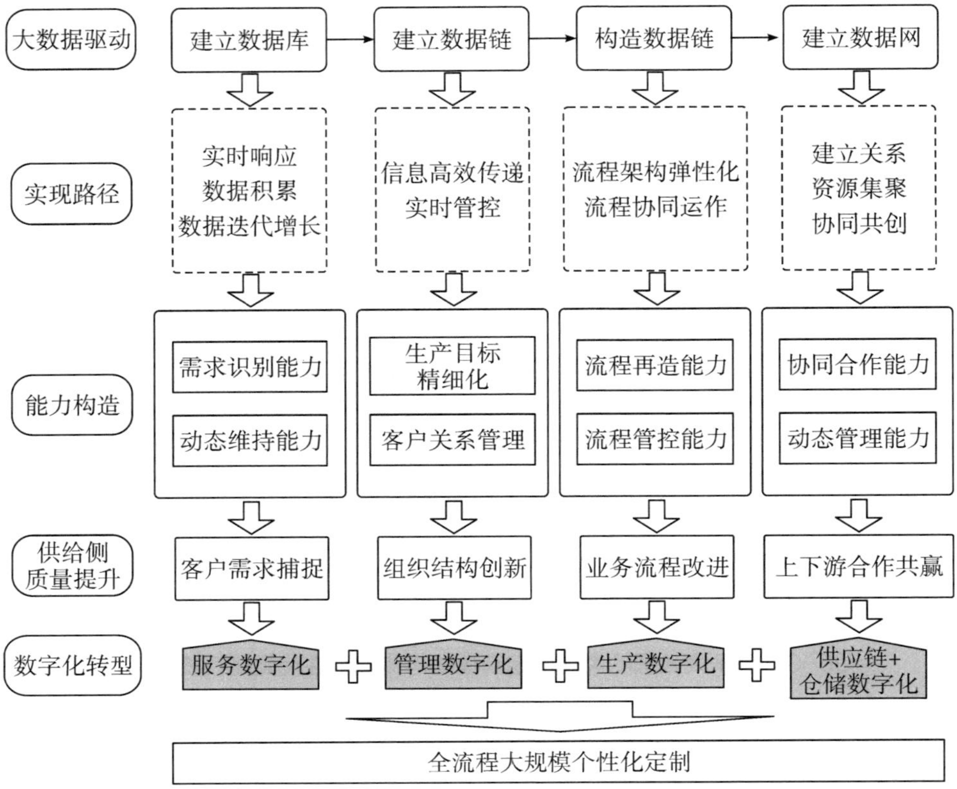

图5-7　维尚家具全流程大规模个性化定制的大数据驱动机制

注：笔者绘制。

1. 服务数字化——大数据捕捉客户需求数据

（1）需求识别能力——用户需求高效及时准确挖掘、识别和满足。

线上个性化定制是维尚家具为追求高效、便捷的客户提供的一种定制选择。圆方软件的信息技术、云计算和大数据应用是推动维尚家具实现C2B商业模式的核心动力。在销售设计阶段，维尚家具借助多年来积累的“房型库”“产品库”和“空间解决方案库”三大数据库，通过云技术和大数据技术迅速满足消费者的个性化需求。因为现有容量和样本数据的多样性，消费者提出的各种模块化需求会立即与数据库内的数据绑定，形成个性化数据，需求获取和数据化处理同时完成，从而大幅简化了企业满足客户需求和寻找正确产品解决方案的循环过程，客户可以通过维尚家具的官方网站或移动应用程序进行在线预约和咨询。在网站或应用程序上，客户可以提供房间尺寸，选择想要的风格和家具类型，或提出更详细的需求。维尚家具的专业设计团队将基于客户提供的信息，制定个性化的设计方案。同时，通过3D虚拟现实技术，消费者可以在网站上查看整体家居效果图并提供反馈和修改意见，以实现“所见即所得”的设计体验。线上定制方式打破了时间和空间的限制，大大降低了消费者和企业的中间成本，有效提高了交易量和交易效率，为客户提供了最大的便利和选择空间。一旦设计方案最终确定，维尚家具将开始生产，并在约定的时间内将定制的家具交付给客户。

（2）动态维持能力——数据高效迭代，建立客户需求数据库。

为了满足不断变化的消费者需求，企业必须建立以消费者数据为中心的数据库，以成功识别并预测消费者需求。大数据在这一过程中扮演了核心角色。维尚家具采用线上和线下方式收集消费者需求，同时通过云设计平台解析消费者的个性或标准需求，将所获得的数据进行分类、计算、处理和建模，从而形成强大的数据资源库。随着存储容量的不断增加，这些数据会在不同参数之间迭代，形成新的选择，而这些选择最终成为模板，供下一个消费者选择使用。每次与消费者的互动都生成新的数据并纳入数据库。在大数据、云计算和智能计算的帮助下，模板数据呈现几何级数的增长。通过与消费者的长期互动，信息处理成本大幅减少，使企业能够高效、及时、准确地满足用户需求。

2. 管理数字化——大数据赋能组织结构创新

（1）生产目标精细化——订单管理系统。

维尚家具在全国范围内设有广泛分布的门店和销售网络，为客户提供了多种线上线下双重购买途径。客户的定制订单会通过网络传输到总部的订单管理中心，并在系统中生成独特的客户号和订单号。这个流程不仅能确保订单信息的准确性，还使维尚家具能够中心化地处理来自全国各地的订单。这个订单管理系统的精细化管理带来了多重好处。首先，它提高了订单处理速度，客户可以更快地收到他们的定制家具。其次，它降低了订单处理错误率，因为订单信息在数字系统中被准确捕捉和处理，避免了传统人工处理可能出现的错误。最后，该系统能够智能调度，以满足不同订单要求和生产能力，实现生产目标的精细化管理。这意味着维尚家具可以更好地控制生产进度，确保每个订单都按时交付，使得订单准时交付率提升12%，订单生产周期为3.9天，缩短350%左右，从而提高了客户满意度和企业的生产效率[①]。

（2）客户关系管理——家具数字化定制服务平台。

维尚家具充分运用大数据技术优化了客户管理的各个方面，使其拥有卓越的客户反馈和响应能力。在其全面的家具数字化定制服务平台中，多个应用程序为客户提供了更加便捷和透明的体验。

首先，“量尺宝”应用程序允许客户轻松测量和记录家具空间的尺寸。这项工具确保客户能够准确地传达他们的需求，从而确保定制的家具尺寸完美适合他们的家，这有助于避免尺寸不合适或不匹配的问题，提高了客户满意度。其次，“沟通宝”应用程序提供了一个实时沟通平台，让客户、施工监理和施工人员能够随时交流意见、提出问题，并获得及时的反馈。这有助于确保在家具定制过程中的沟通畅通，问题能够及时得到解决，减少了误解和不适应的情况，保障了项目的顺利进行。最后，“安装宝”应用程序使客户能够追踪家具的安装进度，了解哪些家具已经安装完成，哪些还在等待中。这种实时信息使家具装修过程更加透明，客户能够清晰地了解工程进展情况，提前做好安排。

此外，维尚家具还提供了“数字导航”工具，为业主、施工监理和施工人员提供全程的导航服务。这个数字导航不仅可以告诉他们装修进行到哪个阶段，还能提供关于流程的实时反馈，帮助他们了解装修流程是否进展顺利或是否出现了延误。这一数字导航使所有相关方能够一目了然地了解整个家具定制和装修的进展情况，确保整个过程高效顺畅。

总之，这些应用程序和工具的使用不仅提高了客户的满意度，还为维尚家具的数字化服务平台增添了更多的价值。通过实时管控和反馈响应，维尚家具能够更好地满足客户需求，提高了整个家具定制流程的效率和透明度。这种数字化转型经验为其他企业提供了关于客户需求端管理的有益启示。

3. 生产数字化——大数据加速业务流程改进

（1）流程再造能力——智能拆单+智能混合排产。

维尚家具基于数据库构建了数据链，将传统生产环节拆分并重新组合，结合可

① 相关数据由维尚家具公司提供。

视化技术来重新塑造生产流程。智能订单拆分和混合智能排产将消费者需求的数据根据企业业务流程拆分到不同的业务部门，形成数据节点。通过利用数据的可拆分性，实现了流程的颠覆性创新，将消费者需求数据与生产数据高度整合，使个性化家具定制变得更加智能和高效。

面对大量非标准订单，维尚家具的大数据中心首先利用3D技术进行模拟排产，以生成整个制造过程的最佳整合方案。在这个过程中，系统会匹配颜色、工时、材料利用率等相似的订单，将它们混合批量生产，从而实现双高效的生产目标。为了优化智能排产，维尚家具建立了拆分-排产智能调度模型，通过分析排产与工艺参数、设备、操作人员和原材料之间的关系，实现了排产的最优化。此外，维尚家具还采用了先进的排料算法，以实现材料的最优利用。这些算法能够将不同订单中相同款式和厚度的板件组合成一个批次，从而将材料利用率提高到93.5%，比同行业高出7个百分点。这一创新性的方法不仅减少了材料的浪费，还降低了成本，使维尚家具在市场上更具竞争力。整个过程还包括将设计图通过参数化技术转换为可编辑修改的三维数据模型，以实现更高的灵活性和个性化。这意味着维尚家具可以根据客户的具体需求进行快速适应和修改，以确保每个定制家具的完美匹配。

（2）流程管控能力——智能工控。

流程管控能力是企业将高质量的运营数据以及内部或外部客户需求转化为制造规范的能力，其目的是激活参与者基于流程信息的反馈行为（孙新波　等，2019）。

维尚家具的智能工厂拥有多条灵活的生产线，专门生产各种类型的家具产品，包括衣柜、装饰柜、定制床等。这些生产线的关键在于智能化和自动化，依托AI智能排产的虚拟制造装配系统和工业互联网标识，为每个部件赋予了独特的身份。通过协同制造和MES系统的协作，部件的柔性加工得以实现，从原材料的选择到最终产品的分拣入库，实现了全程的“一码到底”管理。每个板件都携带着带有加工指令的“数字标签”，系统会根据车间情况来分配加工机台，并在RGV生产线上实现开料、激光封边、钻孔、分拣入库等全过程的智能化加工。随后由灵活生产线逆向组装，最后打包成同一订单的个性化定制产品，并迅速送达消费者家里。

可视化在数据流动中扮演着至关重要的角色，对于提升大数据驱动的流程管控能力至关重要。大数据为企业提供了实时感知、管控决策和动态分析的可能性，而企业通过建立全流程的数据可视化来有效掌握生产制造流程，实现柔性管理和敏捷开发，以及增强质量管理（陈以增、王斌达，2015）。这种数据可视化特性在维尚家具的流程管控中发挥着重要作用，使员工能够清晰地了解产品的生产进程和他们自身负责的主要工作。同时，通过电子标签对产品生产的全流程进行控制，实现了智能化和柔性生产。这一步骤至关重要，因为只有当客户的数据能够自动流动于组织流程中时，员工才能在客户数据的推动下获得更多互动和协作的机会，从而提高团队协作能力，减少可能导致的服务创新质量功能失调的冲突。

在生产车间，实时展示各个生产小组的生产记录看板，以及车间各个工序的加工进度和设备状态，是实现数据可视化的重要环节。这些信息看板不仅供管理层查看车间主要流程的关键数据，如加工总量、生产效率和设备利润率，以便进行流程的优化，还允许工人通过这些看板随时了解自己的生产进度，从而有针对性地调整工作效率。

最终，维尚家具通过构造数据流，采用数据作业资源的调度，推动了流程运行中所展示的信息资源、材料资源以及人力资源的实时动态组合，实现了生产流程的改进，巧妙地将用户定制件与标准件混合批量生产。与传统家具制造方式有着显著的不同，它实现了从“人指挥机器干活”到“机器指挥机器干活”的巨大转变，取得了显著的降本增效成果，包括制造周期从25天降至8天、产能提升至传统模式的8~10倍、材料利用率从86.1%提高至93.5%、制程板件全检合格率从97.25%增至98.36%以及产品合格率从97.85%提高至98.97%[①]。流程优化在降低生产成本、提高生产效率和产品质量方面取得了令人瞩目的成就。

4. 供应链+仓储数字化——大数据链接上下游合作共赢

在现实世界中，单纯依赖信息技术的概念已不足以解释“零库存”和“供需平衡”等管理现象。大数据的革新不仅限于信息处理技术和分析方法，还提升了信息处理能力（Braganza et al.，2017），极大地推动了企业实现“质与量”融合创新

① 相关数据由维尚家具公司提供。

的进程。维尚家具通过数字化手段实现了供应链和仓储的现代化，建立了上下游合作共赢的合作模式。

第一，为了快速响应消费者需求、降低库存水平以实现供需平衡，维尚家具将需求数据传递给供应链的合作伙伴，实现上下游资源的整合。通过智能SKU管理，系统实时分析上游材料供应商的库存情况，并自动决策是否需要启动备货计划。一旦决策启动备货，系统会立即发送数据指令给上游供应商，以确保在规定期限内完成补货，从而保证生产流程的连续性。这种多维度的SKU管理让维尚家具能够适应不同类型的业务，实现低库存并真正做到按需定制生产。同时，下游的物流服务提供商可以实时掌握家具生产情况，以确保及时配送给消费者。

第二，维尚家具引入AI人工智能技术并嵌入其立体仓库，以应对家具与软饰品等需求波动快、供货不确定等多种不确定性因素所带来的供应链管理挑战。通过数据化的方式，产品以数字形式存储在服务器中，并将分散的数据整合在一起，实现了产品的自动匹配。这意味着成套的家具或来自同一订单的多件家具可以自动汇总在一起，原本分散的数据变得自动集合。这极大降低了产品出货分拣的时间成本，提高了运营效率。AI模型通过对大量仓库运营数据的训练，能够及时提醒和安排仓储周转和物流派送，降低仓库占用率，并预测不同周期内各产品的安全库存水平，从而规避库存资金占用和产品降价风险。这一创新使仓库管理更加高效，企业能够随时跟踪和掌握产品的存储和流动情况。

综合来看，维尚家具通过数字化实现了供应链和仓储的协同优化，不仅实现了按需生产和零库存，而且大幅度降低了供应链库存，降低了工厂运营成本，提高了原料仓的周转率，并且提高了准时交货率。这一项目的成功实施，使维尚家具做到了传统家具企业难以实现的动态管理，为上下游企业创造了共赢的合作机会。

三、研究结论与启示

通过对大数据的分析梳理，维尚家具建立起企业内部的信息闭环，借助互联网思维，以O2O的销售模式，实现了全流程信息化，打破定制必然高价的固有判断，破解定制家具难量产的问题，并从传统家具企业成功转型为基于大数据的时尚家居企业。维尚家具的数字化转型成功应对了传统家具行业面临的供给侧问题，实现了显著的业务增长和效率提升，为其他传统家具企业提供了有益的启示和借鉴。

（一）构建强大的智能化定制能力，缩短个性化定制家具生产周期

数字化技术是实现供应链改革的重要推动力。维尚家具在数字化技术方面具有卓越的智能定制能力，充分利用了5G、工业互联网、大数据分析等技术，将整个生产和销售流程数字化，实现了高度智能化的生产和供应链管理。其他传统家具企业可以从这一成功经验中汲取经验，积极投资数字化技术，以提高效率并满足市场需求。维尚家具以其卓越的智能定制能力著称，通过深度融合工业化和信息化，公司被视为升级和转型的典范；同时，采用大数据、云设计、5G等数字技术，维尚家具被中央电视台报道为数字化转型的典范；实施“工业4.0”，生产基地装备有超过5万个库位的全自动立体仓库、自动输送线、智能分拣机器人、智能开料中心等先进设备，实现高度自动化和智能化的生产。

（二）直击个性化家具制造行业的痛点，解决个性化与规模化的矛盾

维尚家具通过数字化建设和智能化生产线，成功地应对了个性化定制与大规模标准化生产之间的挑战。该公司巧妙地实现了按需定制，同时显著削减了制造成本。传统家具行业的企业可以借鉴学习如何平衡个性化需求与效益最大化，以提供更灵活的产品选择。

（三）工业互联网全业务流程数据汇集、分析与应用，提高企业效率

维尚家具大规模个性化定制工业互联网平台，通过人、机、料、法、环以及商业数据汇聚，对生产及商业数据进行分析与应用，以提高新产品的研发、设计和生产效率，缩短产品交付周期，降低生产运营成本，实现企业高效运营。维尚家具将大数据分析融入生产和供应链管理中，实现了数据驱动的决策，这有助于更好地了解市场需求、产品质量和生产效率，并做出相应的调整。传统家具行业的企业可以学习借鉴如何从大数据中提取有价值的信息，以优化生产计划、产品设计和市场营销策略。

总之，维尚家具的数字化转型案例为传统家具行业升级改造提供了良好的示范效应。通过积极采用数字技术、注重个性化定制、优化资源利用、实现全流程协同管理，传统家具行业的企业也可以在面对市场变化和需求多样性时，找到适应和发展的有效路径。数字化不仅是应对挑战的关键，也是实现创新和提高竞争力的重

要工具。维尚家具的成功经验有助于促进传统家具制造业积极迎接数字化时代的机遇，以更灵活和高效的方式满足市场需求。

第四节　大数据驱动传统制造业供给质量提升的关键因素及路径

一、大数据驱动传统制造业供给质量提升存在的问题与障碍

传统制造业要适应数字经济时代大规模定制的需求，就需要大数据驱动。既要通过互联网连接每个个体的消费需求（个性化、场景化趋势日益加强），并通过新型渠道聚合，由此派生各类新业态新模式，又要能响应聚合成能批量生产的成品订单，并沿着供应链逐层拆解为中间品、配件、材料、原料等的订单，带动生产性服务业，强化智能装备、数字化平台的支撑，从而促进传统制造业转型升级，提升供给质量。但是，当前大数据驱动传统制造业供给质量提升仍存在如下问题和障碍。

（一）传统制造业信息孤岛难以整合数据全貌，制约了产业生态价值共创

传统制造业应用大数据要素和技术面临着数据难以整合的问题。例如，众多中小型传统制造企业数字化程度较低，企业内部不同部门、不同生产运营环节、不同系统之间的数据信息往往不互通，导致形成“信息孤岛”，阻碍了整体效率的提升；又如，传统中小型制造企业对内外部产业链供应链的控制能力薄弱，仅专注于制造过程的某些环节。此外，充分应用大数据要素和技术需要搭建互联网大数据平台，搭建柔性生产线，对于传统的中小型制造企业来说，技术壁垒及资金压力都很大。这些数据联通障碍影响了传统制造业全产业链各个环节的价值联动创造，体现在库存积压、产能过剩、供给侧创新缺乏目标方向等方面，进而影响产业链供应链协同质量和效益。

（二）消费端数据获取困难导致难以捕捉需求，制约了创新匹配市场能力

消费端数据的采集及分析对于准确把握消费者需求、提高产品的市场匹配度至关重要。然而，目前不少传统制造业企业由于缺乏相应的技术及平台支持，仍欠缺

快速获取前端消费者数据的能力，导致难以准确识别不断变化的消费者市场需求。消费者的用户画像需要各类数据收集汇总拼合，但涉及领域众多，不仅涉及各家商业秘密，还涉及用户隐私等问题，因为很多中小型制造业企业没有搭建或嵌入链接用户端和生产端的大数据平台，导致难以准确做到消费洞察，这既增加了消费者的无效信息比例及筛选难度，又增加了备货积压风险，造成生产运营的盲目低效。

（三）供应链各环节数据各说各话难以协同，制约了产业高质量发展

供应链高效协同是推动传统制造业高质量发展的重要手段。传统制造业供应链中的商流、信息流、资金流和物流等各环节的数据，都需要与基于大数据的智能供应链系统联系起来。如服装行业链条长、环节多、小微分散，纵向供应链协同的紧迫性更强；家具行业则需要聚合众多品类，横向跨品类供应链整合协同的紧迫性更强。但由于很多中小型制造企业的数字化水平较低，在生产商、供应商、经销商之间仍缺乏有效的沟通及数据共享机制，影响了供应链的协同运作。还有的制造企业的供应链信息系统是基于企业内部需求建立的，在企业内部的供应链数据能够流通，但与外部供应链上下游企业的数据系统互不连接，这也制约了供应链整体效率的提高。

二、大数据驱动传统制造业供给质量提升的关键影响因素

（一）注重数据价值，实施大数据驱动战略

数据的价值贯穿传统制造业产业链供应链的各个环节，而大数据的动态使用是实现数据价值的关键（Fayezi et al.，2016）。传统制造业企业要想提升生产效率和质量，必须高度重视数据的采集、分析和数据价值的挖掘与应用。其中，实施大数据驱动战略是关键因素之一，传统制造业企业借助大数据技术，将关键流程数据化处理，以数据流来推动整个业务流程的重新设计（李文莲、夏健明，2013），有助于实现数据驱动的业务优化和运营决策。比如纺织服装产业数字化转型领先的希音公司一直非常注重大数据的应用并努力挖掘数据价值，通过搜集、分析大量用户数据，提炼各种消费者特征且通过具体的款式载体测试迭代，并开展数字化营销，大大提升了预测能力、匹配市场能力和创新开发能力。

（二）构建大数据共享平台，驱动产业链、供应链协同

搭建连接供给端和需求端的大数据共享平台，对于促进产业链供应链智能化协同管理、推动传统制造业提质升级至关重要。随着客户需求日益多样，传统的订单引流方式成效渐弱；加上传统制造业企业生产制造数字化程度普遍不高，产业链协同能力较低，产业链供应链上的品质控制、库存周转、及时交付等面临着越来越大的压力。因而亟须利用大数据、人工智能、工业互联网等数字技术，构建数智化的大数据共享平台，通过生产运作管理、装备产线运作、渠道运作、仓储物流等各环节的大数据汇聚增值，利用数据赋能打造传统制造业数字化共生生态系统。例如，维尚家具通过打造“C2B+O2O”的大规模个性化定制工业互联网大数据平台，不仅能及时掌握消费者对全屋定制的需求，而且通过将用户需求数据拆解到对应的装修、家具、家电等品种尺寸等数据层面，再映射到定制家具智能化工厂，并同时链接了3000余家中小型家装企业及550余家材料供应链和其他产品供应链企业，促进了定制家居产业集群的数字化协同转型与产业生态价值共创。

（三）创新基于大数据的生产模式及商业模式

提升传统制造业供给质量和竞争力，需要紧密把握数字技术发展趋势，通过大数据赋能，不断创新生产模式及商业模式。一方面，随着消费者个性化需求日益明显，小批量、多频次、零碎化订单趋势加剧了企业预判消费市场规模的难度；另一方面，传统制造业内部同质化竞争较为严重，专业化分工生产程度仍较低，加快基于大数据的生产模式及商业模式创新迫在眉睫。比如希音公司通过创新打造基于大数据的小单快返模式及柔性供应链产业链模式，极大提升了生产效率及质量效益，增强了国际市场竞争力。

三、大数据驱动传统制造业供给质量提升的发展路径

（一）重点打造适应传统制造业转型需求的大数据应用平台

围绕特色传统制造业，重点打造数据互联互通、生产高效协同、传输安全可靠的垂直领域行业性大数据应用平台，整合生产要素，提升产业链协作能力。同时，鼓励传统制造业龙头企业跨行业、跨领域打造工业互联网平台，开展面向不同行业和场景的应用创新，促进跨界融合平台动态调整与迭代优化。部署建设一批重

点行业云计算数据中心，加快建设“工业云”等公共云平台，为中小企业提供按需使用、优质低价的公共云服务。引导产业联合体、商会等建立连接供给需求两端的数字化平台，引导企业围绕平台开展订单分发、合理调配产能，盘活产业链各节点企业。

（二）发挥标杆企业示范效应，带动中小企业协同发展

在传统优势产业中重点打造一批企业数字化转型标杆示范，以行业聚合应用，从数字化、网络化、智能化技术改造切入，促进上下游、产供销、大中小微企业的协同生产和数据对接，加快传统优势产业整体数字化转型。鼓励数字化水平较高的制造业龙头企业剥离数字技术服务，成立专业应用服务商，推出具有行业特色的大数据应用系统解决方案，带动上下游的中小企业业务流程标准化、数字化，实现大中小企业融合发展。

（三）加快推动基于大数据的制造模式创新变革

适应数字经济时代用户需求主导的大规模生产定制化趋势，支持传统制造企业加快基于消费需求智能感知的制造模式变革。重点在家电、服装、家居等传统优势产业领域，培育基于大数据的从消费端到企业端“按需定制”模式，重构制造业生态圈。以大数据技术延伸“制造+服务”产业链条，支持建材、食品及纺织等传统产业企业将大数据、人工智能等新兴数字技术嵌入生产经营全过程，建立高效协同的供应链管理、营销网络系统和物流服务体系，由生产制造向整体解决方案等制造服务扩展，推动“制造+服务”融合创新。

第六章 大数据驱动新兴制造业价值链提升

创新链与产业链的融合是新兴制造业价值链提升的要点，本章基于创新经济学与产业生命周期理论，构建大数据驱动下新兴制造业价值链提升的分析框架，并以价值创造和产业生态重构为核心，开展电子信息、汽车、生物医药等典型行业案例研究，进一步识别大数据驱动新兴制造业价值链提升及生态系统构建的关键影响因素，指出大数据驱动新兴制造业价值链提升的发展路径。

第一节 大数据驱动新兴制造业价值链提升的机理分析

一、新兴制造业数字化转型的特征

相对于传统制造业而言，新兴制造业更具先进性和引领性，一般指随着经济社会发展、先进技术发明、先进科研成果应用而出现的制造业产业部门和行业。新兴制造业以信息化、网络化为重点，以智能化、高新技术为核心，受传统制造业的壁垒约束弱，对智能技术的接受度高，在研发设计、生产模式、供应链模式、商业模式的创新中更具优势。新兴制造业整个价值链、产品整个生命周期，都涉及诸多数据，利用信息化制造技术、大数据技术、云计算技术、物联网技术、智能科学技术及制造应用领域有关的技术，对数据进行全面感知、收集、分析、共享，把所有制造业的硬件资源、软件资源、企业资源、专家资源和知识资源虚拟化，通过数据化的模式进行优化管理和运营，使用户通过终端、网络和云制造服务中心就能随时随地按需获取制造资源与相关服务，进而完成其制造全生命周期的各类活动，实现在信息化体系下的制造业数字化转型。新兴制造业数字化转型的典型特征可概括为以下几点。

一是数据要素成为核心驱动力。数据作为核心要素资源，全流程、全领域深度参与新兴制造业各个制造过程与环节，数字化推动创新要素的集聚，数据资源的合理流动为多样化的人工智能应用情境提供基础支撑，建立健全新兴制造业数字化创新投入、创新产出与创新应用体系。

二是形成数字共享、价值共创产业群落。数据资源推动新兴制造业生态系统演化，形成以平台型企业为主导、众多中小型企业为支撑的产业群落。平台型企业作为数据、技术的集散中心，集成产品生命周期管理、制造运营管理、自动化控制等通用操作系统和软件，形成一批独立自主、全球领先的开源生态产品，运用数字化手段加强对配套中小企业在工艺技术、质量管理、标准体系等方面的带动提升，打造数据共享、互利共生、价值共创的数字供应链联合体。

三是打造全流程多系统一体化的智能工厂。新兴制造业数字化转型着力打造智能制造、研发、供应链等系列工业软件，对个性化的消费需求和非标准化产品生产所产生的海量数据和信息进行挖掘与处理，数据信息流通过互联网在智能设备之间传递，由智能设备实时感知生产流程数据，并进行分析、判断、决策、调整、控制，实现精益生产、敏捷制造、精细管理和智能决策，培育发展网络化研发、个性化定制、柔性化生产等新业态新模式，生产高品质的个性化产品，打造全流程多系统一体化的智能工厂。

二、大数据驱动新兴制造业价值链提升的机理

结合新熊彼特理论和产业生命周期理论，分析大数据驱动新兴制造业创新链与产业链融合推进的一般模式。如图6-1所示，在大数据的驱动下，新兴制造业从初

创期向成长期、稳定期的阶段性演进，其产业价值链形态由技术主导型向生产主导型、经营主导型、综合型演化，形成了推动新兴制造业由技术创新能力、市场适应能力向制造业生态系统价值共创能力的动态优势更迭和持续创新推进的耦合动力机制，促进产业结构优化和质量效益提升，重构新兴制造业生态系统。

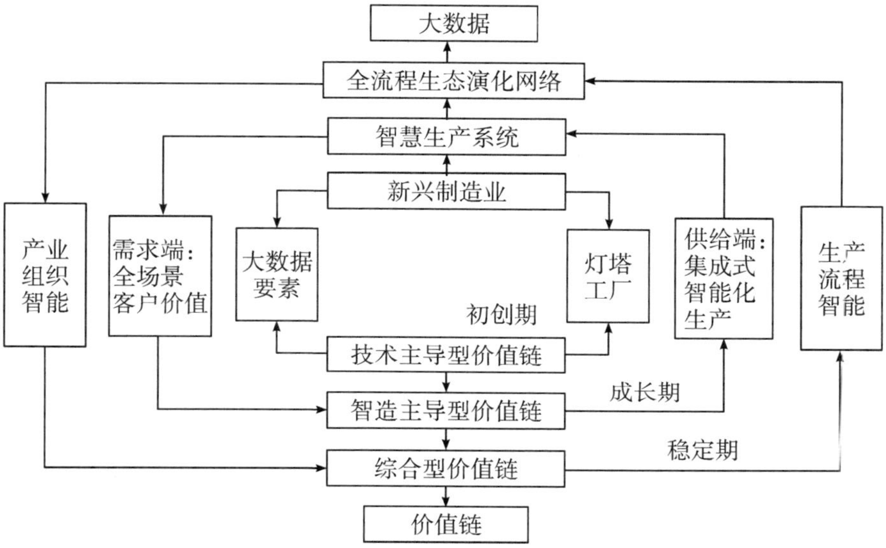

图6-1　大数据驱动新兴制造业价值链提升的机理

注：笔者绘制。

（一）初创期：新兴制造业+技术主导型价值链

在初创期，作为一种新技术、新产业，新兴制造业发展的重点在于新技术的改进与完善。由于技术的自然垄断，产业进入壁垒较高，风险较大，竞争对手也相对较少，技术竞争处于重要地位，技术成为形成产业价值链的主导因素。随着单一数据汇聚成为大数据，数据变成一种重要的生产要素直接参与生产，为制造业各环节海量数据的分析提供更多价值增量。率先利用大数据要素进行数字化生产的"灯塔工厂"成为新兴制造业的先驱与领航者，应用数字化技术优化业务流程、创新商业模式、提升制造敏捷度，形成以大数据技术开发研究为主导和核心而配套形成的技术主导型价值链。

（二）成长期：智慧生产系统+智造主导型价值链

在成长期，随着新兴制造业的智能化转型，制造业企业在车间、生产线上安装各种传感器设备以抓取数据，将数据存储到云计算平台，进行分析后反馈到生产过程，与企业的信息系统结合为一体，打造自感知、自诊断、自优化、自决策、自执行的柔性智慧生产系统，并沿着供需两端发力：在供给端，基于互联网及大数据的商业创新模式与智慧生产系统结合后，推动产业模式变革，使企业边界发生变化，形成制造业企业集成式智能化创新生产系统；在需求端，随着海量数据的持续累积，大数据推动产品的个性化生产，促进制造业企业从以大规模生产为核心向以个性化的客户需求为核心转型，围绕客户全场景需求，定义新的产品和服务价值点，同时依托企业端到端价值链的数据打通，实现针对客户需求的敏捷响应与产品的服务化运营。在这一阶段，大数据作为一种新资源、新技术、新能力，推动企业生产网络制造智能型产品和消费需求网络实现大规模定制的对接融合，实现个性化定制、智能决策、精准营销和全业务流程协同，形成以供需匹配的智能工厂为主导和核心的智造主导型价值链。

（三）稳定期：全流程生态演化网络+综合型价值链

在稳定期，新兴制造业企业将研发、设计、生产、制造、管理等各项功能模块集合起来，形成全流程信息系统，实现产品设计和企业管理的信息化、生产过程的智能化、制造装备的数控化以及生产性服务业的网络化。在全流程信息系统的联结下，企业之间形成根据制造业生态演化的互利共生系统，大数据成为推动制造业生态系统演化的关键资源，在系统中起主导和支配作用的企业成为“平台”企业，不同“平台”企业和上下游企业群落之间具备稳定的共生关系，形成具有内在稳定性的价值共创的有机整体，推动新兴制造业企业双向嵌入/重构价值链，通过“大数据+智能制造”“大数据+智能终端”“大数据+现代物流”等新业态、新模式，助推产业、产品向“万物智联”的综合型价值链跃升。

第二节　大数据驱动电子信息制造业价值链提升

电子信息制造业是我国重点发展的战略性、基础性和先导性支柱产业，在集成电路、新型显示、新一代信息技术等细分领域具有代表中国参与世界竞争的综合制造优势。作为我国数字化转型的先行军，电子信息制造业既是数字化转型的重要应用产业，也是推动、支撑其他行业转型的赋能产业。工信部数据显示，2021年我国电子信息制造业生产设备数字化率为57.5%，实现智能化生产的企业占比达到8.2%，行业排名第一，涌现出富士康、华为、新华三、TCL华星、腾晖光伏等一批向“研发—生产—管理—运维”全环节智能化方向加速转型的代表性企业。例如，中兴通讯股份有限公司在西安建设智能终端生产线，采用生产一体化整体解决方案，促使单位产量提升了40%，单位人工成本降低了近一半；华为将实时采集到的手机电芯、电池、单板数据导入华为云 EI 服务的视觉检测模型，使成品率提升到99.55%，员工重复劳作降低48%。

一、我国电子信息制造业数字化转型面临的挑战

作为离散型制造业的典型行业，我国电子信息制造业既面临通过数据驱动加速企业生产制造、质量检测等向精细化管控、人机协同转变的普适性需求，也面临生产数据流和业务流零散、数字化业务种类不多、数字化组织架构不完善等行业痛点，亟须加快数字化转型步伐，全面提升设备管理、生产研发、组织架构等生产、经营、技术方面的数字化水平，依托数字化研发平台实现全产业链的数字化转型。

（一）从生产环节来看，生产数据流和业务流零散，生产成本仍偏高

电子信息制造业为确保生产成本在可控制的范围内，对产品高良率和设备高稼动率有严格要求，但由于产业链较长，加之工厂车间机器装备的各种传感器产生的海量数据，涉及ERP、MES等多种管理软件系统，各生产环节的数字化应用独立迭代，形成了多个数据孤岛，业务开展效率低。同时，近年来电子信息制造业中的处理器、内存、屏幕、电池和摄像头等硬件要素性能快速提升，但更好的性能也意味着更高的成本。例如，2023年上市的安卓高端手机普遍搭载骁龙8 Gen2、骁龙8+ Gen1、天玑9200等顶级处理器，这些芯片的运算速率大幅提高，但制作工艺更复杂，造价也更高。硬件和软件两方面的成本挤压，使得通过建立数字化工厂推动电子信息制造业企业数字化转型成为必然。

（二）从经营环节来看，数据管理难度较大，数字化业务种类不够完善

电子信息制造业的大中型企业较多，很多企业拥有多家分公司以及下属很多

工厂等制造车间，企业的数字化转型不仅包括内部运营的优化，还包括外部运营的拓展，从传统的生产数字化、产品智能化，延伸到为客户提供远程诊断、远程运维等“产品+服务”的数字化产品服务，并向关联企业输出自主研发的数字化解决方案。数字化运营包括了企业所有环节的内部流程优化，多个分支机构和多个部门之间如何形成在线化、智能化的运营管理，打通数据孤岛，实现快速沟通、高效协作，成为很多电子信息制造业企业在经营管理方面面临的突出难题。

（三）从技术环节来看，由传统技术架构向平台架构转型，数字化组织架构面临技术和人才制约

电子信息制造业企业已从传统的IT架构转向工业互联网平台架构。依托工业互联网平台架构下的创新性技术体系，能够将大型制造系统拆分为相对独立的小型模块，各模块高度内聚但互不影响，既能快速更新迭代，又能实现快速整合。但我国电子信息制造业数字化组织架构与新型技术环节的匹配度不高，难以达到数据端口标准和技术标准统一的高要求，产业生态高丰富度难以保障，且数字组织管理人才短缺已成为重要桎梏，缺乏兼具技术和业务能力的复合型人才。

二、我国电子信息制造业数字化转型的现实需求

（一）从生产环节来看，数字化转型有助于推动设备管理向精密管控转变

传统电子信息制造业对生产设备管理的要求较高，尤其是电子元器件领域、精密零组件领域、精密模具领域等；对产品一致性、加工精细性等的要求极高，生产设备的微小偏差都可能造成产品质量的大幅下滑。随着传感器、自适应感知、精确控制与执行等数据采集技术在生产环节的广泛应用，能够实现覆盖设备全生命周期的实时态势感知、远程故障诊断和预测性维护，有效降低设备运维成本，提高生产精细度和产品质量。例如，京东方科技集团股份有限公司利用数字化手段优化供应链管理，通过大数据分析和人工智能算法，在原材料采购、生产计划、库存管理等环节进行数字化改造，提高了供应链的响应速度和灵活性，有效降低了库存成本和生产成本。

（二）从经营环节来看，数字化转型有助于推动业务管理向人机协同转变

我国虽然是电子信息产品制造第一大国，但仍处于全球产业链的中低端。随着

电子信息技术的飞速发展，产品加速向小型化、精密化、集成化演进，运营转向基于数据的智能决策，业务转向数字化服务和解决方案，通过工业互联网平台，基于机器视觉、深度学习等技术，将人的认知性、灵活性等特点与机器的高精准、高效率有效结合，能够有效提升人与机器的协同合作水平，提高经营效率和管理精度。例如，小米科技有限责任公司利用数字化工具和平台，通过社交媒体、在线社区等渠道了解消费者需求，创新了营销模式，增强了品牌的市场竞争力。海尔构建数字化服务平台，通过物联网技术，实现了家电产品的远程控制和智能诊断，为用户提供全方位的智能化服务体验，提升了服务效率和用户满意度。

（三）从技术环节来看，数字化转型推动企业重塑数据驱动下的技术路径

电子信息制造业企业在数据驱动下，利用工业互联网平台，汇集数据开发工具、数据分析工具等资源，提供数据存储、数据处理等服务，实现软件服务的快速更新迭代，重塑电子信息制造业企业的数字技术路径。具体而言，通过构建智能工厂，引入自动化和智能化设备，实现生产流程的优化，提高生产效率和产品质量，如使用机器人自动化组装线和智能检测系统来减少人工干预，提升生产一致性；利用物联网，通过传感器和网络技术推动设备的互联互通，收集和分析数据，实现预测性维护、能源管理和远程监控等；利用大数据技术，通过收集和分析生产数据、市场数据和消费者行为数据，更准确地预测市场趋势，优化产品设计和生产计划。在产品设计、质量检测和客户服务等方面应用AI技术，提高决策的智能化水平，降低成本并增强用户体验。利用5G网络的高速率、低延迟特性，支持更复杂的实时应用，如增强现实（AR）装配指导和虚拟现实（VR）培训。例如，宁德时代新能源科技股份有限公司通过实施“系统升级—万物互联—数据赋能—AI助力”的数字技术路径，建立以MES为核心的集成制造系统，实现生产过程的自动化、智能化，显著提升了劳动生产率和能源使用效率。

三、案例分析：华为全产业链的价值创造模式

作为我国最早迈向数字化的制造业企业之一，华为公司（以下简称“华为”）早在1997年就开始了数字化转型准备，2013年正式踏上数字化转型之路。同时华为意识到必须将自身在ICT领域的技术积累、产品解决方案以及自身在数字化转型

中沉淀的经验全部数字化。华为以大数据为基础的全产业链价值创造模式创新，主要体现在将数据的价值发现、价值创造、价值实现融入产业链的各细分环节（如图6-2），对数据技术、系统升级、信息技术能力等进行提升，建立数据价值体系，充分发挥数据要素的价值，触发产业链构成要素的改变，引发公司内部组织结构由局部到整体的变革，带动企业的全产业链创新。以下结合实地调研及文献研究，对华为基于大数据的全产业链价值创造模式进行案例分析。

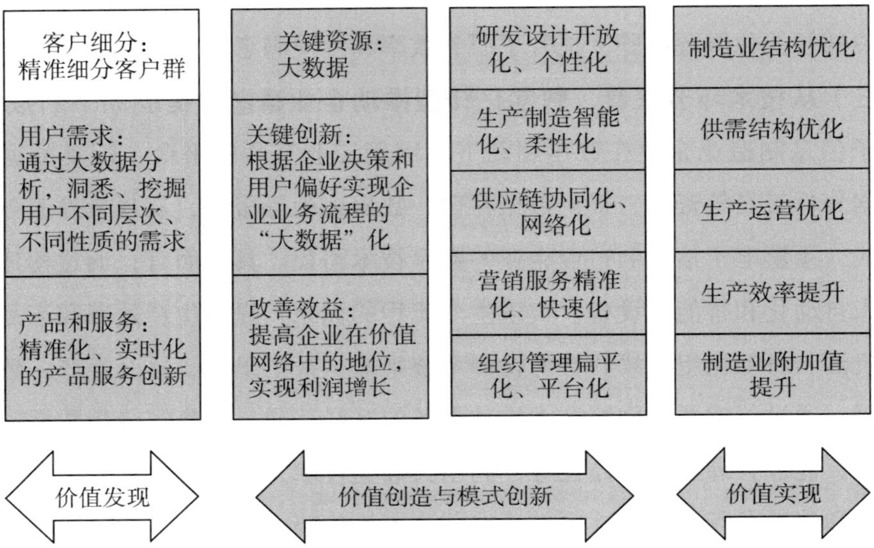

图6-2　大数据驱动下华为全产业链价值创造的框架模型

（一）价值发现

在价值发现层面，华为以用户为核心，通过智能体架构，实行“以满足用户需求”为宗旨的产品创新战略，通过获取、处理用户数据扩充知识获取来源，借助可视化工具进行客户数据价值挖掘，分析、预判公司价值体系发展方向，指导商业活动。结合大数据技术工具，将企业内外数据汇聚，对数据进行整合分析并提取数据中的知识，打破数据孤岛和数据垄断，重建数据获取方式和秩序，解决企业认知不足和信息匮乏的问题，采用机器学习模型全量多维度地分析用户行为，输出对企业有价值的管理决策，进而根据客户个性化需求提供非标准化、独特的产品，实现用户企业产品“共创”。

1. 通过个性化需求分析实现精准营销和智能预测

华为将自己在技术和硬件方面的优势转化为竞争优势，与世界领先的电信运营商建立联合创新中心和实验室，扩大数据采集通道，获取大量的市场数据和用户数据。以华为的智能手机为例，华为在每个智能手机软件中设立智能传感器反馈节点，通过智能软件数据算法构架，实现智能感知、智能连接、智能底座、智能平台（含AI大模型）、智能应用的横向分层解耦，通过分析整理智能传感器反馈的用户体验数据，更加全面地了解用户使用需求及产品功能改进方向，并打破不同种类应用软件之间的数据边界，提前预测智能手机用户的应用需求。

2. 建立以用户为基础的端到端服务管理模式

华为为了快速响应用户需求，利用大数据规划构建了一套产品/服务研发信息技术系统，能够将单独的成熟的技术模块进行组合开发，以便快速研发出新产品，并通过数字化销售实现线上线下的一致化管理，使新产品迅速占领市场，获得市场竞争力。基于统一数据底座，华为构建了全球制造运营与指挥中心，将不同业务域、不同来源的数据统一汇总入“数据湖”，实现全球生产基地的生产运营可视化，上至全球供应商的质量控制，下至维修店的故障分析都在其中。

（二）价值创造与模式创新

在价值创造层面，华为通过大数据将内源和外源数据联通起来，消除“数据壁垒”，并将数据进行归纳分析，提高运营策略的准确性和价值。通过外源数据赋能，从外部数据中心进行数据提取和分析，实现数据积累；通过内源数据赋能，在企业内部逐步构建数据管理体系框架与组件，加速数据在企业内部的交流、吸收；通过内外源数据联合赋能，完成数据管理的首尾衔接，构成内外交换、循环联动的数据管理生态系统。同时，对企业内部组织、关键流程和管理模式进行数字化、智能化改造，结合大数据技术拓宽外部信息渠道，实现生产模式和运营模式的创新。

1. 加速数据协同化和数算融合化提高数据治理能力

华为依托云应用平台ROMA和工业云平台，打造5G全连接工厂，提供计算、存储、网络等基础设施资源，实现数据全面集成，一个平台集成所有应用，构建IT与OT融合的一张网，打通IT和OT鸿沟，将生产域OT数据、经营域IT数据以及外部数据快速构建为数据资产，通过智能运维实现数据网络的高度自治，打破企业数据孤岛，让数据可实时流动，实现全域数据分析。例如，位于广东省东莞市松山湖的华为松山湖南方工厂，利用Wi-Fi 6对设备进行联网化改造，在车间内打造了一张先进的全无线工业网络，既满足数据采集与稳定传输的需求，也适配了频繁换线生产的柔性模式，实现了高度自动化、数字化和智能化，一条120米的生产线从物料上线到包装完成只需要17个人，平均28.5秒即可生产出一台手机。

2．通过数据跨界驱动实现模式创新

2015年华为正式发布云战略，利用信息技术基础设施、关键网络设备、核心技术等方面的优势，跨界开展云数据中心业务，生产生态从“项目”式合作向“平台+平台”模式转变，通过数据流通实现可协同、可消费、可共享。行业、地方云平台和大数据中心为企业构建新的数据+行业知识（工业Know-How）驱动的应用架构的智能化业务底座，产业、区域内对工艺知识、产能、供应链资源等数据进行拉通和共享，在上下游形成协同，有效联通产品设计、订单、产能、物流等数据，实现产业链供应链敏捷响应、产品协同设计等，促进业务协同、形成合力，筑造数据经济新模式。

（三）价值实现

在价值实现层面，华为通过数据的智能应用使数据产生价值的“最后一公里”，依托AI、工业机理Know-How以及云/边算力的支持，将“清洁的数据”转化为“智慧的数据”，从依赖“老师傅经验”走向依托人工智能辅助决策，从手把手传帮带的经验传承走向Know-How的系统化积淀，让海量数据从沉睡走向苏醒，形成全产业链的智能化生态体系。在数据的交换与共享上，华为依托云交换数据空间EDS（Exchange Data Space）开通了20多个跨越华为及伙伴的数据交换空间，覆盖了研发、制造、物流、交付、售后5个领域，上架了25种数据资产，实现了6000多次的有效交换，并依托华为数据安全服务DSC为工业企业提供贯穿数据全生命周期的数据安全能力。制造业业务场景应用方面，在研发工具链场景，用大模型重构的一站式工作平台，将研发效率提升10倍；在智慧工厂场景，一网一云一平台的架构，实现了企业生产效率的翻倍提升；在工业互联网场景，赋能数智化升级，打造行业生产数据的高速公路；在数字化营销场景，智能引擎全面触达客户，实现精准营销和精准服务；在智能运营场景，以智能控制替代危险性工作，以整系统智能化实现专家经验的沉淀。

第三节　大数据驱动汽车产业价值链提升

2023年，我国汽车产量达3016.1万辆，连续15年位居全球汽车生产国和新车市场榜首。随着5G、大数据、物联网、人工智能、工业机器人等多种数字技术集群式创新突破，汽车产业向信息化、网络化、智能化方向融合发展，产业链更具协同性、开放性、共享性，汽车行业“微笑曲线”的价值重心由生产制造向研发设计和汽车后市场服务两端转移，在智能网联产品设计、柔性生产、智能检测、集采、全域流量整合等多领域展开数字化转型。例如，在智能网联产品设计中，车企借助云计算技术进行CAE仿真模拟测试；建立自动驾驶云平台打通自动驾驶研发全链路，大幅提高研发效率；建立智能网联平台支持整套部署或组件化应用。在生产制造环节，运用自动化、准时化、信息化等多种精益方法减少冲压、焊装、涂装、总装等环节的各种浪费，并通过物联网、AI、大数据平台进行自动质检和智能排产，促进设备预测性维护，提升物流效率、安全和质量；通过移动云平台促进ERP、MES、PLM、BPM、VMS 等系统的数据集成，实现信息系统互联互通，促进数据驱动业务发展，为用户提供全域触达、服务闭环的全周期数字化服务，形成基于用户驱动的全价值链数字化转型。

一、汽车产业数字化转型面临的挑战

汽车产业是典型的大型离散型制造业，生产工艺复杂、供应链复杂、产品结构精密。但随着汽车消费者数字消费个性化需求的日益增长，大批量制造的同质化产品已无法满足客户个性化、定制化的购车需求，需要产品研发、生产、采购、售后服务等业务流程的全生命周期数据关联交互。汽车企业需要依托工厂数字化、供应链数字化、自动化制造等技术提升生产效率；通过智能化和数字化监控强化质量控制；通过数字化生产车间实现生产工艺的改进；借助数字化设计平台提高产品设计的创新性和灵活性。但目前多数汽车企业在设计端、生产端、供应链端、销售端、

售后服务端面临数据集成困境，给汽车产业的数字化转型带来诸多挑战。

（一）“软件定义汽车”带来新的安全问题

“软件定义汽车”是指以软件作为汽车设计的灵魂和核心，围绕软件设计来配置和采购相应的硬件。数字经济时代，以数字化、人工智能为核心的软件技术决定了未来汽车的发展方向，汽车产业需要进行智能化、网联化、服务化的升级，以智能驾驶提升驾驶的安全性、舒适性和便利性，通过汽车与周边设备和交通基础设施的智能交互提供信息传递、安全保障等全新的汽车体验，通过深化工程服务、汽车改装、专业维修、配件推荐等服务模块来满足消费者多样化的需求。但如果汽车全面实现智能化、网联化、服务化，即汽车被打造成一个移动互联空间，这对用户数据收集和处理的范围、精度要求极高，数字技术不成熟和数据安全问题就会随之而来，汽车数据安全以及车主隐私安全将产生新的问题。

（二）产业链的重新配置带来利润转移压力

随着电动化、智能化、网联化、共享化的产业变革，汽车从交通工具转变为移动智能终端和数字空间，智能座舱、自动驾驶等数字化业务成为发展热点，汽车的产业链结构、利润结构、全生命周期价值和开发模式均需重塑。根据波士顿咨询公司预测，以自动驾驶、移动出行、数据及车联网、新能源汽车销售等数字化业务为代表的新兴业务利润在整个汽车价值链的占比将从目前的1%左右增长至2035年的40%左右。

（三）人工智能等数字技术催生新型用户关系

数字化转型中，汽车制造商通过数字化平台实现全链路的销售和营销，将整车厂、经销商和用户之间传统的“链式关系”转变为“黄金三角”结构，产品导向转化为用户导向，形成基于用户驱动的研发数字化、智慧工厂和营销数字化，和基于新型用户关系打造的数字化新业务、新生态。这些转型需要汽车制造商以用户为中心重新配置全业务流程和生产要素，推进自动驾驶，搭建智驾圈，开展共享出行，同时强化敏捷型组织、数字化中台等组织保障。

（四）核心业务缺乏用户思维和数字化能力

传统的汽车企业缺乏用户大数据挖掘和洞察，缺乏用户画像描绘，不能对客户定位和购买偏好进行精准化分析，汽车制造商的销售渠道与用户售前、售后服务无法形成全链路互动，核心业务与消费者之间缺乏各渠道的统一整合、管理、追踪和监控，大数据等技术手段和全面的管理方式未能广泛推广，传统的汽车生产制造已经无法满足用户差异化、定制化的消费升级需求。

二、我国汽车产业数字化转型的现实需求

（一）从用户导向来看，大数据有助于满足个性化、定制化的新型用户需求

大数据、5G、云计算、人工智能等新一代数字技术与汽车交通等领域深度融合，推动着车、路、人、云多维数据交互网络的加速形成，新兴需求和商业形态加速涌现，个性化服务、极致化体验成为新的发展方向。汽车企业加快发展基于生产制造大数据和用户需求大数据的数字化车间、智能工厂、设备互联、智能管控、全面感知，能够有效提升集约化、柔性化、敏捷化、定制化生产能力。

（二）从产业生态导向来看，大数据有助于重塑产业价值链形态

大数据带来汽车产业生态重塑，汽车企业通过核心业务系统的云改造，整合企业内部、外部数字资源，搭建产业链级、企业级等各类工业互联网平台，输出行业性系统解决方案，聚焦产品开发、生产制造、销售服务等业务全过程，广泛应用数字孪生、物联网、大数据、人工智能、工业互联网等技术，加快云化、平台化、服务化转型，打造“未来工厂”，推动产业价值链核心向上游掌握核心技术、数据资源的软硬件供应商和下游的服务运营商转变，攻克以自主可控的汽车操作系统为代表的基础软件相关技术，形成完整的智能汽车制造生态。

（三）从安全导向来看，大数据有助于构建智能网联汽车数据安全市场

随着汽车向安全化发展，数据安全衍生出的新的细分市场也越来越受到重视。车企不断加强对各类数据的捕捉，包括用户数据、车辆运行数据、交通数据等，与之相关的用户隐私泄露、驾驶安全、国家地理信息安全等数据安全风险越来越高。此外，立法的完善和用户隐私保护意识的提升，将会推动行业加强数据安全方面的投入，从而带动智能网联汽车数据安全市场的发展，进而催生出一批提供智能汽车数据安全相关的硬件、软件、解决方案和数据服务的新业务。

（四）从市场导向来看，大数据有助于催生智能化需求的新利润点

从产品属性来看，汽车不再是简单的交通工具，而是移动的智能空间，智能座舱、智能驾驶是智能化产品的关键核心。其中，智能座舱方面，2022年我国智能座舱规模超700亿元，预计2025年将达1030亿元，较2021年增长近1倍。车载端通信网络领域前装产品市场规模预计2025年接近240亿元，较2021年增长近3倍，5G T-BOX将迎来爆发。智能驾驶方面，2022年国内L1~L2级别ADAS渗透率近50%，预计2025年将达59%。2023年开年，自动驾驶、行泊一体、L3级就已经成为行业追捧的热点。

三、案例分析：用户需求导向下小鹏汽车柔性生产模式

大数据驱动汽车产业价值链提升，核心是依托数据的度量和连接，使大数据覆盖用户需求、车型研发、组织管理、质量控制、市场渗透、用户运营等各个环节，构建全感知、全连接、全场景、全智能的数字世界，使汽车成为集数据的采集器、传感器、存储器、处理器、传输器等多项功能于一体的智能终端，实现数据驱动、加速迭代，重塑传统汽车产业的生产管理模式、业务模式、商业模式，创造出全新的价值体系。2015年成立于广州市的小鹏汽车公司，是我国领先的智能汽车设计及制造商，也是融合互联网和人工智能前沿创新的科技公司，致力于推动生产端、消费端、运营端的数字化转型，利用物联网和数字化监控技术，做到生产信息、设备信息、工艺信息和质量信息可视化，实现制造过程透明化。此外，在技术保障上，小鹏汽车基于“以用户为核心”的新理念，以柔性生产和敏捷组织应对市场和客户需求的灵活变动，打破了数据孤岛，实现了数据归集和价值挖掘，展现了新势力车企在数字化及智能制造中的后发优势（如图6-3）。下面结合实地调研及文献研究，对小鹏汽车基于大数据的柔性生产模式进行案例分析。

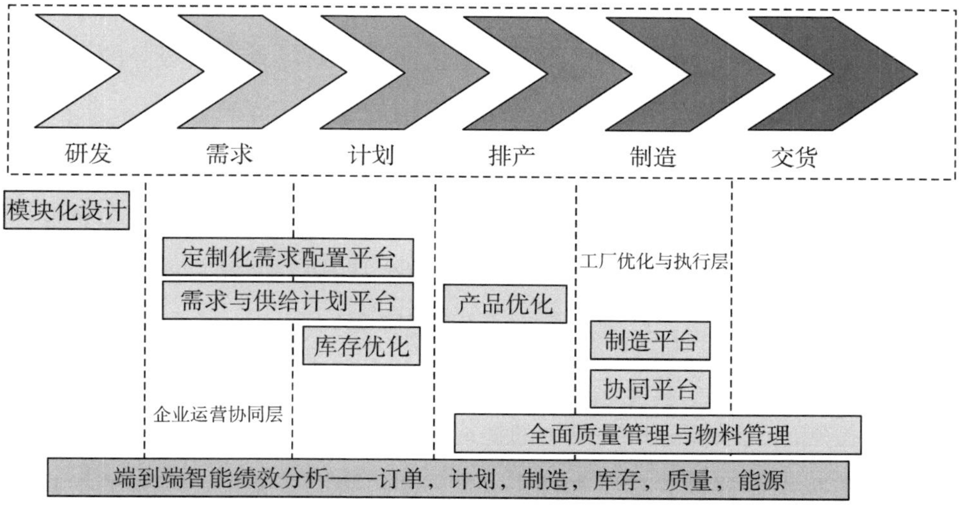

图6-3　用户需求导向下小鹏汽车柔性生产模式

（一）生产端：打造协同制造数字化平台，推动产品多样化、智能化

在生产制造环节，小鹏汽车打造协同制造数字化平台，获取各生产环节的实时工况数据，对所获得的生产端数据进行价值数据筛选并加以应用，包括支持生产流程优化、支持工程仿真业务开展、支持业务数据库的搭建以统一各生产基地参数标准等。数字化平台通过智能互联系统获取用户画像、操作习惯、应用偏好等数据，通过传感设备获取驾驶行为、行驶轨迹等数据，利用这些数据支持智能交互系统提供更多便捷、智能、娱乐化的服务，并实时分析处理驾驶行为、行驶轨迹等数据以支持智能驾驶服务。同时，通过智慧工厂建设，构建数字化工艺设计与仿真平台，在制造端开放更多的配置选择权给客户，利用数据实时共享、数字化生产线和工艺资源库等数字化工具，设计最佳制造方案，满足客户的个性化、定制化、可视化需求。

（二）消费端：依托产业互联网平台，打造全生命周期的用户体验

在消费营销环节，小鹏汽车全面倾听用户需求，构建数字化用户、数字化渠道和创新的销售模式，转变市场策略，打造大数据驱动下“以用户为中心”的快速迭代的精品和爆款。同时，依托人机交互平台和芯片算力平台，进行操作系统、应用系统等各个系统的匹配，打破传统的分布式节点概念，从传统的链式价值链（广告公司—汽车品牌—消费者）向数字生态协同转变，软件为主、硬件为辅、内容为

王，协同产业链的上下游企业，从技术、产品、渠道、服务和运营多重维度，跨界形成联合生态，形成数字移动生活圈，打造面向汽车新场景和新服务的新模式、新体验的新生态，从单纯卖产品向提供全生命周期的服务、体验升级。

（三）运营端：依托协同运营平台，实现公司端到端的全流程信息管理

在汽车制造行业，整车的产品质量与零部件的品控密切相关，汽车企业不仅需要在企业内部加速实施信息化，解决上下游企业间的协同问题，而且要解决企业信息孤岛和重复投资的问题，也就是标准和规范的问题。小鹏汽车通过致远互联协同运营平台COP构建了一个中心（业务流程管理中心）、三个集成应用（业务流程集成、系统数据集成、系统门户集成）的协同一体化管理平台，实现公司全业务的、端到端的全流程生命周期管理（如图6-4）。围绕协同运营中心平台的搭建，通过协同管理软件集成化功能，对异构系统的业务流程、主数据、门户进行了有效整合，实现了对流程的中心化应用、信息数据的共享交互，提升了整个公司的经营协作能力。

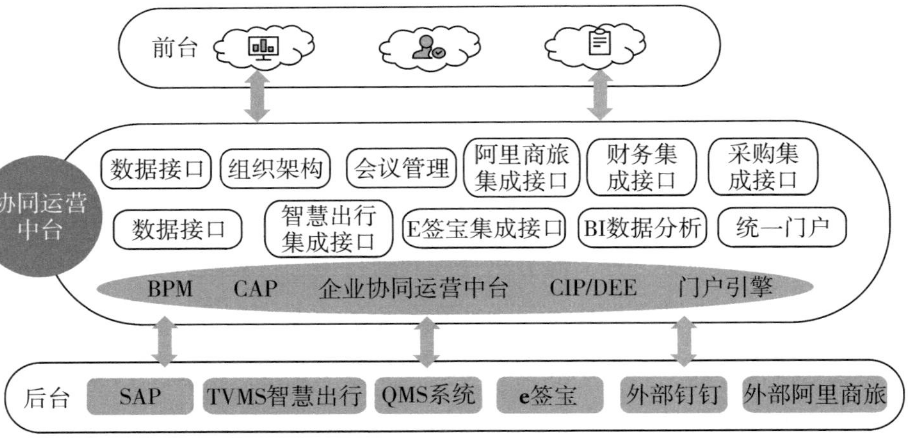

图6-4　小鹏汽车协同运营平台架构

小鹏汽车通过协同运营平台建设了全国一体化流程枢纽中心，包含110多条涵盖行政、人事、财务、法务、IT及各类业务的流程管理，实现了20多个跨系统流程整合，形成了全国服务运营闭环管理体系。另外，运用协同运营平台的连接集成能力，集成小鹏汽车原有业务应用，解决了因业务线各自孤立造成的信息孤岛问题。

第四节　大数据驱动生物医药产业价值链提升

生物医药产业是典型的流程型制造业，流程型制造业的数字化赋能侧重于设备管理、能源管理、安全管理等。国家《“十四五”生物经济发展规划》等政策提出生物医药智能制造，表明新一代数字化生产技术成为生物医药产业转型升级的重要方向。国家工业信息安全发展研究中心的调查数据显示，我国26%的医药企业还处在数字化转型的起步阶段，数据互联和集成的程度有待提升。生物医药企业利用大数据打破生物医药产业链各个环节的信息壁垒，形成从始端医药研发到末端医疗服务的数据资源整合，使药物价值链与产品生命周期相结合，推动生物医药产业链价值共创。

一、我国生物医药产业数字化转型面临的挑战

（一）数字化转型路径和可参照模式尚不明确

医药产业链条长、环节多，各环节差异度较高，产业价值链容易陷入“低端锁定”陷阱，企业内部难以形成关于数字化转型的一致目标与路径。尽管以辉瑞、强生、奥星药业等为代表的国内外医药巨头企业在数字化转型方面进行了卓有成效的探索，但并未形成普遍适用的可参照模式。

（二）产业数据开发利用存在多重挑战

医药行业细分领域多、业务板块多、业务模式多、业务系统多，建设辅助决策的BI应用需要从多个异构的业务系统以及数据源中抓取数据进行分析，数据孤岛问题天然存在。当前我国生物医药产业数据治理存在多重挑战，相关数据涉及大量微观主体，数据存储、使用、安全等方面的标准制定滞后，且科研院所、医药企业、医疗机构、流通企业之间缺乏数据交易和共享的可信机制，数据管理人员与生产者/使用者之间协同性较弱，导致生物医药产业的数据分散在各领域、各环节，获取高质量数据成本较高，无法沿产业链形成数据链，数据开发利用难度较大。

（三）缺乏自主可控的智能化软硬件

我国大型生物医药企业多数关键设备源于国外供应商，各企业所使用的生产设备具有品牌的特异性、工艺的个性化和数据的保密性，所使用的配套软件系统也来自国外不同的供应商，这就使得数字化系统的互联互通和数据集成较难实现。要推动生物医药生产制造的全过程、全流程数字化，实现生产过程的自动化、透明化、精益化和闭环集成，需要确保生物医药企业终端设备数据的可采集性和各系统数据接口的协议标准的共通性，但我国缺乏自主可控的智能化软硬件，难以保证生产过程全记录、全流程可控。

二、我国生物医药产业数字化转型的现实需求

（一）消费端规模巨大的数字化医疗市场需求

随着人口老龄化的加剧和医疗需求的不断增长，数字化医疗市场成为生物医药产业数字化转型的主流趋势，发展潜力巨大。有研究表明，全球医药市场规模预计将以10%~12%的速度增长，2025年全球数字化医疗市场规模将达到3800亿美元。

（二）生产端创新药研发的数字技术需求

2022年7月，工业和信息化部、国家发展和改革委员会等九部门联合发布《“十四五”医药工业发展规划》，明确提出推动医药制造能力系统升级，以新一代信息技术赋能医药研发。近年来，我国制药行业逐渐由生产销售低端仿制药向创新药转型。相比仿制药，创新药能给医药企业带来相对较高的利润，医药研发投入不断增长。自 2020年至2025年，我国医药研发投入预计将以15.0%的年均复合增长率增长至496亿美元，约为此阶段全球医药研发投入增速的2倍。大数据、人工智能等数字化技术通过对生物学数据进行挖掘分析、模拟计算，能够有效提升新靶点和新药物的发现效率，在实验动物模型构建、药物设计、药理药效研究、临床试验、数据管理等环节缩短研发周期、降低研发成本，从而加速新药上市，保障药品安全性并减轻患者负担。

（三）流通端定制化服务的数字营销需求

生物医药企业依靠“互联网+”技术，建立复合型智能营销渠道和沟通平台。一方面，有效提高渠道掌控力，面向医生和患者提供精准的学术内容和产品推广信

息以有效降低销售成本；另一方面，通过个性化定制服务同时从患者、医生处获得反馈数据，增强信息反馈的及时性和全面性，为产品和服务优化提供支撑，进而有效改善医生、患者的服务体验，并提升用户黏性和依从性。在疫情“黑天鹅”和营销数字化技术发展的共振下，医药数字化营销行业迎来了黄金成长期，我国医药数字化营销市场由2016年的15亿元增长至2022年的403亿元，预计2025年及2030年市场规模有望达到1110亿元及3568亿元，复合年增长率为33.9%。

三、案例分析：石药集团全价值链数字化运营解决方案

石药控股集团有限公司（以下简称“石药集团”）是一家以医药制造为主的国家级创新型企业，跻身2022年度全球制药企业50强，国内排名位居Top5，为国内新药研发龙头企业。石药集团与美云智数合作，共同推动数字化运营，通过应用智能化、数字化技术，打造智能制造管理平台及供应链管理平台，助力企业实现供应效率突破，成为企业数字化、智能化的新典范（如图6-5）。

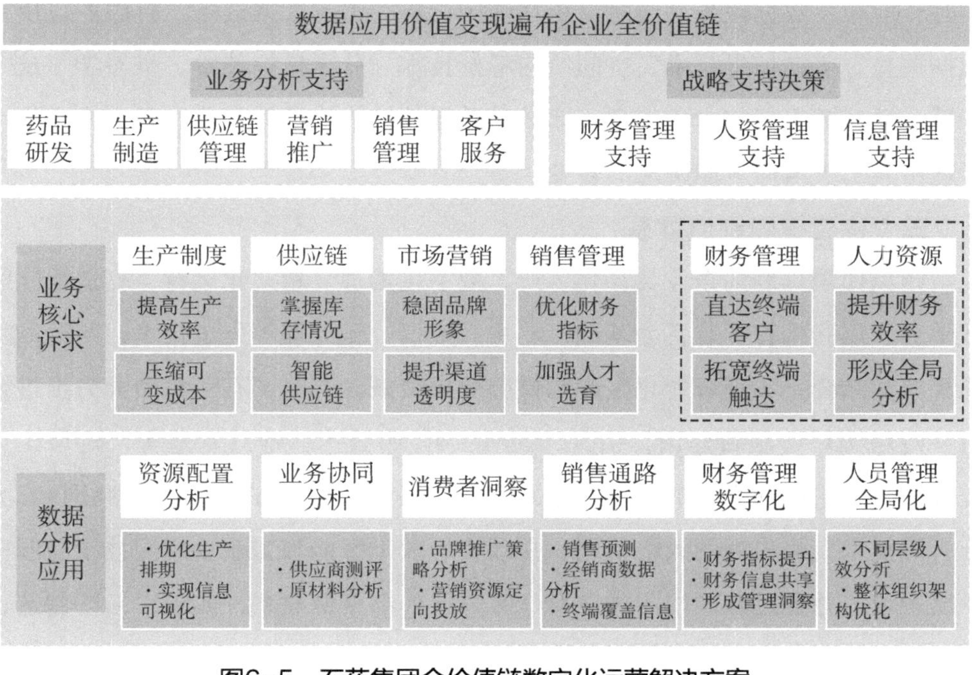

图6-5　石药集团全价值链数字化运营解决方案

（一）搭建全价值链数字化运营平台

石药集团把“信息互联”和“数据驱动”作为智能制造核心目标，与美云智数合作开展数字化运营，以石药集团旗下欧意药业的100个车间为试点，围绕制药企业自动化生产、数字化管理、精益化运营，搭建大数据平台，通过对生产、质量、设备、能效、成本五大板块的数据应用，从上游药物种植到采购、生产、物流、营销，打造订单全流程数据管理平台，通过对数据资产的挖掘和利用来驱动业务的优化、创新和发展，提升企业数据应用效率，同时推进数据治理，提升数据质量，打造全面、真实、透明、共享的全价值链数字化运营平台。

（二）打破临床试验应用系统的数据壁垒

石药集团通过临床试验信息共享平台、临床试验运营分析平台、临床试验智能决策平台，搭建临床数据仓库，实现数据的统一化、标准化、体系化，提升内部研发效率。在此基础上，构建业务评价指标体系，使用FR/BI构建数据分析模型，对数据信息按层次、类别进行整理汇总，便于高层、中层、基层的使用者依据相应权限实时获取相关数据服务。同时，依托临床试验完整的数据链条，打破各应用系统的数据壁垒，借助信息技术、空间结构解析技术、分子模拟技术、机器学习技术、云计算、区块链等新技术，实现临床试验数据的结构化及流程化管理，推进临床试验管理由人工决策向智能决策的转变。

（三）构建智能制造体系

石药集团聚焦制药企业自动化生产、数字化管理、精益化运营，打造智能制造管理平台，以高端智能装备为基础，利用大数据、云处理等先进技术，与药品生产工艺要求相结合，实现智能化生产和供应效率突破。同时，石药集团大力推进智能制造“灯塔工厂”项目建设，引入“工业4.0”新技术、连续制造等“灯塔工厂”先进技术，采用国际先进的制药装备及信息化系统，应用5G、AI、互联网+、大数据分析等技术，将先进的人机协同、自动化、人工智能和工业物联网技术与制药技术深度融合，并通过互联网与供应商、客户等外部资源联系，实现“云”制造，着力打造具有国际先进水平的数字化工厂。

第五节　大数据驱动新兴制造业价值链提升的关键因素及路径

一、大数据驱动新兴制造业价值链提升的关键因素

数据成为驱动新兴制造业价值链提升的核心要素。数据要素与新兴制造环节相结合，构建横向端和纵向端兼容的集成智能网络，推动产业体系向先进制造、柔性生产、精准服务、协同创新的方向转型升级，促进制造业价值链向“微笑曲线”两端延伸。数据的平台效应改变了新兴制造业企业的组织形式、商业模式和资源配置方式，带来产品架构、商业模式、应用场景的迭代。华为、小鹏汽车、石药集团的数字化转型案例为大数据驱动新兴制造业价值链提升提供了典型的应用场景和良好的示范效应。

（一）数字技术内嵌入产业链各环节，实现全产业链价值创造

大数据驱动新兴制造业价值链提升，重点依托新一代信息技术与先进制造技术的深度融合，将大数据、人工智能、互联网等数字技术内生嵌入产业链各环节，赋能关键流程的智能化、网络化、柔性化，推动研发、制造、营销、物流等核心环节的模式变革，形成自学习、自感知、自适应的新型生产方式，特别是拉升中端制造环节的附加值及产品质量，颠覆传统的“微笑曲线”，实现全产业链价值创造。例如电子信息制造业大数据驱动的领先企业华为公司注重全产业链的价值发现、价值创造、价值实现，通过内源数据和外源数据的协同融合、双向赋能，重构产业价值链，实现智能化、柔性化、集成化转型。

（二）通过数据集成和数据共享，重构制造业生态系统

大数据驱动新兴制造业价值链提升，通过发挥开放融合的平台效应，将以过程为导向的管理体系转为以数据为导向的管理体系，探索建立符合自身发展模式的数字化治理模式，推动消费者、生产者、供应商、合作伙伴等主体间的数据共享以及行业间的数据集成，打造贯穿全产业链的工业大数据平台，基于销量预测数据和

算法分析，柔性化改造生产系统，提升大批量个性化定制生产能力，促使线性价值链向柔性价值网络演变，进而重构制造业生态系统。例如，小鹏汽车通过打造数字化生产平台和协同运营平台，形成灵活、可调整的模块化柔性制造生产模式，对定制需求进行敏捷响应和快速生产交付，解决生产品类“多”、需求变化“快”的难题，形成用户需求导向下的生产制造核心竞争力。

（三）精准识别消费需求，提高供给结构对需求结构的适配度

大数据驱动新兴制造业价值链提升，通过激活价值传递、动态感知、实时分析等大数据属性，利用机器学习、深度学习、知识图谱等大数据技术，拓展更多的数据来源，发展更强的数据处理能力，建立更多样的数据应用场景，实现更精准、更高效、更创新的消费者需求洞察，重塑生产者与消费者的关系，使生产者快速匹配消费需求而创造价值，进而提高供给结构对需求结构的适配度。例如，石药集团通过构建智能制造体系，提高药物发现、设计和开发的能力和效率，打破临床试验应用系统的数据壁垒，积极响应业务场景的多元需求，在数字健康领域开拓新市场和新模式。

二、大数据驱动新兴制造业价值链提升的路径

依托大数据驱动新兴制造业价值链提升的机理分析，结合大数据驱动下我国电子信息产业、汽车产业、生物医药产业价值链提升的案例和成功经验，可以归纳出：大数据驱动新兴制造业价值链提升的本质是实现以数据为核心的资源要素变革、以网络化为牵引的生产方式重构、以扁平化为方向的企业形态转型、以平台赋能为导向的业务模式创新，构建全感知、全连接、全场景、全智能的数字工厂，优化产品的研发生产和营销流程，对传统管理模式、业务模式、商业模式进行创新和重塑，实现价值链的整体提升。

（一）推进企业业务流程数字化

新兴制造业企业要秉持以大数据驱动企业高质量发展的理念，在搭建互联网大数据平台和柔性化生产线之前，打通研发设计、生产制造、营销服务、物流配送等产业链主要环节，促进各环节效率提升、成本下降。在此基础上，将各类工业传感器布置于产业链各环节，将各工业过程主要参数制式数字化，为价值链提升提供工

业数据基础。

（二）构建制造业全过程数字孪生体

新兴制造业企业要依托数据平台，从供需两端发力，构建资源聚合、功能强大的数字孪生系统，采集和汇聚研发设计、生产制造、用户服务、经营管理等活动产生的业务数据，并开展数据云端存储、主数据管理、数据标准化、数据质量管理、数据分级分类管控和安全维护等基础工作，基于数据共享实现融合共享，汇聚需求侧信息，反向整合供给侧信息，在虚拟空间打造企业业务活动的数字孪生体，形成格式统一、可计算、可分析的业务数据链条，实现供需对接。

（三）以平台赋能推动新兴制造业价值链提升

搭建开放的工业级网络平台，把设备、生产线、工厂、供应商、产品和客户紧密地连接和融合起来，高效共享制造流程中的各种要素资源，促使工业制造由“生产驱动”转变为“数据驱动”，进而帮助企业实现信息深度自感知、智慧优化自决策和精准控制自学习。

（四）加强龙头企业建设的行业平台的适用性

多层次打造工业互联网应用标杆，强化数字化转型标杆企业的示范性。支持龙头企业打造中央工厂，改“教企业做”为“先与同行企业PK”，依托工业互联网应用、设备联网、自动化产线改造、优化成型工艺、供应链集采、选材规划、中央仓储等技术和手段，“软硬”结合，通过实际接单生产盈利的市场验证，打造“亮眼”的数字化实效样板，整合上下游产业链资源，提供大数据分析、产品仿真设计、供应链协同等通用型服务，形成“鲶鱼效应”，促进产业集群企业整体数字化、网络化、智能化升级。

第七章

大数据驱动制造业供给质量提升的实现路径与政策建议

本章系统归纳国家和省市层面有关大数据驱动制造业发展的政策措施，分阶段、分地区系统评述政策实施的成效、遇到的问题与特征，并分梯队借鉴西方发达国家基于大数据和数字技术支撑下的制造业发展战略与举措，总结可以借鉴的实践经验，最后从供需结构有效匹配、产业价值链提升、制造业生态系统重构三个维度，提出大数据驱动制造业供给质量提升的发展路径，并给出政策建议。

第一节 大数据驱动制造业供给质量提升的创新政策演进

我国深刻把握大数据发展规律，不断出台政策推进大数据在制造业领域的应用。根据大数据应用程度和驱动制造业供给质量提升效能，我们把相关创新政策演进过程分为三个阶段：初期阶段、起步阶段和快速发展阶段，分别针对各个阶段的实施政策、主要成效和存在问题展开论述，深入分析相关创新政策的演进逻辑，提出未来政策实施的主要方向。

一、初期阶段（制造业信息化政策实施：ERP/PLM）

初期阶段是数据要素的形成阶段，以制造业信息化实施为重点方向，旨在加快制造业海量数据存储、处理技术的研发与产业化发展，突破数据共享和应用障碍，提升质量管理效能。

（一）政策实施评述

这一阶段的政策重点在于推进制造业企业部署ERP、PLM等信息化系统，支持企业开展研发设计、生产流通、企业管理等环节信息化改造升级，加强数据管理、分析及应用，支持信息技术企业与传统工业企业开展多层次合作，针对战略性新兴产业加强关键信息化软件开发，全面提升制造业企业信息化水平，具体如表7-1所示。

表7-1　初期阶段信息化规划政策实施目标与要点

规划主题	发展目标	关键要点
工业转型升级规划（2011—2015年）（国务院，2011年12月）	信息化水平显著提高。重点骨干企业信息技术集成应用达到国际先进水平，ERP普及率达到80%以上	1. 加快发展支撑信息化发展的产品和技术；2. 全面提高企业信息化水平；3. 创新信息化推进机制
国民经济和社会发展第十二个五年规划纲要（国务院，2011年3月）	全面提高信息化水平	推动研发设计、生产流通、企业管理等环节信息化改造升级，推行先进质量管理，促进企业管理创新
电子信息制造业“十二五”发展规划（工信部，2012年2月）	增强电子信息制造业核心竞争力	1. 推动信息技术在传统工业领域生产经营过程中的渗透；2. 支持信息技术企业与传统工业企业开展多层次合作，促进信息化与工业化深度融合，实现“以用兴业”
“十二五”制造业信息化科技工程规划（科技部，2012年4月）	占据产业制高点、产业价值链的高端、实现从“生产型制造”向“服务型制造”转变	1. 开展制造业信息化关键技术攻关；2. 针对大型制造企业集团，组织实施信息化集成与协同技术开发与应用；3. 支持制造物联关键技术与ERP、MES、MRO、PLM（产品生命周期管理）等系统进行集成应用

续表

规划主题	发展目标	关键要点
“十二五”国家战略性新兴产业发展规划（国务院，2012年7月）	使战略性新兴产业成为国民经济社会发展的重要推动力量	1. 发展下一代信息网络产业；2. 发展电子核心基础产业；3. 发展高端软件和新兴信息服务产业
“十二五”国家自主创新能力建设规划（国务院，2013年1月）	实现工业化和信息化深度融合	1. 加强生产过程智能化和生产装备数字化应用示范，提升集散控制、数字控制等自动化和信息化技术集成创新能力；2. 实施制造业信息化科技工程

资料来源：根据相关政策内容整理。

（二）主要成效

（1）提高运营效率。随着ERP、PLM等信息化系统的部署完成，制造业企业管理方式由粗放式管理转为精细化管理，新产品研发速度和设计效率有了大幅提升。

（2）系统集成提升竞争优势。这一时期，约73%的制造企业通过实现ERP与PDM/PLM的集成[①]，与制造执行系统（MES）的集成，与供应商、经销商、客户、合作伙伴的集成和协同等，得以实现对全价值链平台数据的挖掘，力求扩大在行业竞争中的领先优势。

（3）促进质量水平和创新能力的提升。提升制造业企业在产品研发、生产、经营管理等各环节的信息化水平，促使企业的生产效率、产品质量和创新能力提高，实现企业全过程、全流程、全业务的信息化、智能化、数控化和网络化，全面提升制造业的竞争力。

（三）存在的问题

（1）数据开发利用仍有限。制造业企业在实现对业务数据进行有效管理的同时，积累了大量的数据信息，而如何更好地分析挖掘利用这些信息是制造业面临的最大挑战（张翔、赵群，2015）。数据来源的多样性、标准的不一致性以及数据要求的多元化，增加了数据采集、整合与存储的困难。此外，数据量大带来更多数据噪音，对制造业企业传统的运营方式和管理方式产生极大的冲击，数据安全隐患增大的矛盾

① 孟小峰、慈祥：《大数据管理：概念、技术与挑战》，《计算机研究与发展》2013年第1期。

变得突出。

（2）缺乏大数据产业支撑政策。这一阶段只有大数据产业链的部分环节的政策出台，尚缺乏系统性、整体性、纲领性的大数据产业政策。

二、起步阶段（推动大数据与制造业融合）

以2014年大数据发展首次被写入政府工作报告为起步阶段的起点，这标志着大数据产业发展成为国家战略。这一时期伴随着“中国制造2025”、制造业与互联网融合发展、战略性新兴产业、信息化发展、工业互联网等国家政策的出台实施，数据要素在制造业各个环节产生的作用不断增强，数字化转型的动力不断激发，制造业规模和质量水平也在不断提升。

（一）政策实施评述

（1）在制造强国目标下加快大数据与制造业融合发展。“中国制造2025”及围绕它的相关制造业政策，如《产业关键共性技术发展指南（2015年）》《“十三五”国家战略性新兴产业发展规划》《制造业“双创”平台培育三年行动计划》《关于加快培育发展制造业优质企业的指导意见》等，明确提升制造业创新能力与强化工业基础能力，强调结合数字化思维、手段和平台提升制造业水平，促进大数据在企业研发设计、全流程和全产业链的综合集成应用，突破工业大数据处理等高端工业软件核心技术短板，推动制造模式变革和制造业转型升级。

（2）在大数据产业发展的国家战略下强化大数据应用。《促进大数据发展行动纲要》《中华人民共和国国民经济和社会发展第十三个五年规划纲要》《关于深化制造业与互联网融合发展的指导意见》《“十三五”国家信息化规划》《关于深化“互联网+先进制造业”发展工业互联网的指导意见》，都强调大数据在产品生命周期和产业链全流程各环节的应用，探索大数据与传统产业协同发展新业态新模式，分析感知用户需求，提升产品附加值，打造智能工厂，增强制造业核心竞争力。

（3）高度重视大数据平台建设。大数据共性技术平台是制约我国制造业数字化转型升级的一大难题。这一阶段重视以“共性技术”的突破带动大数据产业与制造业融合整体提升。《关于深化制造业与互联网融合发展的指导意见》提出打造制造企业互联网“双创”平台；《智能制造发展规划（2016—2020年）》提出开展工业云和大数据平台建设；《“十三五”先进制造技术领域科技创新专项规划》提出构建工业大数据驱动的网络协同制造平台；《关于深化“互联网+先进制造业”发展工业互联网的指导意见》提出目标：到2025年要形成3到5个达到国际水准的工业互联网平台。这些政策无一例外地表明了大数据平台在制造业转型升级中的基础性角色。

这一阶段的政策实施目标与要点如表7-2。

表7-2　起步阶段制造业与大数据融合发展政策实施目标与要点

规划主题	发展目标	关键要点
中国制造2025（国务院，2015年5月）	力争通过“三步走”实现制造强国的战略目标。到2025年，两化融合迈上新台阶。到2035年，我国制造业整体达到世界制造强国阵营中等水平。新中国成立一百年时，综合实力进入世界制造强国前列	推进信息化与工业化深度融合。1. 确立智能制造发展战略，促进大数据在企业全流程和全产业链的综合集成应用；2. 发展智能制造装备和产品；3. 推进制造过程智能化；4. 深化互联网在制造领域的应用；5. 加强互联网基础设施建设
关于积极推进“互联网+”行动的指导意见（国务院，2015年7月）	到2018年，互联网与经济社会各领域的融合发展进一步深化；到2025年，网络化、智能化、服务化、协同化的“互联网+”产业生态体系基本完善	“互联网+”协同制造，大力发展智能制造，发展大规模个性化定制，提升网络化协同制造水平，加速制造业服务化转型
促进大数据发展行动纲要（国务院，2015年8月）	推动大数据发展和应用，在未来5至10年培育高端智能、新兴繁荣的产业发展新生态	1. 发展工业大数据。推动大数据在产品全生命周期、产业链全流程各环节的应用；2. 发展新兴产业大数据。推动跨领域、跨行业的数据融合和协同创新；3. 推动大数据发展与科研创新有机结合，促进大数据在制造业全产业链集成运用，推动制造模式变革和工业转型升级
中华人民共和国国民经济与社会发展第十三个五年规划纲要（中共中央、国务院，2016年3月）	实施国家大数据战略。把大数据作为基础性战略资源，全面实施促进大数据发展行动，加快推动数据资源共享开放和开发应用	深化大数据在各行业的创新应用，探索与传统产业协同发展新业态新模式，加快完善大数据产业链

续表

规划主题	发展目标	关键要点
关于深化制造业与互联网融合发展的指导意见（国务院，2016年5月）	到2018年底，制造业重点行业骨干企业互联网“双创”平台普及率达到80%。制造业互联网“双创”平台成为促进制造业转型升级的新动能来源	打造制造企业互联网“双创”平台，深化工业云、大数据等技术的集成应用，探索制造业与互联网融合发展新模式
“十三五”国家战略性新兴产业发展规划（国务院，2016年12月）	到2020年，战略性新兴产业规模持续壮大，创新能力和竞争力明显提高，产业结构进一步优化；到2030年，成为推动我国经济持续健康发展的主导力量	发展大数据新应用新业态。发展大数据在工业等领域的应用，培育大数据相关产业，推进大数据综合试验区建设，大力发展智能制造系统，继续推进“互联网”行动
“十三五”国家信息化规划（国务院，2016年12月）	到2020年，信息化发展水平大幅跃升，信息化能力跻身国际前列，具有国际竞争力、安全可控的信息产业生态体系基本建立	统筹实施网络强国战略、大数据战略，实施制造业与互联网融合发展应用与推广工程，深化大数据在生产制造、经营管理、售后服务等各环节创新应用，推动大数据与传统产业协同发展
智能制造发展规划（2016—2020年）（工信部，2016年12月）	2025年前，推进智能制造发展实施“两步走”战略：到2020年，智能制造发展基础和支撑能力明显增强；到2025年，智能制造支撑体系基本建立	构筑工业互联网基础。开展工业云和大数据平台建设。普及数字化制造、示范引领智能化制造。在传统制造业推广应用数字化技术、智能化制造装备
“十三五”先进制造技术领域科技创新专项规划（科技部，2017年4月）	形成以互联网为代表的信息技术与制造业深度融合的创新发展模式，促进制造业创新发展	构建工业大数据驱动的网络协同制造平台。构建数字化、智能化、网络化的智能生产线和数字化工厂，提高生产效率、产品质量，提升产业竞争力
关于深化“互联网+先进制造业”发展工业互联网的指导意见（国务院，2017年11月）	到2025年，形成3到5个达到国际水准的工业互联网平台。到2035年，建成国际领先的工业互联网网络基础设施和平台。到本世纪中叶，工业互联网创新发展综合实力进入世界前列	推动互联网、大数据、人工智能和实体经济深度融合，发展先进制造业。鼓励国内外企业面向大数据分析的薄弱环节，合作开展技术攻关和产品研发
新一代人工智能发展规划（国务院，2017年7月）	到2020年人工智能总体技术和应用与世界先进水平同步，到2025年人工智能基础理论实现重大突破，到2030 年人工智能理论、技术与应用总体达到世界领先水平	加强大数据智能理论研究。加快推进产业智能化升级，推动人工智能促进制造业强国重点需求

续表

规划主题	发展目标	关键要点
增强制造业核心竞争力三年行动计划（2018—2020年）（发改委，2017年11月）	到“十三五”末，形成一批具有国际影响力的领军企业，打造一批中国制造的知名品牌，创建一批国际公认的中国标准，制造业创新能力明显提升、产品质量大幅提高、综合素质显著增强	推动互联网、大数据、人工智能和实体经济深度融合，突破制造业重点领域关键技术实现工业化，增强制造业核心竞争力
关于促进制造业产品和服务质量提升的实施意见（工信部，2019年8月）	到2022年，制造业质量总体水平显著提升	强化数字化、网络化、智能化等技术对制造业质量提升的支撑作用。持续推进两化融合管理体系贯标，推动云计算、大数据、人工智能等新一代信息技术在质量管理中的应用

资料来源：根据相关政策内容整理。

（二）主要成效

（1）大数据与制造业融合发展政策体系逐步完善。党中央、国务院围绕“中国制造2025”“互联网+”、数据要素市场、国家一体化大数据中心布局、两化融合等作出一系列战略部署，建立促进大数据发展部际联席会议制度，融合发展顶层设计持续加强，推进机制日益完善。有关部委出台了20余份大数据政策文件，23个省区市、14个计划单列市和副省级城市设立了大数据管理机构，管理体制机制日渐完善，央地协同、区域联动的大数据发展推进体系逐步形成。

（2）大数据产业基础日益巩固。数据资源极大丰富，总量位居全球前列。大数据产品和服务体系初步形成，“十三五”期间全国共遴选出338个大数据优秀产品和解决方案，以及400个大数据典型试点示范[①]。大数据应用从金融、互联网、电信等数据基础较好的领域逐步向智能制造领域拓展。大数据产业区域集聚成效显著，建设了8个国家大数据综合试验区和11个大数据领域国家新型工业化产业示范基地[②]。一批大数据龙头企业快速发展，初步呈现出大企业引领、中小企业协同、创新企业不断涌现的发展态势（陈丽，2023）。

① 工业和信息化部：《“十四五”大数据产业发展规划》，https://www.gov.cn/zhengce/zhengceku/2021-11/30/content_5655089.htm，2021年11月15日。

② 同上。

（3）工业化和信息化深度融合基础设施不断夯实，对传统产业提升作用显著。信息通信网络的规模达到全球最大，开通5G基站超过70万个[①]，5G商用部署初见成效，互联网协议第六版（IPv6）基础设施全面就绪，“蛟龙”下水、大飞机上天、北斗组网、高铁出海，关键领域核心技术、高端装备和重大短板攻关取得新突破。两化融合管理体系贯标持续推进，信息技术在制造业的关键业务环节广泛应用[②]，全国工业企业关键工序数控化率、经营管理数字化普及率和数字化研发设计工具普及率分别达52.1%、68.1%和73.0%[③]，“十三五”期间分别增加6.7、13.2和11个百分点，制造业数字化转型不断加速[④]。

（4）基于工业互联网的融合发展生态加速构建。我国工业互联网发展水平与发达国家基本持平，网络基础设施建设不断完善，标识解析体系逐步建成，注册总量突破94亿，平台资源配置能力显著增强，设备连接数量超过7000万，行业赋能效果日益凸显，数字化管理、网络化协同、智能化生产、个性化定制、服务化延伸等融合发展新模式新业态蓬勃发展。

（三）主要问题

（1）大数据产业基础仍存在薄弱环节。大数据市场体系不健全，数据资源产权、交易流通等基础制度和标准规范有待完善（吴海军、郭琎，2023），多源数据尚未打通，数据壁垒突出，碎片化问题严重。同时，大数据安全机制不完善，数据安全产业支撑能力不足，敏感数据泄露、违法跨境数据流动等隐患依然存在。大数据技术支撑不够强，基础软硬件、开源框架等关键领域与国际先进水平存在一定差距（李文军、李玮，2023）。

（2）制造业与大数据等新一代信息技术的融合程度偏低。制造业信息化仍处于局部应用的初级阶段，且地区间、行业间和企业间信息化水平差距明显，对网

---

① 张辛欣：《开通基站超70万个，这个“G”给你我带来什么——5G商用一年盘点》，https://www.gov.cn/xinwen/2020-12/16/content_5569769.htm，2020年12月16日。

② 《谱写两化深度融合发展新篇章》，《人民邮电》2021年12月1日第004版。

③ 吴振全、于利贤：《工程咨询企业数字化转型意义与思路》，《中国建设信息化》2022年第6期。

④ 工业和信息化部：《“十四五”信息化和工业化深度融合发展规划》，https://www.gov.cn/zhengce/zhengceku/2021-12/01/content_5655208.htm，2021年11月17日。

络协同制造、大规模个性化定制等新型生产模式的变革认识还不充分（李争粉，2017）。《工业互联网平台白皮书（2019）》显示，40%的平台应用集中在产品或设备数据的检测、诊断与预测性分析领域，无法对复杂度更高、涉及范围更广的数据进行分析。此外，《智能制造发展指数报告（2019）》指出，仅有10%的制造业企业基于模型分析和应用数据，大部分制造业企业仍然无法深度分析和应用数据。

（3）制造业企业数字化转型思想准备不足。一是对数字化转型的认识有待深化，没有将数字化转型置于企业战略层面。许多企业对数字化转型的概念、数据采集与运用等问题还缺乏清晰、准确的了解，对数字化转型的收益预期存在不确定性。“用数据说话、用数据决策、用数据管理、用数据创新”的大数据思维尚未形成，企业数据管理能力偏弱。二是制造业产业链上下游企业联动的潜力有待挖掘。产业链中每个企业对数字化转型的认知和利益诉求不一样，因而企业间通过上下游联系的协同行动比较困难；因产业链短、分工联系有限，大部分生产环节由企业自己完成，因而企业有聚集而少上下游联系；产业链上的同类零部件供应商竞争激烈带来相应的同质化竞争效应。三是跨界融合型人才严重匮乏。

三、快速发展阶段（释放数据要素在制造业中的价值潜能）

快速发展阶段以释放数据要素在制造业供给质量的价值潜能为主要目标，通过支持企业数字化转型、开展“上云用数赋智”行动、促进服务型制造和智能制造发展、构建数据基础制度、加快建设数字中国、组建国家数据管理机构等政策的实施，进一步提升数据在制造业发展的要素价值作用，推动制造业向更高效率、更高质量转型升级。

（一）政策实施评述

（1）赋予数据要素发展抵抗危机的新价值。2020年初新冠疫情的暴发给制造业等实体经济带来巨大冲击。面对疫情，2020年2月召开的“统筹推进新冠肺炎疫情防控和经济社会发展工作部署会议”首次指出，虽然传统行业受冲击较大，但智能制造等新兴产业展现出极大韧性，并要求以此为契机推动传统产业向数字化、智能化方向升级。随后出台的《中小企业数字化赋能专项行动方案》第一次要求以数字化网络化智能化“助力中小企业疫情防控、复工复产和可持续发展”，以及《关于推进“上云用数赋智”行动　培育新经济发展实施方案》明确提出充分发挥数字技术服务赋能、示范赋能、业态赋能、创新赋能、机制赋能作用，抗击疫情对制造业发展的影响。《关于加快推进国有企业数字化转型工作的通知》和《关于加快培育发展制造业优质企业的指导意见》分别从两化融合角度提出增强国有企业“抗风险能力”的作用，以及引导企业数字化智能化发展，防范化解疫情导致的风险隐患。

（2）对数据要素在制造业发展中的政策支持力度不断加大。这一阶段的政策突出数据要素价值及相应机制建设，并侧重于服务型制造、制造业优质企业、两化融合、智能制造等方面，加大数据要素对促进制造业质量提升的支持力度。中共中央、国务院颁布实施的《关于构建更加完善的要素市场化配置体制机制的意见》首次在国家政策层面将数据作为一种新型生产要素予以肯定，并强调要加快培育数据要素市场。接着，中共中央、国务院颁布实施的《关于构建数据基础制度更好发挥数据要素作用的意见》指出，要释放商业数据价值潜能，加快建立数据产权制度，开展数据资产计价研究，建立数据要素按价值贡献参与分配机制。这再次强调了数据要素作为生产要素的地位。《关于进一步促进服务型制造发展的指导意见》要求加强供应链各环节数据和资源共享，提高产品生产数据分析能力。“十四五”时期是数据要素价值潜能释放的关键时期，从《“十四五”大数据产业发展规划》《“十四五”信息化和工业化深度融合发展规划》《“十四五”智能制造发展规划》三项重要政策文件中也可以看出，数据要素要融入制造业研发设计、生产制造、经营管理、销售服务等全流程、产业链上下游企业的工业数据共享空间、智能制造示范工厂等中去，发展数据驱动的新模式新业态，推动工业大数据深度应用和价值提升，拓展智能制造行业应用。

（3）设立国家层面数据管理机构。国家数据局的设立凸显出对数据作为生产要素和资源的高度重视，建立统一的数据管理和统筹协调机构，有利于解决当前数字经济中的制度性难题，强化数据要素的市场监管和反垄断执法；也是为了让数据要素发挥价值，促进数字经济发展中的科学分工，有利于实现数据要素在数字经济中的关键要素价值。

这一阶段的政策实施目标与要点如表7-3所示。

表7-3　快速发展阶段制造业与大数据融合发展政策实施目标与要点

规划主题	发展目标	关键要点
关于构建更加完善的要素市场化配置体制机制的意见（中共中央、国务院，2020年3月）	实现要素价格市场决定、流动自主有序、配置高效公平	1. 加快培育数据要素市场，培育数字经济新产业、新业态和新模式，支持构建工业等领域规范化数据开发利用的场景；2. 推进政府数据开放共享；3. 提升社会数据资源价值；4. 加强数据资源整合和安全保护
中小企业数字化赋能专项行动方案（工信部，2020年3月）	助推中小企业通过数字化网络化智能化赋能实现复工复产，增添发展后劲，提高发展质量	1. 加强数据资源共享和开发利用；2. 发展数字经济新模式新业态；3. 促进产业集群数字化发展；4. 强化网络、计算和安全等数字资源服务支撑
关于推进"上云用数赋智"行动 培育新经济发展实施方案（发改委，2020年4月）	形成产业链上下游和跨行业融合的数字化生态体系，打造数字化企业，构建数字化产业链，培育数字化生态	1. 服务赋能：推进数字化转型伙伴行动；2. 示范赋能：组织数字化转型示范工程；3. 业态赋能：开展数字经济新业态培育行动；4. 创新赋能：突破数字化转型关键核心技术；5. 机制赋能：强化数字化转型金融供给
关于加快推进国有企业数字化转型工作的通知（国务院国资委办公厅，2020年8月）	促进国有企业数字化、网络化、智能化发展	构建数据治理体系，推进数字化产品创新、智能化生产运营、敏捷化用户服务、生态化产业体系，突出重点，打造行业数字化转型示范样板
关于进一步促进服务型制造发展的指导意见（工信部等，2020年6月）	到2022年，制造与服务全方位、宽领域、深层次融合发展。到2025年，形成一批服务型制造跨国领先企业和产业集群，制造业在全球产业分工和价值链中的地位明显提升	推进生产制造系统的智能化、柔性化改造，增强定制设计和柔性制造能力，发展大批量个性化定制服务。促进供应链各环节数据和资源共享。提高产品生产数据分析能力，提升全生命周期服务水平
中华人民共和国国民经济和社会发展第十四个五年规划和2035年远景目标纲要（中共中央、国务院，2021年3月）	产业基础高级化、产业链现代化水平明显提高。到2035年，基本实现新型工业化、信息化、城镇化、农业现代化，建成现代化经济体系	实施"上云用数赋智"行动，推动数据赋能全产业链协同转型。在重点行业和区域建设若干国际水准的工业互联网平台和数字化转型促进中心

续表

规划主题	发展目标	关键要点
关于加快培育发展制造业优质企业的指导意见（工信部等，2021年6月）	推动优质企业持续做强做优做大，促进提升产业链供应链现代化水平，推进制造强国建设不断迈上新台阶	引导优质企业高端化智能化绿色化发展。加快推进新一代信息技术和制造业融合发展，实施智能制造工程、制造业数字化转型行动和5G应用创新行动
“十四五”大数据产业发展规划（工信部，2021年11月）	数据要素价值评估体系初步建立，要素价格市场决定，数据流动自主有序，资源配置高效公平，培育一批较成熟的交易平台，市场机制基本形成	加快培育数据要素市场。以制造业数字化转型为引领，培育专业化、场景化大数据解决方案。构建多层次工业互联网平台体系，推动工业大数据深度应用
“十四五”信息化和工业化深度融合发展规划（工信部，2021年11月）	到2025年，信息化和工业化在更广范围、更深程度、更高水平上实现融合发展，新一代信息技术向制造业各领域加速渗透	1. 推动工业大数据创新发展，加快工业数据汇聚，开展工业数据资源调查，深化工业数据应用，发展数据驱动的新模式新业态，促进工业数据的价值提升； 2. 制定制造业数字化转型行动计划，制定重点行业领域数字化转型路线图，构建企业数字化转型能力体系
“十四五”智能制造发展规划（工信部等，2021年12月）	到2025年，规模以上制造业企业大部分实现数字化网络化，重点行业骨干企业初步应用智能化	研发人工智能、5G、大数据、边缘计算等在工业领域的适用性技术，建设智能制造示范工厂，推进中小企业数字化转型，拓展智能制造行业应用，聚力研发工业软件产品
关于构建数据基础制度更好发挥数据要素作用的意见（中共中央、国务院，2022年12月）	充分实现数据要素价值、促进全体人民共享数字经济发展红利	培育数据要素流通和交易服务生态，在智能制造领域大力培育贴近业务需求的行业性、产业化数据商。构建数据安全合规有序跨境流通机制，健全数据要素由市场评价贡献、按贡献决定报酬机制
数字中国建设整体布局规划（中共中央、国务院，2023年2月）	到2025年，数据资源规模和质量加快提升，数据要素价值有效释放，数字经济发展质量效益大幅增强	打通数字基础设施大动脉，畅通数据资源大循环。构建国家数据管理体制机制，健全各级数据统筹管理机构。推动数字技术和实体经济深度融合，在工业等重点领域，加快数字技术创新应用
组建国家数据局（中共中央、国务院，2023年3月）	推动中国数字经济发展，畅通全国数据资源大循环，实现数据资源整合共享、安全可控，助力建设数字化强国	负责协调数据基础制度建设，统筹数据资源整合共享和开发利用，统筹推进数字中国、数字经济、数字社会规划和建设等

续表

规划主题	发展目标	关键要点
《“数据要素×”三年行动计划（2024—2026年）》（国家数据局等，2023年12月）	到2026年底，数据要素应用广度和深度大幅拓展，在经济发展领域数据要素乘数效应得到显现，数据赋能经济提质增效作用更加凸显，成为高质量发展的重要驱动力量	数据要素×工业制造。创新研发模式，培育数据驱动型产品研发新模式；推动协同制造，推进产品主数据标准生态系统建设，支持链主企业打通供应链上下游设计、计划、质量、物流等数据，实现敏捷柔性协同制造；提升服务能力；强化区域联动；开发使能技术，推动制造业数据多场景复用

资料来源：根据相关政策内容整理。

（二）主要成效

（1）数据要素单独成为生产要素。2020年3月，中共中央、国务院发布的《关于构建更加完善的要素市场化配置体制机制的意见》明确提出，将数据要素作为与资本、土地、技术和劳动并列存在的、单独的生产要素。这是最为贴合当今数字经济时代对生产过程和生产要素的一次拓展。在生产要素中列入数据参与分配，不但是现实发展的需求所在，同时也能大力推动人工智能、大数据等行业的全面发展和广泛应用。据国家工业信息安全发展研究中心测算，2021年数据要素对GDP增长贡献率与贡献度分别为14.7%和0.83个百分点（如图7-1）。从绝对水平来看，当下数据要素对GDP的贡献仍处低位，具备充足提升空间；从相对趋势来看，自2018年以来对GDP增速贡献明显提升。在数字中国战略规划+国家数据局统筹推动下，以及在《“数据要素×”三年行动计划（2024—2026年）》中提出的“数据要素×工业制造”政策的高效实施下，数据要素对经济增速贡献有望再次实现跨越，数据要素在工业制造的应用广度和深度将不断拓展。

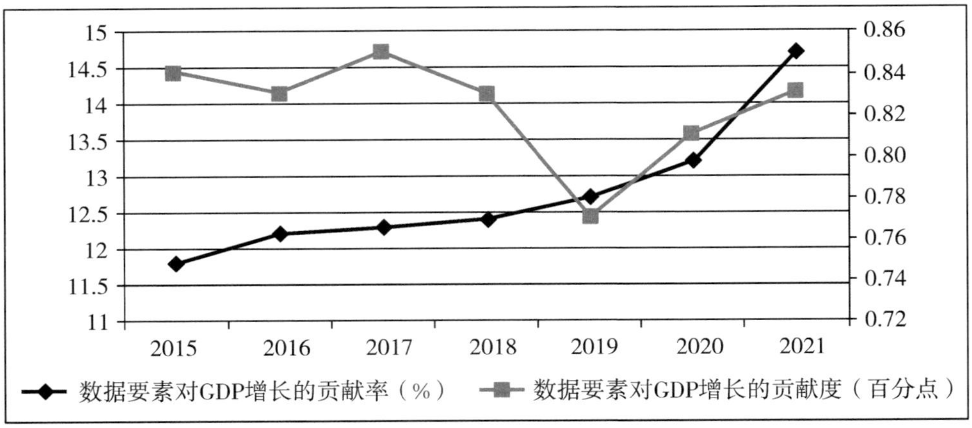

图7-1　数据要素对GDP的贡献状况

数据来源：《中国数据要素市场发展报告（2021—2022）》。

（2）数据要素市场开始进入高速扩容阶段。据国家互联网信息办公室测算，2017年至2022年，我国数据产量从2.3ZB增长至8.1ZB，同期数据产量在全球中的占比由8.8%上升至10.5%（如图7-2），位居世界第二；数据交易机构数量从28家增长至48家，增长了71.4%。在国家政策引领、关键技术创新等推动下，国内数据要素市场近些年维持高速增长。据国家工业信息安全发展研究中心测算，2021年我国数据要素市场规模达到815亿元[①]，比2017年增长了7.7倍，预计“十四五”期间将达到1749亿元。其中细分方向如数据存储、数据分析、数据加工、数据安全等有望进入群体性突破的快速发展阶段。

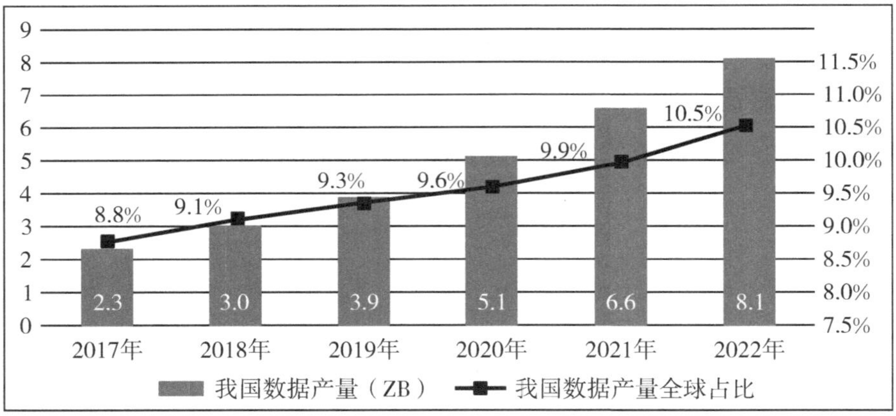

图7-2　2017—2022年我国数据产量及全球占比情况

数据来源：《数字中国发展报告（2022年）》。

① 彭思雨：《千亿级数据要素市场迎来发展机遇》，《中国证券报》2022年12月21日第A06版。

（3）数据要素在制造业质量提升中扮演更重要的角色。一是由业务驱动转向数据驱动，以数据为资产进行价值再创造。政策不断支持在制造业领域规范化数据开发利用，在制造业产业链上下游企业打通不同系统间的数据联通渠道，在数字化产品创新、智能化生产运营、敏捷化用户服务中不断产生新业态，在大数据和制造业融合发展中加大技术改造投资力度和树立质量品牌，在制造业研发、生产、经营和售后服务全流程中培育专业化大数据解决方案。二是推动制造业呈现“点—线—面—体”的数字化转型路径。通过数据要素的服务赋能、业态赋能、创新赋能促进制造业数字化转型，不断推动工业互联网平台和数字化转型促进中心在重点行业和区域发展，制定重点行业领域数字化转型路线图，实施制造业数字化转型行动（张彦平，2023），打造一批制造业数字化转型标杆企业，带动其他中小企业数字化转型。据国家工业信息安全发展研究中心测算，制造业等领域的数据要素投入产出弹性明显较大，2021年数据要素投入产出弹性达0.4613，即当所有其他投入要素保持不变时，数据要素投入每增加1%，制造业产出增加0.5%左右，可见数据要素对制造业的赋能作用明显。2022年全国工业企业关键工序数控化率、数字化研发设计工具普及率分别增长至58.6%和77.0%，同比分别提升3.3和2.3个百分点（如图7-3）。工业互联网核心产业规模超1.2万亿元，同比增长15.5%。智能制造应用规模和水平大幅提升，四成以上制造业企业进入数字化网络化制造阶段，制造机器人密度跃居全球第五位，智能制造装备产业规模达3万亿元，市场满足率超过50%[①]。

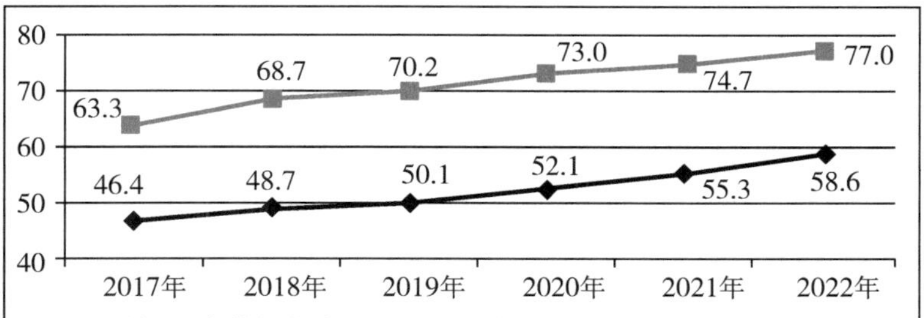

图7-3　全国工业企业关键工序数控化率、数字化研发设计工具普及率

数据来源：国家工业信息安全发展研究中心。

① 国家互联网信息办公室：《数字中国发展报告（2022年）》，https://www.cac.gov.cn/2023-05/22/c_1686402318492248.htm，2023年05月23日 。

（三）存在的问题

（1）更健全的制造业数据流通政策和体制机制亟须构建。数据作为新型生产要素，具有无形性、非消耗性等特点，可以接近零成本无限复制，对传统产权、流通、分配、治理等制度提出新挑战（张利娟，2023；金观平，2023）。目前数据要素要发挥作用还存在众多制约，尤其是数据权属、边界尚未清晰，缺乏基础性的法律法规和切实可行的案例和模式。在数据收集、存储、加工、传输、公开等环节中，数据权属、边界尚未有清晰的界定，这严重制约着制造业企业间数据的共享流通，也会导致相关知识产权边界难以明确。越来越多的数据收集、交易的纠纷案件发生，且难以定性，正说明对数据权属、边界相关法律法规体系出台的紧迫性。

（2）制造业数据资源分布多元、整合难度大、利用率低，缺乏较为权威的数据标准。随着大数据的广泛应用，制造业企业产生海量数据，包括设备传感器所记录的运行数据、管理信息系统记录的经营管理数据以及外部市场数据，但由于制造设备种类不同，所负载的工业协议也不同，再加上应用场景复杂，造成这些海量数据格式差异较大，数据资源难以整合。《数据资产管理实践白皮书（4.0版）》指出，我国数据价值无法发挥的主要原因是数据质量低下、存储方式落后以及缺乏有效的管理体系。

（3）制造业数据要素利用的安全性、开放性和有序性亟待规范。制造业数据涵盖设备、产品、运营、用户等多个方面，企业在利用这些数据时面临包含商业机密的数据被泄露的风险。例如，企业生产相关的一些数据会自动传到设备供应商处，企业可能会担心供应商非法使用和处理这些数据，造成数据泄露和篡改，导致制造过程发生严重混乱，甚至使企业遭受毁灭性打击。

（4）面向制造业企业的数据开放与共享水平亟待提升。随着产业数字化推进，制造业企业对外部数据的需求呈现不断上升的趋势，但外部数据需要进行有效整合，并且能被获准使用。目前，公共部门的数据仍处于内部整合阶段，对社会公开的主要是价格指数、国民经济核算、农业、工业等主题，开放数据较少、范围较小，社会数据面临采集规范和管制方面的问题，制造业企业难以有效利用。

（5）数据要素的数字化工具开发和应用基础相对薄弱。数据要素开发工具的核心关键技术能力不足，关键工业软件、底层操作系统、嵌入式芯片等高技术领域基本被国外企业垄断（沈恒超，2019）；控制系统、平台数据采集开发工具等领域的专利多为外围应用类，缺少核心专利，能够生产的制造业传感器与控制产品大多集中在低端市场。

四、政策实施的逻辑演变及未来演进方向

国家对利用大数据提升制造业供给质量的政策实施路线是“以数据安全为前提，促进数据要素价值释放为主线”，沿着从信息化提升制造业效率到大数据与制造业融合再到发挥数据要素在制造业中的价值潜能逻辑线索不断展开，历经初步尝试、起步尝试到快速发展阶段，未来将对制造业转型升级和数字化生态圈构建起到越来越重要的作用。

（一）政策实施的逻辑演变

十八大以来，党中央、国务院围绕数据要素市场培育、数据要素市场规则、数据要素价值发挥密集提出一系列重要论断、作出一系列战略部署。在宏观层面，我国大数据整体发展潜力被持续放大，发展动能得到进一步增强，大数据与制造业融合程度明显提升。从微观看，数据基础设施、数据管理、数据流通、数据应用、数据安全五大核心领域均伴随数据要素战略的深入推进，对制造业企业数字化转型升级和供给质量提升起到强劲的支撑和驱动作用。从企业绩效层面来看，数据要素显著促进企业总资产净利润率提升，数字化转型对于制造业企业的影响最大。

以大数据为代表的信息资源向生态要素的形态演进，支持大数据在制造业领域融合应用的政策不断深入。自大数据上升为国家战略以来，大数据应用不断从消费领域加速向制造业领域拓展延伸。国家对大数据和制造业融合的逻辑和路径给予了清晰的部署，在数字化转型、工业互联网、智能制造、两化融合领域出台了一系列政策（如图7-4），积极适应制造业数字转型需求，以及支持数字技术向以制造业为主的实体经济深化应用，推动制造业从围绕优化流程向数据挖掘、智能分析等更深层次应用发展，有力地赋能制造业数字化转型进程。

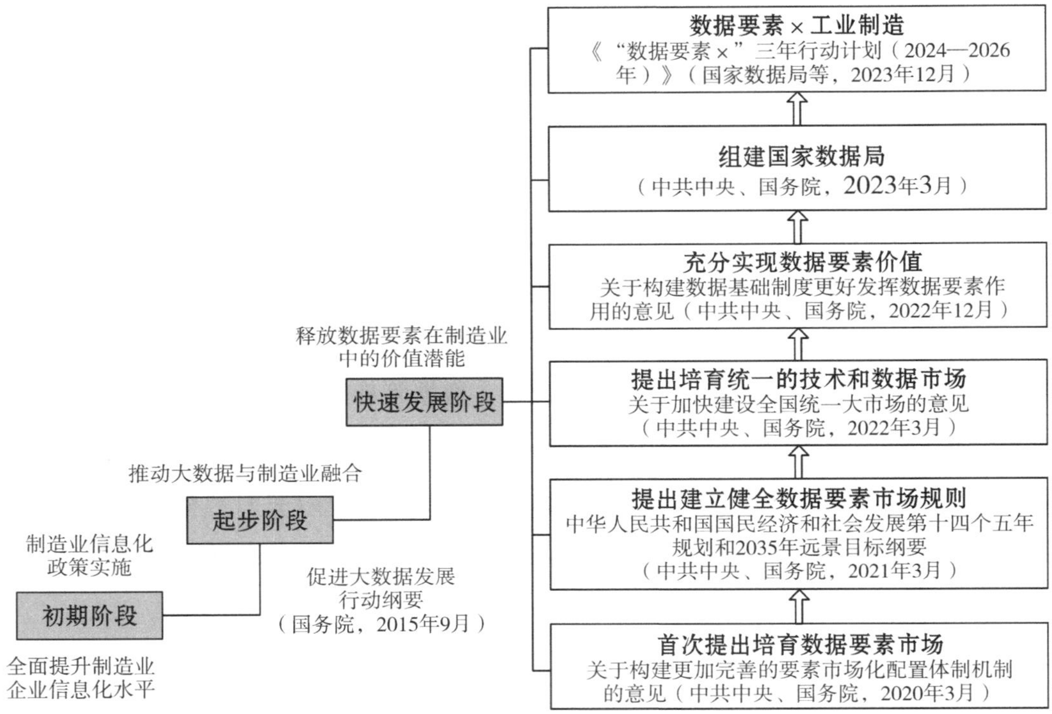

图7-4　大数据驱动制造业供给质量提升的政策逻辑演变

（二）未来演进方向

（1）数据要素的基础制度体系更加完善后，其价值潜力将进一步释放。数据要素作为新型生产要素，具有区别于以往生产要素的突出特点，即在非消耗性、共享性、衍生性三大特征下具备规模收益递增性的优势，同时它对其他要素资源具有乘数作用，能够放大劳动力、资本等生产要素在社会各行业价值链流转中产生的价值，从而数据要素与传统生产要素深入融合可以起到促进全要素生产率提升的作用。但是，数据要素在对经济产生作用的过程中，也带来了数据安全和数据隐私问题，迫切需要建立完善的数据要素现代化治理体系，既要保持数据的流通和开放，又要约束头部企业的垄断行为，还要保护消费者隐私权利不受侵害，这就需要从数据要素技术、数据要素平台和基础设施三个层面来构建现代化数据基础制度体系。中共中央、国务院发布的《关于构建数据基础制度更好发挥数据要素作用的意见》（简称“数据二十条”）对数据的流通和交易，从规则制定、市场建立、生态繁荣和跨境机制四方面进行了确立和规定，已经建立起数据基础制度体系的框架。未来还需要进一步完善细则，构建多层次、多样性、多元化的数据要素市场，通过建立保障权益、激活价值的数据产权制度，满足数据的流通使用需求；通过建立合规高效的数据要素流通交易制度，建立起可信的数据流通环境；通过建立体现效率与公平的数据要素收益分配制度，完善收益再分配的调节机制；通过建立安全可控的数据要素安全治理制度（田晓春，2023），构建多方协调的治理模式，最终推动大数据由资源化向资产化、资本化转化，最大限度地释放数据要素对经济增长的潜能。

（2）大数据驱动下的智能制造是未来制造业转型升级的重要方向。集制造业硬件资源、软件资源、企业资源、专家资源和知识资源于一身，同时将各类智慧制造资源和智慧制造能力虚拟化、服务化的智能制造模式，是适应大数据发展的制造业新发展模式。它将各类资源进行优化管理和经营，用户通过终端、网络和智慧云制造服务中心就能随时随地按需获取智能制造资源与智慧能力服务，进而完成制造业全生命周期的各类活动。大数据驱动智能制造发展从最初的信息孤岛阶段到信息化的产供销集成阶段，再到研产供销一体化制造业全价值链阶段，接着到大数据、人工智能等新技术集成应用的物联网阶段，最后到万物互联的智能制造阶段（工业4.0），每一个阶段都实现了革命性的跨越，对制造业转型升级的影响深远。国家数据局等17部门联合印发的《“数据要素×”三年行动计划（2024—2026年）》提出“数据要素×工业制造”等重点行动，从推动协同制造、提升数据服务能力、强化区域制造资源联动、开发使能技术等多方面发挥大数据在智能制造中的变革作用。

（3）跨界融合的工业数字化生态圈正逐步崛起。国家“十四五”规划明确提出：“构建数字规则体系，营造开放、健康、安全的数字生态。”对接大数据产业生态建设，以“研发+生产+供应链”的数字化产业链支撑下的生态圈，正在促进供应链要素数据化和数据要素供应链化深度融合，使数字化转型与业务流程重塑、组织结构优化、商业模式变革有机结合，助推大数据产业上下游资源集聚和协同发展，构建“生产服务+商业模式+金融服务”、数据驱动、人机协同、跨界融合、共创共赢的新型数字化生态服务模式。这种新模式从更广阔、更高阶的角度，思考建立或参与跨产业生态的可能，打破产业链上下游的壁垒，与不同产业共融发展，帮助企业快速构建差异化竞争优势。

第二节　我国主要省市大数据驱动制造业供给质量提升相关政策实施评估

一、主要省市大数据驱动制造业供给质量提升政策实施情况

广东、上海、江苏、浙江、山东等省市出台了一系列有关大数据促进制造业转型升级的政策。大致可以分为两个阶段，即2020年之前强调大数据基础设施建设的阶段，和2020年之后更加强调数据要素市场培育及大数据场景应用、数实融合的阶段。

（一）阶段1（2020年之前）：重点推动大数据基础设施及基础平台建设

广东省在全国率先启动并持续推进大数据战略，制定了一系列关键政策和规划文件，包括《广东省实施大数据战略工作方案》《广东省信息化发展规划纲要（2013—2020年）》《广东省信息化促进条例》以及《广东省促进大数据发展行动计划（2016—2020年）》等。这一系列举措聚焦于构建完善的大数据基础设施体系。其中，《广东省促进大数据发展行动计划（2016—2020年）》在2016年4月公布时，明确指出核心任务是打造政务大数据的基础支撑平台、社会公共服务领域的大数据平台，以及高水平的大数据科研创新平台，旨在将广东省建设成为全国数据应用的先行示范区和大数据创新创业的重要集聚地。在2017年4月发布的《珠江三角洲国家大数据综合试验区建设实施方案》中，进一步明确了以智能制造为核心

突破口，积极推动大数据技术在制造业全生命周期及全产业链的应用实践，旨在培育依托数据驱动的新制造模式。该方案特别强调了对“双创”平台示范项目的支持，并着重推进制造业各细分行业公共服务大数据平台的建设。

上海于2016年9月发布的《上海市大数据发展实施意见》强调数据中心、云计算平台、数据资源汇聚平台等数据基础设施及大数据产业基地建设，提出推动大数据在制造业研发、生产、经营、营销等环节的应用，打造智能工厂。江苏于2016年8月发布的《江苏省大数据发展行动计划》强调基于“云+网+端”（工业云、工业互联网、工业信息终端）三级架构的工业信息基础设施建设，推动大数据在工业行业的深度应用，推动智能车间（工厂）建设和制造模式变革；2018年9月发布的《智慧江苏建设三年行动计划（2018—2020年）》进一步提出超前布局5G宽带网络、下一代互联网（IPv6）、窄带物联网、功能性信息基础设施、公共基础数据库等，大力推进“企业上云”计划，发展工业互联网生态体系。浙江于2016年2月发布的《浙江省促进大数据发展实施计划》提出要完善政府基础信息数据库、公共数据统一开放平台、政府数据基础设施、大数据产业基础设施建设，打造数据共享、交换和开放统一平台，同时强调大数据在研发设计、生产制造等价值链各环节的应用，推动制造业智能化发展；2017年4月发布的《浙江省国家信息经济示范区建设实施方案》提出全面构筑信息经济发展新设施，重点建设高网速、全覆盖的“宽带浙江”、全面感知的“泛在浙江”、开放共享的“云上浙江”，建设制造业与互联网融合发展示范区。山东于2016年10月发布的《山东省人民政府关于促进大数据发展的意见》也指出要统筹规划大数据基础设施，重点建设数据中心、高水平大数据研究和服务平台。促进工业大数据发展应用，支持企业建立智能工厂、智能车间，推动大数据全流程应用。

（二）阶段2（2020年之后）：重点推动大数据场景应用、数实融合

1. 广东

在2021年5月，广东省人民政府发布了关于加快数字化发展的指导意见，强调通过数字化转型来重塑广东制造业的新竞争优势，着重推动传统制造装备接入网络、关键工序实现数控化，并积极推动智能车间和智能工厂的建设。在同年6月出台的《广东省制造业数字化转型实施方案（2021—2025年）》中，则明确提出了

以工业互联网创新应用为核心，推进制造业全面数字化转型及高质量发展，特别关注强化数据要素的基础支撑作用，积极探索工业数据分级分类、采集、传输、加工、存储以及共享机制。2021年7月，《广东省数据要素市场化配置改革行动方案》发布，提出要加快推进数据要素市场化配置改革，并支持建立广东工业互联网大数据分中心。同期发布的《广东省数字经济促进条例》进一步倡导推动产业集群利用工业互联网实现全要素、全产业链、全价值链的深度连接。2022年4月发布的《广东省产业集群数字化转型工程实施细则（2022年）》更加突出构建产业生态的重要性，致力于形成“工业互联园区+行业平台+专精特新企业群+产业数字金融”的新型数字经济体系。同年7月，《广东省数字经济发展指引1.0》提出，在全省范围内聚焦20个战略性产业集群，以产业链供应链数字化改造为工作重点，全面推进全省特色产业集群的数字化进程。2023年11月，《“数字湾区”建设三年行动方案》发布，明确提出通过数据流动带动要素市场化，实现湾区内部的“要素通”，有力推动了整个区域的数字化协同发展。

2. 上海

2021年7月，上海发布了《推进上海经济数字化转型 赋能高质量发展行动方案（2021—2023年）》，旨在高质量构建数字基因，深度挖掘数字红利，全面激活数字产业化的内在动力。该方案落实“工赋上海”计划，以知识化、质量型和数字孪生为核心主线，助力企业通过数字化实现效益提升，促进产业链供应链的智能化升级，并增强平台生态的数字化服务能力，从而推动数字化转型从点到链再到圈层扩散，有力提升了“上海制造”的数字化竞争力。2021年10月出台的《上海市全面推进城市数字化转型“十四五”规划》提出建设数字孪生企业，并打造超过100家示范工厂，以此促进产业链供应链数字化增智，精准巩固、补充和完善产业链条。同年11月发布的《上海市数据条例》倡导培育壮大包括数据收集存储、加工处理、交易流通等在内的核心数据产业，并重点发展大数据、云计算、人工智能、区块链、高端软件、物联网等产业。2022年6月发布的《上海市数字经济发展“十四五”规划》进一步强调加强数据要素协同联动，在关注数字新基建、数据新要素、数字新产业等关键领域的同时，鼓励平台型企业与产业链主企业联手构建联合体，实现制造业全链条“供、研、产、销”的数据连通。同年10月发布的《上海市制造业数字化转型实施方案》明确指出，通过数字化手段赋能企业组织模式和业务方式创新变革，构建起“链主”平台、智能工厂、超级场景和创新生态“四位一体”的制造业数字化转型发展体系。2023年7月发布的《立足数字经济新赛道推动数据要素产业创新发展行动方案（2023—2025年）》，明确提出推进数据资源全球配置、全产业链的数据产业布局等，致力于将上海打造成具有国际影响力的数据要素配置枢纽节点和数据要素产业创新高地。

3. 江苏

2020年10月，江苏出台的《关于深入推进数字经济发展的意见》强调了充分发挥数据要素所带来的倍增效应，旨在构建工业互联网平台，并打造具有代表性的工业互联网标杆工厂，以全面提升制造业数字化和智能化的发展层次。2021年8月，《江苏省“十四五”数字经济发展规划》发布，进一步强调了数据对制造业升级的赋能作用，聚焦于数字产业化、产业数字化等关键领域，致力于打造涵盖研发、生产至供应链全方位数字化产业链条。同年9月发布的《江苏省“十四五”大数据产业发展规划》明确提出，要以释放数据要素价值为主线，集中力量夯实数据基础设施建设，培育繁荣的数据要素市场，丰富多元的大数据技术产品，深化大数据在各领域的深度融合应用，强化大数据安全保障体系，最终构建起基础坚实、资源丰富、创新活跃、应用广泛且治理有序的大数据发展生态环境。2021年12月发布的《江苏省制造业智能化改造和数字化转型三年行动计划（2022—2024年）》特别强调了针对重点先进制造业集群和关键产业链的聚焦战略，将大力实施包括中小企业智能化改造与数字化转型推进、产业链智能化改造与数字化转型升级以及工业互联网创新在内的“十大工程”，加速推动龙头骨干企业、广大中小企业及产业链整体实现“智改数转”。2022年4月发布的《关于全面提升江苏数字经济发展水平的指导意见》提出要制定面向重点行业的数字化转型实施方案与路线图，并积极创建国家“5G+工业互联网”融合应用先导区和工业互联网产业示范基地。2023年12月，《关于推进数据基础制度建设更好发挥数据要素作用的实施意见》出炉，明确指出要建成运行高效、安全有序的数据要素市场机制，形成有效市场和有为政府相结合的数据要素治理体系，同时建强特色鲜明的数据产业集群，培育主体活跃、支撑有力的数据要素生态，以实现产业数据对经济社会发展的深度赋能。

4. 浙江

2021年2月，浙江省发布了《浙江省数字化改革总体方案》，明确指出要以数据供应链为核心纽带，推动产业链、创新链及供应链的深度融合与应用实践，构建一个涵盖全要素、全产业链和全价值链的全方位数字经济运行体系。同年6月，《浙江省数字经济发展“十四五”规划》进一步强调了大力推进智能制造新进程，并着力推进“产业大脑”建设，旨在形成每个行业对应一个智慧中枢的发展格局，同步构建“1+N”工业互联网平台体系和丰富的产业生态。2021年12月，《关于培育发展制造业“云上企业”促进数字化转型的实施意见》明确提出，要着力提升企业数字基础设施建设水平，强化云服务商和云平台的服务能力，丰富云化数字产品和解决方案，从而积极培育和发展制造业“云上企业”，全力助推企业实现数字化转型。2022年6月出台的《以“产业大脑+未来工厂”为引领加快推进制造业数字化转型行动方案》倡导通过“产业大脑+未来工厂”模式，深度促进大数据技术与制造业的融合创新，重构产业链组织结构，激发商业模式创新活力，重塑产业生态系统。2022年10月出台的《浙江省推进产业数据价值化改革试点方案》重申聚焦产业数据资源属性，提升产业数据汇聚与开发利用能力，拓展多元化的数据产品和服务。该方案致力于加快建立以产业数据资源化为起点，以产品化服务化为核心，以市场化为关键，以安全化为保障的制度规则和生态体系，旨在共享数据带来红利，充分发挥数据的潜在价值。

5. 山东

2020年12月，山东省发布了《山东省推进工业大数据发展的实施方案（2020—2022年）》，该方案相当于一份翔实的工业大数据发展路径图，着重推动工业大数据的实际应用，以数据为驱动力引导全省工业体系实现数字化转型。2021年7月，《山东省“十四五”数字强省建设规划》进一步强调了加快数字技术在新型制造业中的赋能作用，拓展5G与工业互联网深度融合的应用场景，围绕构建工业大数据平台、建立工业大数据数据库、推广工业大数据应用以及建设工业大数据中心等主线，致力于加速形成完整的工业大数据生态系统。同年12月，《山东省“十四五”大数据产业发展规划》提出了以促进数据价值化和大数据产业高质量发展为主线的战略目标，明确指出要加快数字基础设施建设步伐、丰富各类数据产品供应、推动数据要素的有效流通、深化跨领域和跨行业的数据融合应用，努力打造一个基础扎实、资源丰富、应用场景多样、产业链条完整、应用活跃、产业集聚明显、安全有序的大数据产业格局。2022年10月出台的《山东省制造业数字化转型行动方案（2022—2025年）》，则着重强调以数据要素流通应用为核心任务，力图创建一系列国家级智能制造、工业互联网等数字化转型的典范案例，并深化产业链供应链各环节之间的协同合作。2023年12月，中共山东省委和山东省人民政府联合发布《关于加快数字经济高质量发展的意见》，明确提出要激活数据资源价值、释放数字经济要素红利、着力构建省"产业大脑"能力中心和产业数据仓，并积极探索企业数据全面采集与高效汇聚的市场化新模式。

二、主要省市大数据驱动制造业供给质量提升政策实施的创新思路与制度建设

梳理广东、上海、江苏、浙江、山东等省市近年（尤其"十四五"之后）出台的一系列有关大数据促进制造业转型升级方面的政策措施，可以看出政策的重点创新思路与制度建设主要体现在以下几个方面（如表7-4）。

表7-4　各省市大数据驱动制造业供给质量提升的主要政策及内容

地区	年份	政策名称	重点内容
广东	2021	广东省人民政府关于加快数字化发展的意见	以数字化转型重塑广东制造新优势，着力推动传统制造装备联网、关键工序数控化，积极建设智能车间、智能工厂
	2021	广东省制造业数字化转型实施方案（2021—2025年）	以深化新一代信息技术与制造业融合发展为主线，以工业互联网创新应用为着力点，深入推进制造业数字化转型和高质量发展
	2021	广东省数据要素市场化配置改革行动方案	加快推进数据要素市场化配置改革，建设数据要素市场体系，支持设立广东工业互联网大数据分中心
	2021	广东省数字经济促进条例	对工业领域进行全面而深入的数字化重构，实现从各个维度、各个环节到整个产业链条的数字化升级转型，旨在有力推动工业朝向数字化、网络化及智能化的方向发展。同时，积极推动产业集群利用工业互联网技术实现全要素、全产业链以及全价值链的高度互联与整合

续表

地区	年份	政策名称	重点内容
	2022	广东省产业集群数字化转型工程实施细则（2022年）	构建产业生态系统，以“工业互联网园区为核心，联合行业服务平台，集聚专业化、精细化、特色化和新颖化的中小企业集群，并深度融合产业数字金融”，共同构筑数字经济的综合体系架构
	2022	广东省数字经济发展指引1.0	聚焦20个战略性产业集群建设，推动产业链供应链数字化，推动特色产业集群数字化
	2023	“数字湾区”建设三年行动方案	通过数据推动大湾区要素市场化，有效激发传统要素在服务经济社会发展中的价值
上海	2021	推进上海经济数字化转型，赋能高质量发展行动方案（2021—2023年）	实施“工赋上海”计划，以“知识化、质量型数字孪生”为主线，旨在助力企业实现数字化高效能提升，并推动产业链与供应链的双重数字化智能升级。同时，通过强化平台生态的数字化赋能作用，逐步驱动数字化转型从局部到产业链再到生态圈的全方位扩展与深化
	2021	上海市全面推进城市数字化转型“十四五”规划	建设数字孪生企业，打造“100+”示范工厂，促进产业链供应链数字化增智，实现精准固链补链强链
	2021	上海市数据条例	培育壮大数据收集存储、加工处理、交易流通等数据核心产业，发展大数据、云计算、人工智能等产业
	2022	上海市数字经济发展“十四五”规划	围绕数据新要素、数字新基建等重点领域，加强数据要素协同联动，重点培育数据产品与服务、数字内容、数字贸易、数字设计、数字安全等数据新要素
上海	2022	上海市制造业数字化转型实施方案	通过数字化赋能企业组织模式、业务方式与就业范式创新变革，形成“链主”平台、智能工厂、超级场景、创新生态“四位一体”的制造业数字化转型发展体系
	2023	立足数字经济新赛道推动数据要素产业创新发展行动方案（2023—2025年）	全力以赴推动实现全球数据资源的优化配置，全面布局涵盖数据产业链各环节的战略规划，并全方位构建繁荣的数据生态环境。聚焦于打造具有国际一流影响力的全球数据要素流通枢纽和创新高地

续表

地区	年份	政策名称	重点内容
江苏	2020	关于深入推进数字经济发展的意见	充分发挥数据要素的倍增效应，打造工业互联网标杆工厂，深化工业互联网在先进制造业领域应用，提升制造业数字化水平
	2021	江苏省“十四五”大数据产业发展规划	以释放数据要素价值为主线，着力夯实数据基础设施，培育数据要素市场，丰富大数据技术产品，深化大数据的融合应用，从而构建起一个高效协同的大数据发展生态环境
	2021	江苏省制造业智能化改造和数字化转型三年行动计划（2022—2024年）	聚焦省重点先进制造业集群和重点产业链，加快推动龙头骨干企业、中小企业、产业链“智改数转”
	2022	关于全面提升江苏数字经济发展水平的指导意见	制定重点行业数字化转型实施方案、路线图，加快推进智能车间、智能工厂建设，加快创建国家“5G+工业互联网”融合应用先导区、工业互联网产业示范基地
	2023	关于推进数据基础制度建设更好发挥数据要素作用的实施意见	建成运行高效、安全有序的数据要素市场，建强特色鲜明的数据产业集群，形成主体活跃、支撑有力的数据要素生态，实现产业数据深度赋能
浙江	2021	浙江省数字化改革总体方案	以数据供应链为纽带，推动产业链、创新链、供应链融合应用，形成全要素、全产业链、全价值链全面连接的数字经济运行系统
	2021	浙江省数字经济发展“十四五”规划	大力推进新智造，推进“产业大脑”建设，形成“一行业一大脑”发展格局，打造“1+N”工业互联网平台体系和产业生态
	2021	关于培育发展制造业“云上企业”促进数字化转型的实施意见	着力提升企业数字基础设施建设水平，强化云服务商和云平台的服务能力，丰富云化数字产品和解决方案，培育发展制造业“云上企业”，撬动企业数字化改革，促进企业数字化转型
浙江	2022	以“产业大脑＋未来工厂”为引领加快推进制造业数字化转型行动方案	加快推进“产业大脑+数字化产业链+数字化供应链+数字化价值链”融合，推动数字赋能全产业链协同转型，重塑产业链组织、流程与模式
	2022	浙江省推进产业数据价值化改革试点方案	聚焦产业数据资源属性，提升产业数据汇聚与开发利用能力，丰富数据产品与服务，加快建立以产业数据生态体系

续表

地区	年份	政策名称	重点内容
山东	2020	山东省推进工业大数据发展的实施方案（2020—2022年）	制定了工业大数据发展“路线图”，着力推动工业大数据应用，以数据驱动全省工业数字化转型
	2021	山东省“十四五”数字强省建设规划	以打造工业大数据平台、工业大数据库、工业大数据应用、工业大数据中心为主线，加快构建工业大数据生态体系
	2021	山东省“十四五”大数据产业发展规划	以推动数据价值化和大数据产业高质量发展为主线，加快建设数字基础设施，丰富数据产品供给，促进数据要素流通，深化数据融合应用，打造大数据产业体系
	2022	山东省制造业数字化转型行动方案（2022—2025年）	建设工业互联网平台，创建一批智能制造、工业互联网等国家级数字化转型标杆，深化产业链供应链上下游协作
	2023	关于加快数字经济高质量发展的意见	激活数据资源价值，释放数字经济要素红利，建设省“产业大脑”能力中心和产业数据仓

资料来源：根据各省市相关政策整理。

（一）更加注重大数据促进制造业数字化转型的顶层设计

多数省市成立了制造业数字化转型工作小组来统筹工作。广东在省制造强省建设领导小组框架内，设立省制造业数字化转型工作组[①]。上海设立制造业数字化转型工作专班，形成由相关职能部门以及各区政府、重点企业等共同参与的工作协调机制。江苏省由制造强省建设领导小组办公室统筹推进制造业“智改数转”工作，成立江苏省制造业“智改数转”战略咨询工作专家组，分类制定“智改数转”推进指南[②]。浙江发挥省数字经济发展领导小组统筹协调作用，优化工作推进机制。山

① 广东省人民政府：《广东省制造业数字化转型实施方案（2021—2025年）》，https://www.gd.gov.cn/zwgk/wjk/qbwj/yf/content/post_3338922.html，2021年7月6日。

② 江苏省人民政府办公厅：《江苏省制造业智能化改造和数字化转型三年行动计划（2022—2024年）》，https://www.jiangsu.gov.cn/art/2021/12/30/art_84418_10244387.html，2021年12月30日。

东在制造强省建设领导小组框架内，设立制造业数字化转型工作组[①]。

（二）更加注重大数据新型数字基础设施建设

各省市都非常重视大数据新型基础设施建设。广东重点建设第五代移动通信技术（5G）、千兆光网、物联网、工业互联网等新一代通信网络基础设施，通用数据中心、智算中心、超算中心等数据与算力设施，智慧城市、智慧能源、智慧交通、智慧环保等融合基础设施。上海提出要提升新一代网络、区块链、元宇宙等数字新基建能力。江苏也提出提档升级网络基础设施，建设完善算力和新技术基础设施。浙江提出以建设国内领先、国际一流的数字基础设施为总目标，高标准构建网络设施、算力设施、智能终端等协同发展的数字基础设施体系。山东提出布局建设全国领先的“网、云、端”信息基础设施，建设泛在领先的数字基础设施。

（三）更加强调大数据与工业互联网平台的融合运用与创新

各省市都非常重视大数据与工业互联网平台的融合运用与创新。广东强调加快推进大数据、人工智能等新兴前沿技术与工业互联网平台的融合应用，提出加快建设跨行业、跨领域、特色型及专业型工业互联网平台。上海则提出“平台+园区”融合发展模式，支持引进或与龙头企业共建符合园区产业特色的工业互联网平台，打造“工业互联网+安全生产”“两网贯穿”“工业元宇宙”“数字孪生”数字化转型新模式。江苏提出推动各类型工业互联网平台汇聚工业大数据、工业App和数字化转型解决方案等。浙江提出建设制造业“云上企业”数字化赋能平台，支持各类云平台对接“产业大脑+未来工厂”，赋能制造业“云上企业”开展各类场景应用。山东则强调以“工业互联网+园区（集群）”“工业互联网+自贸试验区”模式，推动建设特色产业集群“产业大脑”。

（四）更加注重大数据赋能制造业产业链供应链协同发展

广东通过“一链一策”支持“链主”企业、第三方机构等打通产业链供应链，开展协同采购、协同制造、协同配送等数字化场景应用，通过大数据赋能制造业产

① 山东省人民政府：《山东省制造业数字化转型行动方案（2022—2025年）》，http://www.liaocheng.gov.cn/site_lcyhyshj/channel_lcq_lcyhyshj_30d/doc_6394a16c57ffc6750d271560.html，2022年10月22日。

业链供应链协同发展[①]。上海则提出“工赋链主”工程，推动产业链、供应链各环节集成互联，打造“一链一平台”，实现“一链多场景”。江苏提出产业链“智改数转”升级，支持“链主”企业基于产业链协作平台开展协同采购、协同制造、协同销售和协同配送等应用，提高产业链协作效率[②]。浙江推动“三链”协同发展，推进“产业大脑+数字化产业链+数字化供应链+数字化价值链”融合，推动价值链、产业链、供应链协同发展。山东提出强链条战略，以数据要素流通应用为核心，支持制造业“链主”企业、重点平台产业链、供应链、价值链互联互通。

（五）更加注重数据要素市场体系建设

各省市都非常注重数据要素市场体系建设。广东统筹推进数据要素市场化配置改革，构建两级数据要素市场结构。上海加快建设数据交易所，推进数据产品和服务挂牌交易，开展数据资产化试点。江苏着力培育数据要素市场，制定完善数据生成、确权赋权、定价交易、安全保护等方面的地方性法规和标准规范，推动数据交易机构、数据运营机构建设。浙江着力推进数据要素市场化配置改革，建立数据产权交易制度，推进公共数据开放共享，提升社会数据资源价值，构建社会数据多源采集体系。山东提出高水平建设省大数据交易中心，建立数据产品和服务价格形成及收益分配机制。

三、主要省市大数据驱动制造业供给质量提升政策实施成效与存在的问题

广东、上海、江苏、浙江、山东等省市有关大数据促进制造业高质量发展的配套政策有力地推动了各省市数字经济快速发展，有力地推动了制造业数字化智能化升级。

（一）大数据驱动制造业供给质量提升政策实施的主要成效

一是数字经济成为经济增长的重要引擎。作为数字经济大省，广东数字经济

① 广东省人民政府：《广东省制造业数字化转型实施方案（2021—2025年）》，https://www.gd.gov.cn/zwgk/gongbao/2021/19/content/post_3367262.html，2021年6月30日。

② 江苏省人民政府办公厅：《江苏省制造业智能化改造和数字化转型三年行动计划（2022—2024年）》，https://www.jiangsu.gov.cn/art/2021/12/30/art_84418_10244387.html，2021年12月30日。

规模从2018年的4.31万亿元，增长到2021年的5.9万亿元，连续5年居全国首位[①]，其2021年的数字经济占GDP的比重达到47.5%[②]。2021年上海数字经济核心产业增加值实现5367.27亿元，占GDP比重达12.4%[③]。截至2021年底，江苏数字经济规模超5.1万亿元，位居全国第二，数字经济核心产业增加值占GDP比重达10.6%[④]。2021年，浙江数字经济增加值为3.57万亿元，居全国第四位，占GDP比重达到48.6%[⑤]。山东省2021年数字经济规模总量突破3.5万亿元，居全国第三位；数字经济占GDP比重达到43%，核心产业增加值占比超6%[⑥]。

二是大数据赋能制造业转型升级效果显著。截至2022年，广东累计推动2.25万家规模以上工业企业数字化转型，70万家中小企业“上云用云”；上海累计建成100家智能工厂，打造8家国家级智能制造示范工厂，3家国家级智能制造标杆企业，形成26个具有影响力的工业互联网平台，推动一批“5G+AI+工业互联网”创新应用；江苏省已累计培育4个国家级“双跨”工业互联网平台、37个国家级特色型平台、138家省级智能制造示范工厂[⑦]；浙江累计认定未来工厂32家、智能工厂（数字化车间）423家，建设省级工业互联网平台285家，培育上云企业47万家[⑧]；山东获批建设山东半岛工业互联网示范区，累计培育国家级“双跨”工业互联网平台4个，两化融合指数（115.9）居全国第二位，产业数字化指数（80.3）居全国

① 沈钊：《数字经济成稳增长关键力量　广东打造数字经济发展高地》，《羊城晚报》2022年8月18日第A02版。

② 南都大数据研究院、南方智媒科技：《6.5万亿！广东数字经济贡献一半以上GDP》，https://www.gdtv.cn/article/d8119257fef9327c8ebc0e3c4ffce5b5，2023年6月3日。

③ 《全面数字化转型，打造国际数字之都》，https://www.cnr.cn/shanghai/shzx/zq/20230512/t20230512_526249651.shtml，2023年5月12日。

④ 周梦娇：《江苏数字经济规模超5.1万亿元 位居全国第二》，https://baijiahao.baidu.com/s?id=1743367694889087759&wfr=spider&for=pc，2022年9月8日。

⑤ 《综合实力稳居全国前列！浙江首次编制发布这个白皮书》，https://m.thepaper.cn/baijiahao_19315571，2022年8月4日。

⑥ 《山东数字经济占GDP比重达到43%，规模位居全国第三》，https://baijiahao.baidu.com/s?id=1726358688624672642&wfr=spider&for=pc，2022年3月4日。

⑦ 付奇：《主动作为，护航江苏制造稳步回升》，《新华日报》2022年9月4日第001版。

⑧ 夏丹、郑闽红：《“加载”升级版 实现“双倍增”》，《浙江日报》2022年7月14日第002版。

首位①。

三是大数据综合试验区建设稳步推进。珠江三角洲地区的大数据综合试验区致力于成为全国大数据应用创新的领航区、大数据产业集群发展的高地。而上海大数据综合试验区则着力构建国家级数据科学枢纽、亚太地区的数据交换中枢，并努力成为全球“数据经济”的核心地带。这些综合试验区在推进过程中，着重在大数据制度创新实践、大数据技术与应用深度探索、大数据相关产业聚合发展、大数据要素的有效流通等领域开展积极尝试。这一系列举措有力地推动了广东和上海两地制造业通过大数据赋能实现转型升级，并已取得显著成果。

（二）大数据驱动制造业供给质量提升政策实施存在的问题

广东、上海、江苏、浙江、山东等省市有关大数据促进制造业高质量发展的配套政策日趋完善，但依然存在如下问题。

一是大数据治理体系条块分割，协调不足。各省市有关促进大数据发展的体制机制仍存在条块分割、资源分散、协调不足的现象，缺乏有效的战略谋划、资源统筹和整体推进，跨部门协同、多方参与的治理机制还需完善，没有形成数字经济发展合力，迫切需要强化统筹协调、宏观指导的职能。

二是大数据促进制造业高质量发展的配套政策多有雷同，缺乏地方特色。各省市都把大数据产业作为优先发展领域，在大数据产业化、数据要素市场培育、制造业数字化转型等方面加大投入。但大多数省市在大数据赋能制造业提升发展的重点领域、配套政策体系、重大项目工程等方面的路线图和时间表多有类似，缺乏地域特色及行业特点。

三是针对大数据赋能制造业质量提升的细化配套政策尚不完善。大多省市并未列明大数据赋能制造业质量提升的细分领域及重点突破方向，对不同类型企业、不同特点行业、不同特色地域的扶持政策等仍有欠缺，根据制造业分阶段特征或者不同细分行业的特征来发挥大数据的要素驱动作用的相关配套政策尚未健全。

四是大数据要素产权及法律法规尚待健全。各省市尚未制定归属清晰、权责明确的数据产权制度，政企数据共享权责边界模糊，配套的法律法规及实施细则也亟

① 张楠：《山东省数字化转型步伐持续加快》，https://baijiahao.baidu.com/s?id=1746626904845655881&wfr=spider&for=pc，2022年10月14日。

待出台，造成制造业企业获取数据的渠道不畅和“数据孤岛”现象依然存在。

第三节　国外大数据驱动制造业供给质量提升的政策借鉴

一、第一梯队（美国、德国、日本）政策实施情况

以美国、德国和日本为代表的制造业强国处于大数据赋能制造业质量提升的第一梯队，他们通过国家战略推动大数据应用，加快制造业产业数字化、智能化发展，赋能制造业质量提升。

（一）美国

美国高度重视大数据研发和应用。2011年实施“先进制造联盟计划”，并发布《实现21世纪智能制造》报告，提出要通过大数据等信息技术来对工厂进行智能化改造。2012年3月启动“大数据研究和发展计划”，“大数据”上升为国家战略（孙秋柏、陈雪波、黄天云，2016）。2013年发布《国家制造业创新网络：初步设计》，重点研究领域包括数字化设计、智能制造的框架和方法等。产业界提出“工业互联网”的概念，并由通用电气、思科、IBM、AT&T、英特尔等80多家企业成立了工业互联网联盟，在技术、标准、产业化等方面做出一系列前瞻性布局。2016年5月发布《联邦大数据研发战略计划》，重点支持大数据研发及场景应用。2018年，特朗普政府发布《美国先进制造业领导力战略》，强调在智能与数字制造、先进工业机器人、人工智能基础设施等方面做到优先，确保未来先进制造业领导地位（王威、王丹丹，2022）。2021年，拜登政府在大数据促进先进制造业发展方面延续前任政府的做法，6月，美国参议院通过《2021年美国创新和竞争法案》，将包括物联网、5G在内的众多大数据领域纳入联邦政府的资助范围，由此进一步提升制造业数字化、智能化发展水平。美国通过大数据与制造业的紧密结合，将制造业企业的设备、人员和数据互联互通，以数据整合实体来推进智能制造，实现全球制造联网和智能决策。

（二）德国

德国围绕大数据与制造业深度融合以实现产业升级的议题，提出了“数字议程”这一国家战略，并以其核心理念——“工业4.0”为代表性实践（如图7-5）。可以说，“工业4.0”是借助大数据力量推动制造业高质量跃升的一个生动范例。2011年4月出台的《“工业4.0”计划》首次界定了“工业4.0”的概念，强调将信息数据科技与制造工艺紧密结合，构建一种高度灵活、具备强大适应性的产品生产和服务模式，从而驱动工业向智能化和网络化的方向发展。2014年8月发布的《数字议程（2014—2017）》中，德国政府明确提出“提升网络普及率、强化网络安全保障以及推动数字经济繁荣”三大关键目标，旨在使德国在数字化领域达到全球领先水平。2015年的《智能服务世界2025》及《工业4.0：科研至企业落地实施计划》聚焦于“工业4.0”所涉及的智能服务全产业链，着力于解决中小企业在实际生产中应用“工业4.0”技术会遇到的问题。2016年3月，《数字战略2025》进一步提出建设德国本土的“区位4.0”，助力企业切实实现“工业4.0”转型。同年9月发布的《数字化行动计划》则倡导利用“工业4.0论坛”展示示范项目，大力支持中小型工业企业数字化升级，推进高速宽带网络建设，以促进“工业4.0”和智能联网技术的发展。直至2019年，德国发布《国家工业战略2030》，持续深化并拓宽“工业4.0”战略视野，旨在推动本国制造业实现全面和深度的升级换代。2020年9月发布的《数字化实施战略》（第五版）分为“数字能力”“数字基础设施与设备”“创新与数字化转型”“数字化变革中的社会”和“现代化国家”五个部分，覆盖数字化相关项目145个。2022年德国提出了新的“数字化战略”，强调开发6G技术的潜能，实现欧洲云计划“盖亚-X”和数据空间的互联互通，扩大超级计算中心的数字化基础设施，提高数据加工能力，等等，强调发挥人工智能的主导作用[①]。

① 编辑部特别报道：《2022世界科技发展回顾》，《军民两用技术与产品》2023年第1期。

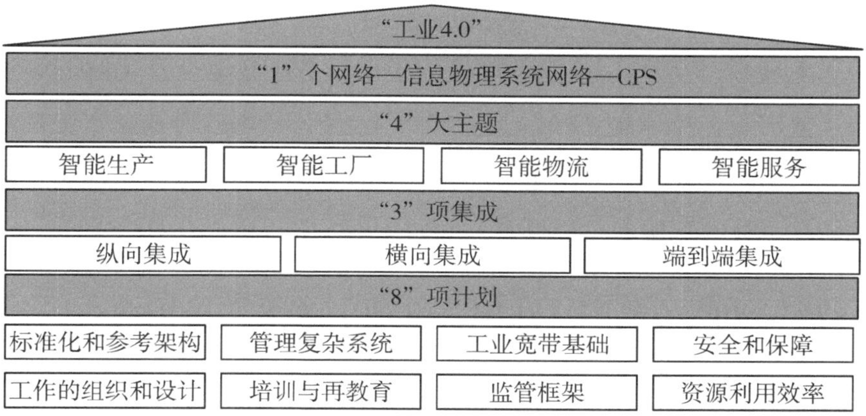

图7-5　德国“工业4.0”架构

（三）日本

日本在大数据政策制定与实施上，经历了三个阶段性的演进过程：第一阶段（2000年至2012年），重点在于推动数字信息技术在经济社会的广泛应用，这一时期相继推出了“e-Japan”（2001）、“u-Japan”（2004）和“i-Japan”（2009）等一系列战略规划，旨在促进信息化社会的构建。第二阶段（2013年至2015年），战略重心转向通过机器人技术革命来驱动制造业产业结构的革新升级。其间发布了《日本振兴战略》及《推进成长战略的方针》，并将大数据的研究和应用提升为国家战略层面的重要议题。第三阶段（2016年至今），日本提出了“超智能社会5.0”宏大愿景，并通过诸如《科学技术创新综合战略2016》《日本制造业白皮书》《综合创新战略》《集成创新战略》以及《第2期战略性创新推进计划（SIP）》等一揽子战略规划，利用大数据、物联网及人工智能等先进技术推动国家向数字化、智能化转型。其中，2017年版《日本制造业白皮书》中明确提出了加速智能制造的发展，并制定了人工智能产业化的详细路线图。2018年版《日本制造业白皮书》进一步明确了将“互联工业”作为未来产业发展方向，涵盖自动驾驶及出行服务、先进制造与机器人技术、生物与新材料、智慧生活、设备设施安全五大关键领域。这种“互联工业”战略正是大数据赋能制造业高质量发展的典范，其基石在于数据共享，核心理念是实现数字技术与传统产业的深度融合，通过连接机械、数据、技术和组织等多维度资源，促使制造业企业更加重视并有效运用数字技术，从而催生新的价值创造和全新的产业形态。2020年，日本推行“数字新政”，尤其在“后5G”信息基础设施建设、中小企业信息化改造等领域大幅增加投入（蓝庆新、彭一然，2020）。2021年9月，日本政府成立负责日本行政数字化的最高部门——数字厅，旨在构建更完善的数字政府，最大限度利用数字技术优势，推动日本数字化转型（许悦雷，2021）。

二、第二梯队（英国、法国、韩国）政策实施情况

（一）英国

早在2010年，英国政府就上线了政府数据网站Data.gov.uk，侧重于大数据信息挖掘和获取能力的提升。同年在全球率先通过《数字经济法》。2012年成立数据战略委员会，设立数据开放共享奖励基金，并发布了《政府数字化战略》《开放数据白皮书：释放潜能》等政策文件。2013年建立“开放数据研究所”，加大对大数据领域研究的资金及技术支持，并发布《抓住数据机遇：英国数据能力策略》。2017年，英国修订并通过了新一版《数字经济法》，该法案涉及建设先进的数字基础设施、培养数字人才、支持新型数字产业等方面，为加速数字经济发展构建了良性法律环境。2017年出台的《英国数字战略（2017）》旨在推动制造企业数字化转型，打造全球数字经济创新中心。在推动大数据赋能制造业转型方面，英国先后出台《国家数据战略（2020）》《产业战略：人工智能领域行动》《国家人工智能战略》等政策，大力推动人工智能在制造业的应用。2022年6月发布最新的《英国数字战略》，提出构建更具包容性、竞争力和创新性的数字经济，打造数字经济创新的全球最佳场所。

（二）法国

2013年2月，法国政府发布了《数字化路线图》，明确将“大数据”列为国家层面重点支持的五大战略性高新技术领域之一；7月，进一步推出了《法国政府大数据战略五项支持计划》，设立了专门针对大数据产业发展的初始扶持基金，并着手构建面向大数据初创企业的孵化平台。此外，法国中小企业、创新和数字经济相关部门相继制定了《大数据发展规划》《创新2025规划》以及《新工业法国规划》等一系列政策文件，以积极的姿态全力支持大数据产业在法国的成长与壮大。

2019年，法国政府颁布了《法国2020数字化转型战略》，旨在更有力地推动国家整体的数字化转型进程，从而促进经济增长、产业升级以及就业市场的繁荣发展。在推动大数据技术与制造业深度融合方面，法国政府提出了“未来工业”这一前瞻性的国家战略，实质上是将制造业的数字化革新和可持续生态转型作为提升竞争力的核心路径，以期通过生产制造流程中的深度数字化整合及新技术应用，催生出崭新的产业模式。同时，法国积极对接德国乃至整个欧盟范围内的工业发展战略，力图通过区域间的紧密合作，在电动车电池技术、人工智能、数据存储等关键领域打造示范项目，以实现欧盟内部制造业的集成化优势互补与协同发展①。

（三）韩国

2011年韩国提出大数据发展计划。2012年韩国制定的《大数据未来发展环境战略计划》，提出培养1000个大数据、云计算系统相关企业1000个的战略目标。2014年发布的《未来增长引擎执行计划》，将大数据列为13个未来增长引擎之一。2015年发布的《K-ICT战略》，提出全球进入大数据2.0时代的重大判断，将大数据产业定为九大战略性产业之一。2016年发布以大数据等技术为基础的《智能信息社会中长期综合对策》。2020年8月提出《基于数字的产业创新发展战略》，开展制造业产业价值链智能化，推广大数据与人工智能应用的成功案例。2022年4月成立“国家数据政策委员会”，作为国家大数据和新产业政策管理机构，发布了8个数据领域、5个新产业领域的改善计划，打造全球顶级水平的数字力量。2022年6月发布《新政府经济政策方向》，支持人工智能（AI）、生物、机器人等朝阳产业发展。2023年发布《国家尖端产业培育战略》，确定半导体、显示器、机器人等为核心战略产业。韩国以大数据促进智能制造和培育融合型新产业为主的制造业创新3.0战略，核心在于推广智能制造（智能工厂）、提升重点领域的产业核心力（机器人、元器件等）、夯实制造业创新基础（人才、技术合作交流）三大战略任务，促进制造业与大数据相融合，力争成为全球新一轮工业革命的“领跑者”②。

① 李鸿涛：《法国持续推动“未来工业”计划——全球产业发展新趋势②》，https://baijiahao.baidu.com/s?id=1714269208030601323&wfr=spider&for=pc，2021年10月22日。

② 杨明：《韩国发布尖端产业培育战略》，https://baijiahao.baidu.com/s?id=1762555824495952000&wfr=spider&for=pc，2023年4月8日。

三、经验借鉴

（一）智能制造成为大数据与制造业融合发展的关键领域

通过梳理全球制造业领先和先进国家在利用大数据推动制造业高质量发展方面的政策，可以揭示出美国推行的“先进制造业领导力战略”、德国倡导的“工业4.0”（其后升级为“国家工业战略2030”）、日本提出的“互联工业”概念（其后续延伸为“智能社会5.0”愿景）等核心发展战略，无一不是围绕重振制造业这一主线，并均以大数据技术为重要驱动引擎，旨在深度赋能智能制造，以此抢占全球制造业新一轮竞争的主导地位。结合我国国情实际，在未来制造业通过大数据应用推动智能化转型的过程中，我们需要紧紧把握新一轮信息技术革命与产业变革的重大机遇，聚焦关键领域和发展方向。借鉴欧美发达国家运用大数据成功助推制造业智能化升级的经验，我国应由政府主导，构建国家级制造业智能化创新平台及工业互联网基础设施，积极对标国际智能制造的高标准体系，力争在全球智能制造标准制定中赢得参与权和话语权，从而实现从“中国制造”向“中国智造”的战略性转变（王威、王丹丹，2022）。

（二）以大数据应用赋能制造业高质量发展

发达国家在大数据应用推动制造业高质量发展方面，要加强顶层设计，积极引导大数据与制造行业深度融合，在夯实数字基建的基础上，构建制造业数字化生态，进一步落实数字技术的实际应用（杨炎，2019），着力提升数字化转型背景下的国家先进制造业竞争新优势。在制造业数字基础设施方面，要构建大数据平台、工业互联网基础设施及产业数字化平台，加大新基建的有效投资，打造全新的工业生产制造服务体系（蔡婷婷、吴松强，2021）。在产业集群数字化方面，着力推动制造业智能化发展共性技术的集群式发展，支持制造业企业主体采取数字化转型集体行动，增强产业集群内大数据技术的应用与合作。在制造业信息安全方面，要紧紧围绕大数据及工业互联网底层安全基础，加快构筑相对完善、系统的网络安全保障体系，降低制造业数字化智能化转型环境中的网络风险（曹正勇，2018）。

（三）工业互联网成为大数据在制造业的应用平台和载体

工业互联网是实现数据要素价值在制造业中应用的技术集成，通过集成各类软硬件自动化设备和相关数字技术，在收集、传输、分析等阶段将海量的原始数据转化为有价值的决策信息，促进制造业各环节的信息化智能化改造（魏毅寅、柴旭东，2017）。美国对工业互联网的发展有系统化的政策推动机制，首先政府出面扶持工业互联网发展相关技术产业，如信息物理系统（CPS）、先进制造业关键技术等，通过采取建立制造业创新中心、知识产权保护和税收改革等措施营造良好的生态环境，高度重视工业互联网人才培育；其次，美国工业互联网联盟通过建立工业互联网参考架构、推进标准化协作、应用案例的示范等方式推广工业互联网应用和发展；在技术层面，领先的数据网络技术和安全技术能够保证工业互联网对制造业智能化改造与升级（杨帅，2015），提升生产、销售等环节的效率（如图7-6）。在当前国内制造业数字化、网络化、智能化发展水平参差不齐的前提下，我国工业互联网发展应结合企业、行业实际，夯实数字技术设施基础，树立工业互联网行业建设标杆，提高工业互联网服务企业的专业化程度，充分发挥工业互联网建设服务商作用，打造符合中国制造业发展规律的工业互联网标准化体系（杜传忠、金文翰，2020）。

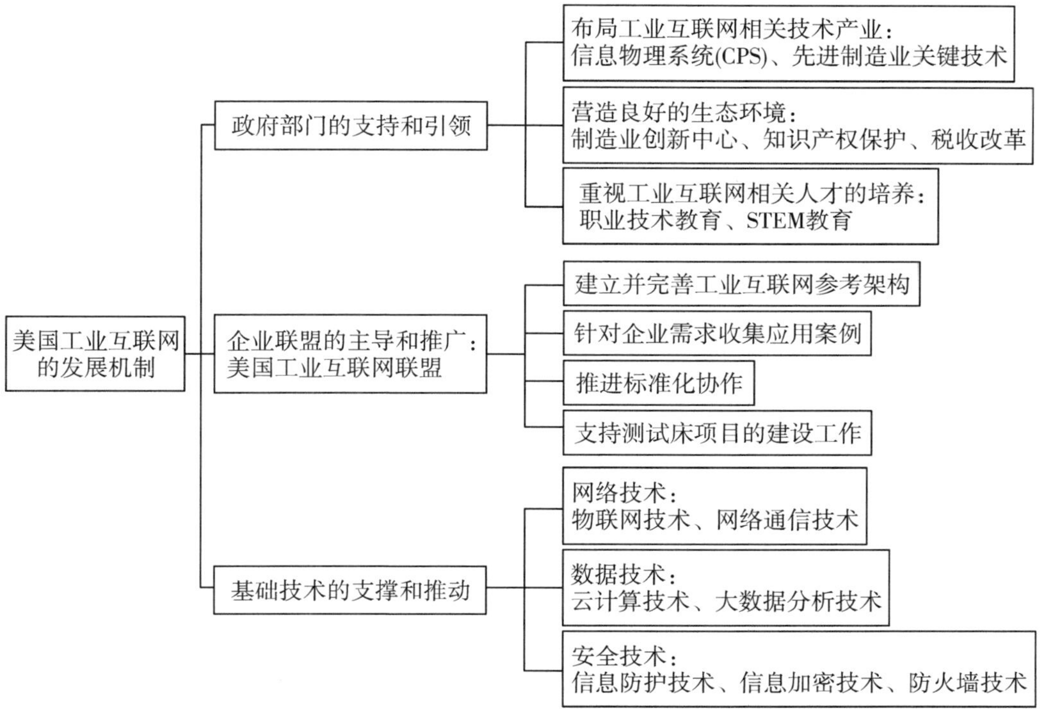

图7-6　美国工业互联网的发展机制

第四节　大数据驱动制造业供给质量提升的路径选择与政策建议

结合我国建设制造业强国及以新质生产力推动高质量发展的目标，贯彻落实党的二十届三中全会精神，基于中国制造业处于“工业2.0”和“工业3.0”二元叠加阶段的复杂性，借鉴国内外实施经验，针对实证研究发现的突出问题，重点从制造业供需结构有效匹配、产业价值链提升、制造业生态系统重构三个维度，提出大数据驱动制造业供给质量提升的实现路径，并进一步从企业、行业、区域等层面提出相关配套建议。

一、大数据驱动制造业供给质量提升的实现路径

从制造业供需结构有效匹配、产业价值链提升、制造业生态系统重构三个维度对大数据驱动制造业供给质量提升的问题表现和实现路径进行详细解析，力争推动基于消费需求智能感知的制造模式变革，深化大数据在制造业全产业链的应用，形成以大数据要素配置与利用为核心的制造业竞争新优势。

（一）促进制造业供需结构有效匹配基础上的制造业质量提升路径

1. 制造业供需结构有效匹配中存在的问题

促进制造业供需结构有效匹配的关键在于推动基于消费需求智能感知的制造模式变革。目前，针对消费需求智能感知的制造业发展过程中存在以下问题：一是制造业大规模生产需要需求稳定性，但面临消费需求动态性现实冲突，以及制造业生产的“大批量、小品种”规模经济效应与多样化、个性化日益增加的消费者需求之间存在矛盾。二是制造业从以生产为核心向以消费者需求为核心的理念转换问题。传统制造业企业以生产产品为中心，突出降成本、重数量、提效率，而忽略消费者需求，导致生产过剩。随着数据成为赋能制造业转型的关键生产要素，直接参与制造环节与制造工序（焦勇，2020），建立起高度灵活、个性化和数字化的产品与服务生产模式，不断促进制造业企业从传统的以生产为核心向以客户需求为核心转

型。三是消费者需求精准匹配的技术和成本问题。过去要掌握消费者需求需要大量的市场调查，不仅耗时耗力，而且可能无法满足消费者快速变化的需求。在新型制造模式下，以大数据为代表的数字技术降低了交易成本，改变了居民消费方式，实现了供需实时精准匹配，形成了消费系统对接机制。此时，消费者就能够参与到产品设计、生产、销售各个环节中，制造业企业也能够充分利用数据精准获取消费者需求，进而实现消费者需求精准匹配，推动制造业向更加智能化、更加绿色、更加高效的方向升级。

2. 实现路径

针对制造业供需结构有效匹配中存在的问题，应基于大数据的应用与价值驱动，以消费者需求为牵引，驱动产品和服务创新，驱动企业内部流程及工艺数字化转型，驱动组织结构变革的决策模式转变，带动产业链升级与重构，最终通过提升消费者体验和企业运行效率，推动基于消费需求智能感知的制造模式变革，实现制造业发展在质量、效率和动力方面的根本性变革。

（1）拓展消费者市场的路径：运用大数据分析与技术手段精准定位消费者需求。在数字技术驱动下，消费者多样化需求被不断捕获和挖掘，市场潜力也得以释放。具体而言，应推动企业基于大数据的分析预测，构建消费者画像和需求预测模型，开展消费者需求分析，深度挖掘市场需求，把握消费者需求新趋势，有效细分消费者市场，针对产品的高频问题发掘消费者痛点，通过数字化售后回访收集消费者体验反馈，改进产品的不足；针对消费者多样化、特色化、个性化需求开展创新产品研发，开发个性化推荐算法，面向数据采集、数据存储、数据加工、数据可视化等需求，培育一批专业化、场景化的大数据解决方案，推动产品设计及功能创新，通过数字孪生技术实现供需、产销高效匹配与精准对接，不断推出满足、引领消费者需求的新产品。

（2）平台搭建的路径：运用大数据平台打通消费端与供应端链接渠道。大数据平台是链接供应端和消费端的新型渠道，能够为制造业企业减少获取消费者多样化需求的成本，同时助力产品研发创新。如服装纺织、家具制造、小家电等传统行业应通过搭建云端协同研发设计平台，推广应用众包设计、协同设计、云设计、用户参与设计等新模式。电子信息、汽车制造等新兴高附加值行业应通过建设产品元器件、零部件数字化信息模型平台，共享3D数字模型、技术规模、质量安全等数据，加快渠道智能化运营、个性化定制生产，推动供应端与消费端的精准匹配。借助大数据平台，制造业企业能够研判消费者需求，增强库存、物流及供应链管理能力，进而快速响应消费者需求，为消费者提供符合其切实需求的产品和服务，形成以消费者为中心、全流程高效决策的运营新模式（刘勇、杨慧鹏，2022）。

（3）服务升级的路径：运用大数据技术创新消费者服务模式。在大数据发展背景下，用户参与、消费者主导的商业和制造业模式逐渐成为主流，消费者的参与感、体验感和差异化需求得到最大限度的满足。具体而言，可运用大数据技术开展精准营销和服务反馈，建立用户需求模型和数据档案，对客户标签进行精细化分类，采集和分析消费者的社会属性、兴趣爱好、购物意愿等数据，建立“线上引流+虚拟体验+线下展示及体验”的数字化营销模式，通过数据管理、事件营销精准推行促销策略，实现营销触点多样化、营销策略体系化和营销手段精准化，产生更多具有灵活性和适应性的消费场景，有利于制造业供应端精准改善消费者服务体验，缩短企业创新研发时间，开发创新产品，提升产品服务创新能力。

（二）促进产业价值链提升基础上的制造业供给质量提升路径

1. 产业链数字化转型的路径：深化大数据在制造业全产业链的应用

数字化转型需要全方位、全链条发展，而不是局限在产业链条上的某一环节。产业链数字化转型应利用大数据等数字技术，促进形成产业链各环节数据采集、传输、存储、反馈的闭环，实现产业链与数据要素的全面融合，助力解决产业链整体与局部资源配置效率不一的矛盾。要深化大数据与制造业全产业链的融合，促使制造业产业链组织形态和资源配置效率发生革命性变化，使上下游企业的价值增值在数字技术支撑下向中游制造加工企业转移，降低制造业产业链整体的交易成本，拓展整个制造业产业链的发展空间，从而推动制造业转型升级，实现高质量发展。

2. 工业互联网平台：赋能制造业产业链转型升级的重要途径

工业互联网依托泛在连接、要素集聚、数据分析应用等能力和优势，通过对人、机、物全面连接，变革传统制造模式、生产组织方式和产业形态，能够实现产业链上下游互联互通，用数据驱动产业链、供应链、价值链上的要素资源配置优化（黄鑫，2023），构建起全新的工业制造和服务体系，实现网络化协同、规模化定制、端对端高效率交付，推动制造业全要素、全产业链、全价值链深度变革。此外，工业互联网能够实现跨行业、跨区域的数据汇聚和共享，推动不同企业之间协同研发、网络化制造，以此有效降低资源获取成本，大幅拓展资源利用范围，打破企业边界，促进产业链整体竞争力提升（张任之，2023）。因此，要充分利用互联网的外部性，降低信息不对称性，发挥工业互联网所提供的大数据资源优势和云计算算法优势，推动制造业销售和采购渠道互联网化，促使制造业发挥“1+1>2”的协同效应，推动产品生产更加契合需求类型和需求层次，营造智能生产和智慧制造蓬勃发展的局面。

3．智能制造：实现制造业转型升级、推动高质量发展的重要途径

应充分利用大数据、人工智能等先进数字技术，推动实施智能制造新兴制造模式，促进制造业全链条、全生命周期各个环节一体化集成。通过各类数据采集技术，将制造业大数据连接至智能制造系统，帮助解决经验不足导致的产品加工精度不高等传统问题，实现决策智慧化、信息执行精准化、数据深度自感知，确保决策执行的精准控制，进而实现制造业的数字化、网络化、智能化，在确保制造业产业链质量提升的同时保证供应链效率。

（三）促进制造业生态系统重构基础上的制造业质量提升路径

1．塑造制造业数字创新生态系统

数字创新生态系统是由多个不同的主体和组织依托数字技术进行产品和服务创新的复杂经济结构（魏江、赵雨菡，2021），是利用数字技术对数据要素进行处理，从而在场景应用创新过程中由多主体互动形成的创新生态系统（布和础鲁、陈玲，2022）。应构建基于大数据平台的制造业数字创新生态系统，将大数据等数字技术和数字创新系统应用到制造业领域，推动制造业产业链、供应链、价值链、创新链高效协同，实现企业主体间物质流、能量流、信息流的联结传导，对企业内部和关联主体的大数据价值要素进行汇聚、整合和重新排列，形成共生发展和动态演化的开放创新范式，促进信息共享、主体内部和主体之间的合作以及系统创新。

2．培育基于大数据的制造业生态主导型企业

制造业生态主导型企业是产业生态的主导者和规则制定者，对打造大数据与制造业融合下的产业价值生态系统具有重要作用，应利用制造业生态主导型企业在制

造业领域和数字化领域长期积累的优势和能力，通过推进产业生态的数字化，连接细分行业产业链利益主体及其生产要素，利用大数据的价值创造能力，聚合细分行业资源、数字化服务商、行业工业专家等产业生态，共享技术、通用性资产、数据等资源，实现企业能力（产品研发、设备改进、工艺优化、精益运营、供应链整合等）内化过程的行业输出，汇聚形成产业链和创新链融合的知识中心与有机生态，形成和谐共生的制造业网络生态。

二、政策建议

大数据作为生产要素，同时具备新兴数字技术属性。从更深层次上讲，大数据与制造业的深度融合，是一次制造业管理理念和制造方式的革命。结合上文提出的实现路径，针对我国制造业面临的问题与挑战，为贯彻落实党的二十届三中全会精神，应加快完善大数据与制造业深度融合的体制机制，构建大数据驱动制造业供给质量提升的政策体系。为此，从制造业供需结构有效匹配、产业价值链提升、制造业生态系统重构三个维度，以及从企业、行业和区域等层面提出大数据驱动制造业供给质量提升的政策建议。

（一）充分发挥大数据的需求挖掘及价值创造特性，促进制造业供需结构高效匹配

1．树立消费者与生产者价值共创理念，促进供应和需求协同共进

应支持企业基于大数据的分析与应用，以消费者需求为导向推动供给模式变革，全制造周期实现供需结构高效匹配。在制造前端，鼓励企业深挖消费者行为数据价值，针对消费者个性化、差异化特点，精准定位消费者需求，做好用户画像和需求预测，通过数字平台拉近与消费者的距离，建立消费者反馈奖励机制，鼓励消费者反馈体验感和需求。在制造中后端，建立供应和需求联动机制，开展协同制造创新模式。针对大众消费品领域，让消费者参与产品设计研发和生产制造全流程，让用户体验到合作共赢和价值共创的服务，提升消费者自身价值感，构建消费驱动型组织模式，推动个性化生产与精准供应新模式（刘勇、杨慧鹏，2022），实现大规模、个性化定制生产。尤其是对于服装、家电、家居、建材等传统制造行业，应鼓励企业切实将大数据运用到产品生产过程中，构建全新一体化的设备与数据的

内在关联，增强由模块化设计和生产流程改造带来的敏捷柔性，形成依托数据互通的业务综合集成系统，实现对消费者需求的实时感知和快速响应，更好地利用数据要素完成制造过程与消费者需求的有效对接。在服务端，推动企业运用数字化营销，提高产品服务环节的数字化水平，从产品推广到业务交易，强化数字化服务理念，拓宽线上售后追溯渠道，构建安全高效、合作共赢的服务模式。

2. 强化基于数据要素的制造业服务化转型，驱动制造业供需有效对接

基于数据要素的制造业服务化是充分利用数据要素实现制造过程与消费者需求满足过程的高效衔接，应以数据赋能带动制造业全链条融合发展，创造更丰富的应用场景。鼓励制造业企业特别是行业龙头企业积极利用数据赋能进行服务化转型，加快数据赋能与传统产业的融合发展，加快制造业各环节的生产性服务业融合发展（王小明、邵睿、朱莉芬，2023），不断提升制造业产出服务化水平，促进以消费者需求为导向的制造业与服务业融合发展。

3. 重视大数据在制造业供需结构匹配中的价值与应用，推动企业面向大规模智能定制的转型

应促进大数据理念与技术的应用、推广与普及，创造良好的转型升级环境，做好大数据与制造业的深度融合与协同发展，提升大规模生产调度的全局性能。推动制造业企业加快构建与消费者互动交流的平台，在大数据技术支撑的柔性制造上，快速、有效地把握客户实际需求，对企业的生产管理和组织实施优化改造，推动传统大规模批量生产向大规模定制转变，满足消费者的个性化需求，进而针对消费者偏好，改善营销手段和方式，持续巩固与消费者的服务关系。同时，鼓励由生产商、供应商、网络服务商等组成的产业联合体牵头建设基于大数据的数字营销网络平台，帮助畅通中小制造企业与消费市场的连接渠道，提供消费者需求实时感知、分析和预测以及从订单到交付全流程的按需、精准服务，引导企业围绕平台开展订单分发，合理调配产能，盘活产业链各节点企业，汇聚需求侧信息，反向整合供给侧信息，实现供需精准对接，提升响应消费者需求的能力。

（二）分类施策，深化大数据在制造业全产业链中的应用

1. 聚焦不同行业、不同区域转型升级需求，分类制定大数据应用路线图

制造业不同行业对于大数据的应用需求及应用方向均有较大差异，需要根据不

同行业融合发展的基础和行业特点，选择大数据驱动制造业供给质量提升的不同路径。一是聚焦我国转型升级需求迫切、带动效应大的制造行业，包括纺织服装、家电、家居、建材等重点行业，培育基于大数据按需制造的C2B2C众包生产模式，深入推进工业互联网创新发展，打造一批行业云平台和“上云”标杆企业，驱动更多中小企业加快数字化转型。围绕研发设计、生产管控、产品营销、供应链管理等环节，运用大数据、人工智能等新技术新模式实施数字化网络化智能化升级，进一步降低经营成本、提升生产效率、提升产品质量。二是聚焦新一代电子信息技术、新能源汽车、高端装备制造、生物医药等新兴制造业，以提升产业链协同能力为重点，推进生产过程的智能控制，探索基于大数据的网络协同制造新型生产方式；针对企业及行业需求，探索商业模式创新和服务业态创新，拉动消费需求，培育知名品牌。三是开展集成应用创新，鼓励跨界、跨行业融合发展，探索在制造业细分领域培育智能化生产、网络化协同、服务型制造等融合型新模式新业态。

同时，不同区域也应根据区域禀赋、制造业基础、大数据发展水平、数字化发展阶段等差异，制定差别化的大数据驱动制造业供给质量提升的路线图。东部沿海地区应加大大数据产业技术创新力度和加强商业模式创新，在制造业全生命周期数据价值创造、产业链供应链智能化协同等方面率先取得突破，推动大数据与制造业融合深度发展。中西部地区及东北地区应加强大数据创新资源引进，结合本地特色和制造业需求开放应用场景、数据资源，鼓励各类数字化平台推出低成本、快部署、易维护的大数据服务应用，通过“云网”降费及服务券等方式加大补助力度，引导企业“上云上平台”，促进大数据技术成果转化应用，赋能制造业转型升级。特别是西部地区可通过实施“东数西算”工程大力打造大数据中心，将东部数据算力需求有序引导到西部，吸引东部地区企业在西部地区开展数据分析、运算等服务，带动西部地区大数据产业发展和制造业数字化转型升级。

2. 强化大数据与制造业深度融合的制度建设，充分激活产业链中的数据要素潜能

应完善基于大数据应用与决策的体制机制，推进全国一体化大数据中心体系、国家产业互联网等新型数字基础设施建设，构建制造业大数据标准体系，使数据要素更快融入制造业的研发创新、生产制造以及市场匹配等环节，提升大数据在制造业中的融合创新程度，为数据要素在制造业产业链的高效流通使用提供充足的底层支撑。开展大数据关键核心技术的研发与应用实施行动，有序推进政府与企业之间的数据开放共享，推动数据要素在制造业中的融合应用（吴海军、郭琎，2023）。构建政府主导多方主体（包括制造企业、大数据服务商、行业协会等）共同参与，涵盖“产—学—研—用”四位一体的制造业大数据应用联盟。针对不同地区、不同行业、不同企业与数据要素的融合程度的差异，以及所处的发展阶段、基础条件、产业结构、资源禀赋、所有制结构等方面的差异，在数据开放、数据产权、流通交易等方面，统筹构建多元化、层次化的数据基础制度体系，推动数据要素市场化配置机制、收益分配机制、安全保障机制等方面的改革，充分激活制造业产业链中的数据要素潜能。

3. 加快基于大数据的工业互联网建设，提高制造业全流程数字化水平

工业互联网的跨界渗透能力，为制造业相关主体在全国范围内构建分布式组织网络和优化配置资源奠定了重要基础。因此，应鼓励制造业龙头企业、科研机构、通信企业联合建设工业互联网平台，打通多方主体之间信息交流渠道，实现产业链上下游、跨地区、跨行业的数据交换联动。加快新型基础设施建设和工业互联网平台研发，开展5G与工业互联网应用示范和复制推广，带动全国制造业企业“上网上云”，实施工业互联网入网工程，拓展工业互联网应用的广度和深度。推动跨行业、跨领域的工业互联网平台建设，着力打造垂直细分领域行业型专业型工业互联网平台，重点推动工业互联网平台在钢铁、家电、泛家居、纺织服装、食品等传统制造业典型场景中更广范围、更深程度、更高水平上落地应用。对于化石能源加工、非金属矿物生产等领域，也要充分利用工业互联网优化制造业生产流程，发挥其为实现“碳达峰、碳中和”的关键基础设施作用。此外，各省市应安排专项扶持工业互联网发展的资金，加强工业互联网平台等数据基础设施建设，部署面向智能制造单元的高可靠性的工业互联网，为制造业数字化转型发展提供载体。

4. 加快推动制造业大数据技术应用，实现制造业全产业链智能互联

加快建设制造业大数据资源聚合和分析应用平台，深入挖掘制造业大数据作为生产要素的潜力，发挥制造业大数据的“数据要素+数字技术”融合赋能优势，依托数字技术创新，培育智能制造业系统解决方案，提升数字产业链上下游协同水平，为整个产业链关键环节构建大数据资源利用分析平台，形成高附加值的数字经济价值链，驱使制造模式和运作体系进行智能化升级，提升制造业产业链体系的能级和价值链层级，实现制造业生产和经营全链条数字化改造，保障产品质量。此外，鼓励企业运用制造业大数据等数字技术重组制造业数据要素，改善产业链与价值链的垂直分布错位形态，实现制造业资源要素在全产业链顺畅高效流动，形成制造业智能化运行模式。

（三）发挥平台效应，促进大数据支撑下的制造业生态系统重构

1. 大力培育发展大数据驱动的制造业生态系统，实现大数据生态系统价值

积极探索大数据驱动的制造业生态新模式，大数据驱动制造业转型升级在于推动数据要素和其他要素协同联动，促进多个产业融合创新，形成制造业全新的产业生态系统。一是应围绕增强供需联动、效率提升、风险把控等要求，对制造业价值链不同环节、生产体系与组织方式、产业链条等进行全面赋能，推动制造业产业变革和效率变革，鼓励制造业企业释放供给质量提升潜力，用高质量占领高端市场、换取高额收益，提升全球价值链地位，实现制造业高质量发展。二是充分发挥大数据赋能制造业产业生态适应性匹配优势，构建大数据驱动的“企业—客户—产业上下游”多主体参与的制造业生态系统。三是鼓励制造业领域中有实力的龙头企业发挥引领作用，带动中小企业、供应商、网络服务商、行业联盟等共同优化完善基于大数据的制造业生态系统，实现产业链上下游协同发展。

2. 以产业集群数字化为重要抓手，加快实现大数据驱动制造业全方位全链条升级

着力提升大数据在制造业产业集群数字化的应用水平。鼓励特色产业集群内的行业龙头企业与大数据企业、工业互联网服务商、平台商结对发展，在行业真实场景中合作开展各种大数据应用创新，实现特定行业知识、经验与数字技术能力无缝结合，形成具有行业特色的集群数字化转型解决方案，协同带动集群中小企业融合发展，促进上下游的协同生产和数据对接，带动集群企业整体数字化升级。同时，加大对集群中小企业装备升级改造和设备上云的一揽子扶持力度。将智能化改造系统集成商纳入大数据与工业互联网服务资源池，在集群中小企业进行机器换人、设备更新的同时，推广应用数据传感设备，实现各类工业生产设备、生产数据同步上云，探索符合行业特色和中小企业需求的产业集群数字化转型路径。

3．构建制造业数字创新生态体系，打造数字创新生态共同体

构建制造业数字创新生态体系应着力优化完善制造业产业链上下游供需之间的数字创新生态关系。一是要以公共服务平台和工程数据中心为支撑，加快建设制造业数字创新生态共性平台，开展数字创新平台基础设施建设。支持制造业龙头企业推动数据要素资源开放，构建多方参与的开放开源平台，建成在数字创新基础设施之上的整体数字创新生态体系。二是创新工业互联网平台服务生态，加强平台与政府、平台与区域经济、平台与平台间的融通合作，推动产业链纵向打通、平台间的横向贯通，全面推动工业互联网平台治理体系建设。三是鼓励技术和经济实力较强的东部地区，率先构建制造业数字创新生态体系，并采用生态圈合作模式带动中西部地区共同参与制造业数字创新生态体系的建设，推动建立数字创新生态共同体。

4．进一步疏通发展要素堵点，为大数据与制造业深度融合发展提供坚实支撑

一是加快大数据创新资源与产业资本、金融资本的融合，探索市场化运作方式，着力制定与制造业大数据应用创新模式相匹配的金融投资机制。鼓励和引导金融机构加大对大数据企业、大数据驱动制造业技术改造等项目的信贷支持。鼓励引导产业投资基金和社会资本支持制造业数字化智能化转型发展。鼓励建立基于大数据的融资担保体系，重点为制造业中小企业数字化改造提供融资服务。二是加强标准引领，选择重点行业、地区开展大数据标准试点示范工作，以行业标准的标识解析体系为指南，统一行业基础规范与数据接入规范，为行业内部和行业间数据互联互通提供保障，助力提升上下游产业链协作水平。三是重点引进、培养融通大数据思维与制造业规律的复合型人才。针对制造业市场需求，实施更加开放的大数据人才引进政策，重点引进工业大数据采集与分析、数字化战略管理、制造业全生命周期数据挖掘等领域的高端复合型数字人才。建立以行业需求为导向的大数据人才培育机制，引导高校、职业技校加强大数据相关学科建设。深化校企合作，鼓励高校联合职业教育机构、大数据服务商及制造业企业共建实习实训基地，联合培养面向制造业一线的大数据复合型人才。

参考文献

艾永芳，孔涛，2021. 区域大数据发展能促进企业绿色创新吗？[J]. 中南财经政法大学学报(6)：116−126,160.

白俊红，刘宇英，2018. 对外直接投资能否改善中国的资源错配[J]. 中国工业经济(1)：60−78.

白新华，李国英，2023. 以数实融合提升产业链供应链韧性的现实思考[J]. 区域经济评论(6)：63−68.

波维特，玛撒，克雷默，2001. 价值网：打破供应链，挖掘隐利润[M]. 仲伟俊，钟德强，胡汉辉，译. 北京：人民邮电出版社.

布和础鲁，陈玲，2022. 数字创新生态系统：概念、结构及创新机制[J]. 中国科技论坛(9)：54−62.

蔡婷婷，吴松强，2021. 数字经济赋能我国先进制造业：国际经验与借鉴[J]. 决策与信息(12)：72−79.

蔡跃洲，马文君，2021. 数据要素对高质量发展影响与数据流动制约[J]. 数量经济技术经济研究，38(3)：64−83.

曹秋静，2020. 制造业供给侧结构性改革：科学内涵，实践逻辑与路径选择[J]. 中共石家庄市委党校学报，22(6)：26−29.

曹正勇，2018. 数字经济背景下促进我国工业高质量发展的新制造模式研究[J]. 理论探讨(2)：99−104.

常歆，韩平，2022. 数字技术应用对制造业创新效率的影响：基于DEA-Tobit模型[J]. 技术经济与管理研究(7)：20-24.

钞小静，王宸威，2022. 数据要素对制造业高质量发展的影响：来自制造业上市公司微观视角的经验证据[J]. 浙江工商大学学报(4)：109-122.

陈国汉，2019. 服装企业库存积压的成因及规避策略[J]. 中国总会计师(10)：126-127.

陈丽，2023. “三权分置”释放数据要素新价值[J]. 法人(1)：12-14.

陈以增，王斌达，2015. 大数据驱动下顾客参与的产品开发方法研究[J]. 科技进步与对策，32(10)：72-77.

董华，陈蕾，2021. 大数据、服务化水平对制造企业绩效的影响[J]. 湘南学院学报，42(2)：42-48.

董华，江珍珍，2018. 大数据驱动下制造企业服务化战略：基于“服务悖论”克服的视角[J]. 南方经济(10)：132-144.

杜传忠，金文翰，2020. 美国工业互联网发展经验及其对中国的借鉴[J]. 太平洋学报，28(7)：80-93.

房建奇，沈颂东，亢秀秋，2019. 大数据背景下制造业转型升级的思路与对策研究[J]. 福建师范大学学报（哲学社会科学版）(1)：21-27，168.

冯宗宪，段丁允，2022. 数字贸易发展指数评价及影响因素分析：基于49个国家的面板数据[J]. 北京工业大学学报（社会科学版），22(4)：100-117.

付保宗，周劲，2020. 我国制造业高质量发展步入窗口期[J]. 宏观经济管理(5)：14-22.

高晓云，2015. 试论基于大数据环境下的技术创新管理方法[J]. 中国管理信息化，18(1)：212-213.

郭星光，陈曦，2021. 数据赋能与我国制造企业创新：前沿探析与未来展望[J]. 科技进步与对策，38(15)：151-160.

国家发展改革委经济研究所课题组，2019. 推动经济高质量发展研究[J]. 宏观经济研究(2)：5-17，91.

过文俊，程远飞，2024. “专精特新”企业群体发展对增强我国关键产业链韧性的效应[J]. 河南社会科学，32(8)：80−92.

侯锡林，李天柱，马佳，等，2014. 大数据环境下企业创新机会研究[J]. 科技进步与对策，31(24)：82−86.

胡颖，田新民，2016. 供给侧改革对产业结构升级的空间效应研究：基于空间面板杜宾模型[J]. 工业技术经济，35(7)：28−35.

黄南霞，2014. 大数据环境下的网络协同创新体系研究[D]. 武汉：华中师范大学.

黄群慧，2016. 论中国工业的供给侧结构性改革[J]. 中国工业经济(9)：5−23.

黄群慧，2017a. 着力提升实体经济的供给质量[N]. 光明日报，2017−2−7（11）.

黄群慧，2017b. 培育现代工匠精神 提高制造业供给质量[J]. 中国工业评论(7)：58−62.

黄群慧，2017c. 论新时期中国实体经济的发展[J]. 中国工业经济(9)：5−24.

黄群慧，2020. “十四五”时期深化中国工业化进程的重大挑战与战略选择[J]. 中共中央党校（国家行政学院）学报，24(2)：5−16.

黄群慧，贺俊，2015. 中国制造业的核心能力、功能定位与发展战略：兼评《中国制造2025》[J]. 中国工业经济(6)：5−17.

黄升民，刘珊，2012. “大数据”背景下营销体系的解构与重构[J]. 现代传播（中国传媒大学学报），34(11)：13−20.

黄鑫，2023. 工业互联网高效赋能千行百业[N]. 经济日报，2023−4−13(1).

黄宗远，王凤阳，阳太林，2023. 数字化赋能传统制造业发展的机制与效应分析[J]. 改革(6)：40−53.

霍媛媛，2019. 以大数据技术驱动制造业转型升级[J]. 人民论坛(25)：54−55.

吉峰，张婷，巫凡，2016. 大数据能力对传统企业互联网化转型的影响：基于供应链柔性视角[J]. 学术界(2)：68−78，326.

纪峰，2017. 供给侧结构性改革视角下传统制造业现状与转型对策研究[J]. 经济体制改革(3)：196−200.

贾康，苏京春，2016. 论供给侧改革[J]. 管理世界(3)：1−24.

江小国，何建波，方蕾，2019. 制造业高质量发展水平测度、区域差异与提升路径[J]. 上海经济研究(7)：70−78.

江小国，何建波，2022. 制造业高质量发展评价、空间特征与推进路径[J]. 山东工商学院学报，36(3)：112−122.

江小涓，靳景，2022. 数字技术提升经济效率：服务分工、产业协同和数实孪生[J]. 管理世界，38(12)：9−26.

蒋为，倪诗程，彭淼，2024. 数实融合与企业出口产品策略优化：基于柔性生产视角[J]. 世界经济，47(5)：3−33.

焦豪，杨季枫，王培暖，等，2021. 数据驱动的企业动态能力作用机制研究：基于数据全生命周期管理的数字化转型过程分析[J]. 中国工业经济(11)：174−192.

焦帅涛，孙秋碧，2021. 我国数字经济发展测度及其影响因素研究[J]. 调研世界(7)：13−23.

焦勇，2020. 数字经济赋能制造业转型：从价值重塑到价值创造[J]. 经济学家(6)：87−94.

金骋路，陈荣达，2022. 数据要素价值化及其衍生的金融属性：形成逻辑与未来挑战[J]. 数量经济技术经济研究，39(7)：69−89.

金观平，2023. 筑牢数据基础制度“四梁八柱”[N]. 经济日报，2023−1−3(1).

蓝庆新，彭一然，2020. 日本“数字新政”战略动机与发展特征[J]. 人民论坛(25)：128−131.

李国杰，程学旗，2012. 大数据研究：未来科技及经济社会发展的重大战略领域：大数据的研究现状与科学思考[J]. 中国科学院院刊，27(6)：647−657.

李海舰，赵丽，2021. 数据成为生产要素：特征、机制与价值形态演进[J]. 上海经济研究(8)：48−59.

李海舰，赵丽，2023. 数据价值理论研究[J]. 财贸经济，44(6)：5−20.

李辉，2019. 大数据推动我国经济高质量发展的理论机理、实践基础与政策选择[J]. 经济学家(3)：52−59.

李杰（Jay Lee），2015. 工业大数据：工业4.0时代的工业转型与价值创造[M]. 邱伯华，等，译. 北京：机械工业出版社.

李平，王钦，贺俊，等，2010. 中国制造业可持续发展指标体系构建及目标预测[J]. 中国工业经济(5)：5−15.

李天舒，2016. 工业供给侧结构性改革方向和实施路径[J]. 辽宁经济(10)：10−12.

李天柱，吕健露，侯锡林，等，2015. 互联网大数据创新的基础设施及其建设思路[J]. 技术经济，34(7)：33−40，50.

李文军，李玮，2023. 我国大数据产业和数据要素市场发展的问题与对策[J]. 企业经济，42(3)：26−36.

李文莲，夏健明，2013. 基于“大数据”的商业模式创新[J]. 中国工业经济(5)：83−95.

李颖，贺俊，2022. 数字经济赋能制造业产业创新研究[J]. 经济体制改革(2)：101−106.

李争粉，2017. 先进制造冲刺新目标[N]. 中国高新技术产业导报，2017−5−8(1).

梁继，苑春荟，2022. 数据生产要素的市场化配置研究[J]. 情报杂志，41(4)：173−180.

刘国新，王静，江露薇，2020. 我国制造业高质量发展的理论机制及评价分析[J]. 管理现代化，40(3)：20−24.

刘静，惠宁，南士敬，2020. 数据赋能驱动文化产业创新效率的非线性研究：基于STR模型的实证检验[J]. 经济与管理研究，41(7)：31−46.

刘楷，2022. 中国工业数字化转型的地区探索与未来方向[J]. 中国发展观察(12)：83−87.

刘淑妍，王湖葩，2021. TOE框架下地方政府数据开放制度绩效评价与路径生成研究：基于20省数据的模糊集定性比较分析[J]. 中国行政管理(9)：34−41.

刘英恒太，杨丽娜，2021. 中国数字经济产出的空间关联网络结构与影响因素研究[J]. 技术经济，40(9)：137−145.

刘勇，杨慧鹏，2022. 数字化消费与制造业数字化转型[J]. China Economist，17(6)：54−76.

刘煜，刘遗志，汤定娜，2016. 互联网时代零售企业构建全渠道商业模式的探讨[J]. 北京工商大学学报（社会科学版），31(6)：34–42.

柳毅，赵轩，杨伟，2023. 数字经济对传统制造业产业链创新链融合的影响：基于中国省域经验的实证研究[J]. 浙江社会科学(3)：4–14，156.

吕明元，麻林宵，2022. 中国省域大数据与制造业融合测度分析：基于2013—2018年中国省级面板数据[J]. 技术经济，41(1)：88–100.

吕明元，苗效东，2020. 大数据能促进中国制造业结构优化吗?[J]. 云南财经大学学报，36(3)：31–42.

马茹，罗晖，王宏伟，等，2019. 中国区域经济高质量发展评价指标体系及测度研究[J]. 中国软科学(7)：60–67.

毛征兵，陈略，范如国，2021. 中国开放经济系统及其发展模式的机理研究：基于复杂适应系统范式的解析[J]. 经济与管理研究，42(1)：16–39.

孟炯，郭春霞，2021. 大数据赋能的C2B个性化定制决策范式[J]. 创新科技，21(8)：67–78.

苗圩，2018. 加快制造业高质量发展步伐[N].联合时报，2018–04–20(4).

苗效东，吕明元，张旭东，2023. 工业大数据对我国制造业绿色发展的影响：基于省级面板数据的空间效应检验[J]. 软科学，37(3)：1–10.

宁朝山，2020. 中国区域制造业质量差异及其收敛性：基于空间计量模型的实证[J]. 统计与决策，36(23)：98–101.

乔晗，李卓伦，黄朝椿，2023. 数据要素市场化建设的影响因素与提升路径：基于复杂经济系统管理视角的组态效应分析[J]. 外国经济与管理，45(1)：38–54.

邱新平，2022. 数据赋能制造业组织结构创新：基于服装与家具制造企业的双案例研究[J]. 企业经济，41(1)：84–93.

沈恒超，2019. 制造业数字化转型的难点与对策[N]. 经济日报，2019–06–05(15).

沈坤荣，丁露，2024. 数字经济重塑经济循环模式：理论逻辑与推进路径[J]. 四川大学学报（哲学社会科学版）(1)：30–36，207–208.

沈坤荣，李震，2017. 供给侧结构性改革背景下制造业转型升级研究[J]. 中国高校社会科学(1)：64−73，157.

盛朝迅，2022. 产业生态主导企业培育的国际经验与中国路径[J]. 改革(10)：34−44.

史丹，孙光林，2022. 大数据发展对制造业企业全要素生产率的影响机理研究[J]. 财贸经济，43(9)：85−100.

史丹，孙光林，2023. 数字经济和实体经济融合对绿色创新的影响[J]. 改革(2)：1−13.

孙秋柏，陈雪波，黄天云，2016. 基于大数据群体性事件网络化防控研究[J]. 辽宁科技大学学报，39(4)：311−320.

孙新波，钱雨，张明超，等，2019. 大数据驱动企业供应链敏捷性的实现机理研究[J]. 管理世界，35(9)：133−151，200.

孙新波，苏钟海，2018. 数据赋能驱动制造业实现企业敏捷制造案例研究[J]. 管理科学，31(5)：117−130.

孙新波，苏钟海，钱雨，等，2020. 数据赋能研究现状及未来展望[J]. 研究与发展管理，32(2)：155−166.

孙勇，樊杰，刘汉初，等，2022. 长三角地区数字技术创新时空格局及其影响因素[J]. 经济地理，42(2)：124−133.

谭海波，范梓腾，杜运周，2019. 技术管理能力、注意力分配与地方政府网站建设：一项基于TOE框架的组态分析[J]. 管理世界，35(9)：81−94.

唐晓华，孙元君，2020. 环境规制对中国制造业高质量发展影响的传导机制研究：基于创新效应和能源效应的双重视角[J]. 经济问题探索(7)：92−101.

滕堂伟，2021. 上海制造业数字化转型经验及对粤港澳大湾区的启示[J]. 科技与金融(7)：15−22.

田时中，许玉久，范宇翔，2023. 数据要素新动能对制造业高质量发展的影响研究[J]. 统计与信息论坛，38(8)：55−66.

田晓春，2023. 数据资源管理办法编制的分析及建议[J]. 中国信息化(8)：97−100.

汪涛武，王燕，2018. 基于大数据的制造业与零售业融合发展：机理与路径

[J]. 中国流通经济，32(1)：20−26.

王举颖，赵全超，2014. 大数据环境下商业生态系统协同演化研究[J]. 山东大学学报（哲学社会科学版）(5)：132−138.

王可，李连燕，2018. “互联网+”对中国制造业发展影响的实证研究[J]. 数量经济技术经济研究，35(6)：3−20.

王克富，2015. 论大数据视角下零售业精准营销的应用实现[J]. 商业经济研究(6)：50−51.

王立夏，程子琦，王沅芝，2022. 共情视角下大数据赋能商业模式创新的研究[J]. 科学学研究，40(3)：525−533.

王明亮，张清霞，2020. 转型升级进程中珠三角制造业技术创新效率评价[J]. 科技管理研究，40(18)：95−104.

王谦，付晓东，2021. 数据要素赋能经济增长机制探究[J]. 上海经济研究(4)：55−66.

王威，王丹丹，2022. 国外主要国家制造业智能化政策动向及启示[J]. 智能制造(2)：44−49.

王小广，2020. 供给−需求两端双向发力推进高质量发展[J]. 人民论坛·学术前沿(14)：24−30.

王小明，邵睿，朱莉芬，2023. 数字经济赋能制造业高质量发展探究[J]. 改革(3)：148−155.

卫平，余奕杉，2017. 环境规制对制造业产业结构升级的影响：基于省级动态面板数据的系统GMM分析[J]. 经济问题探索(9)：144−152.

魏江，赵雨菡，2021. 数字创新生态系统的治理机制[J]. 科学学研究，39(6)：965−969.

魏毅寅，柴旭东，2017. 工业互联网：技术与实践[M]. 北京：电子工业出版社.

吴海军，郭琎，2023. 数据要素赋能制造业转型升级[J]. 宏观经济管理(2)：35−41，49.

肖静华，2017. 从工业化体系向互联网体系的跨体系转型升级模式创新[J]. 产业经济评论(2)：55−66.

肖静华，毛蕴诗，谢康，2016. 基于互联网及大数据的智能制造体系与中国制造企业转型升级[J]. 产业经济评论(2)：5−16.

肖静华，吴瑶，刘意，等，2018. 消费者数据化参与的研发创新：企业与消费者协同演化视角的双案例研究[J]. 管理世界，34(8)：154−173，192.

肖静华，谢康，迟嘉昱，2019. 智能制造、数字孪生与战略场景建模[J]. 北京交通大学学报（社会科学版），18(2)：69−77.

谢康，肖静华，王茜，2018. 大数据驱动的企业与用户互动研发创新[J]. 北京交通大学学报（社会科学版），17(2)：18−26.

谢卫红，骆建彬，郭海珍，等，2021. 工业互联网平台研究知识结构与拓展方向[J]. 科技进步与对策，38(22)：151−160.

熊兴，余兴厚，陈伟，2016. 供给侧改革与我国产业结构优化研究：基于1993—2014年省级面板数据的实证分析[J]. 科技管理研究，36(24)：62−68.

徐翔，厉克奥博，田晓轩，2021. 数据生产要素研究进展[J]. 经济学动态(4)：142−158.

徐星，惠宁，崔若冰，等，2023. 数字经济驱动制造业高质量发展的影响效应研究：以技术创新效率提升与技术创新地理溢出的双重视角[J]. 经济问题探索(2)：126−143.

徐宗本，2016. 用好大数据须有大智慧：准确把握、科学应对大数据带来的机遇和挑战[J]. 中国科技奖励(4)：27−29.

徐宗本，2017. 大数据应用价值与挑战并存[J]. 中国战略新兴产业(25)：96.

许宪春，王洋，2021. 大数据在企业生产经营中的应用[J]. 改革(1)：18−35.

许悦雷，2021. 日本制造业绩效与“互联工业”战略[J]. 日本文论(2)：98−129，203−204.

杨慧梅，江璐，2021. 数字经济、空间效应与全要素生产率[J]. 统计研究，38(4)：3−15.

杨帅，2015. 工业4.0与工业互联网：比较、启示与应对策略[J]. 当代财经(8)：99−107.

杨炎，2019. 国际对比视角下我国数字经济发展战略探索[J]. 科技管理研究，39(19)：33−42.

易加斌，徐迪，2018. 大数据对商业模式创新的影响机理：一个分析框架[J]. 科技进步与对策，35(3)：15−21.

易加斌，徐迪，王宇婷，等，2021. 学习导向、大数据能力与商业模式创新：产业类型的调节效应[J]. 管理评论，33(12)：137−151.

于畅，李佳雯，2021. 数字经济时代企业边界突破的逻辑与路径[J]. 商业经济研究(4)：106−110.

余东华，2020. 制造业高质量发展的内涵、路径与动力机制[J]. 产业经济评论(1)：13−32.

余东华，李捷，孙婷，2017. 供给侧改革背景下中国制造业“高新化”研究：地区差异、影响因素与实现路径[J]. 天津社会科学(1)：97−107.

张军，吴桂英，张吉鹏，2004. 中国省际物质资本存量估算：1952—2000[J]. 经济研究(10)：35−44.

张俊杰，杨利，2015. 基于大数据视角的营销组合理论变革与创新[J]. 商业经济研究(6)：54−55.

张利娟，2023.“数据二十条”出炉，如何挖掘数据“石油”？[J].中国报道(1)：66−68.

张明超，孙新波，钱雨，2021. 数据赋能驱动智能制造企业C2M反向定制模式创新实现机理[J]. 管理学报，18(8)：1175−1186.

张明超，孙新波，钱雨，等，2018. 供应链双元性视角下数据驱动大规模智能定制实现机理的案例研究[J]. 管理学报，15(12)：1750−1760.

张任之，2023. 以工业互联网为抓手推动制造业高质量发展[N]. 中国经营报，2023−05−13(4).

张树臣，陈伟，高长元，2020. 创新联盟大数据服务交易模式及动态定价模型研究[J]. 情报杂志，39(3)：187−197.

张翔，赵群，2015. 大数据时代中国制造业创新发展试述[J]. 机械制造，53(8)：1−5.

张振刚，许亚敏，罗泰晔，2021. 大数据时代企业动态能力对价值链重构路径的影响：基于格力电器的案例研究[J]. 管理评论，33(3)：339−352.

赵梦，2023. “十四五”时期数字经济赋能高质量发展的创新路径[J]. 西南金融(3)：84−95.

植草益，2001. 信息通讯业的产业融合[J]. 中国工业经济(2)：24−27.

周及真，2020. 人工智能产业的商业模式探究[J]. 财会月刊(7)：130−134.

周南，陶会平，李好好，2015. 论大数据背景下商业模式的创新[J]. 企业经济(12)：99−102.

周振，2024. 数字技术赋能农业新质生产力：作用机理、问题障碍与应对策略[J]. 中国农业大学学报（社会科学版），41(4)：55−70.

朱方明，蔡彭真，2022. 供给侧结构性改革如何提升制造业供给质量?[J]. 上海经济研究(3)：63−76.

朱高峰，王迪，2017. 当前中国制造业发展情况分析与展望：基于制造强国评价指标体系[J]. 管理工程学报，31(4)：1−7.

资武成，2013. “大数据”时代企业生态系统的演化与建构[J]. 社会科学(12)：55−62.

ARTHUR W B, 2014. Complexity and the economy[M]. London: Oxford University Press.

BARDHAN I, KRISHNAN V, Lin S, 2013. Business Value of Information Technology: Testing the Interaction Effect of IT and R&D on Tobin’s Q[J]. Information Systems Research, 24(4): 1147−1161.

BELHADI A, KAMBLE S S, ZKIK K, et al. 2020. The integrated effect of Big Data Analytics, Lean Six Sigma and Green Manufacturing on the environmental performance of manufacturing companies: The case of North Africa[J]. Journal of Cleaner Production, 252:119903.

BRAGANZA A, BROOKS L, NEPELSKI D, et al. 2017. Resource management in big data initiatives: Processes and dynamic capabilities[J]. Journal of Business Research, 70:328−337.

BUGHIN J, LIVINGSTON J, MARWAHA S, 2011. Seizing the Potential of 'Big Data' [J]. McKinsey Quarterly(4): 103−109.

CAO G, DUAN Y, LI G, 2015. Linking Business Analytics to Decision Making Effectiveness: A Path Model Analysis[J]. IEEE Transactions on Engineering Management, 62(3): 384−395.

CHAVEZ R, YU W T, JACOBS M A, et al. 2017. Data−driven supply chains, manufacturing capability and customer satisfaction[J]. Production Planning & Control, 28(11−12): 906−918.

CHEN L M, ZHAI L P, ZHU W M, et al. 2021. Financial performance under the influence of the Coronavirus Disease 2019: Effects of strategic flexibility and environmental dynamics in big data capability[J]. Frontiers in Psychology, 12:798115.

DAI H−N, WANG H, XU G Q, et al. 2019. Big data analytics for manufacturing internet of things: opportunities, challenges and enabling technologies[J]. Enterprise Information Systems, 14(9−10): 1279−1303.

DUBEY R, GUNASEKARAN A, CHILDE S J, et al. 2019. Big data and predictive analytics and manufacturing performance: integrating institutional theory, resource−based view and big data culture[J]. British Journal of Management, 30(2): 341−361.

DUBEY R, GUNASEKARAN A, CHILDE S J, et al. 2020. Big data analytics and artificial intelligence pathway to operational performance under the effects of entrepreneurial orientation and environmental dynamism: A study of manufacturing organisations[J]. International Journal of Production Economics, 226: 107599.

EREVELLES S, FUKAWA N, SWAYNE L, 2016. Big data consumer analytics and the transformation of marketing[J]. Journal of Business Research, 69(2): 897−904.

FAI F, TUNZELMANN N V, 2001. Industry−specific competencies and converging technological systems: evidence from patents[J]. Structural Change &

Economic Dynamics, 12(2): 141−170.

FAROOQUI A, BENGTSSON K, FALKMAN P, et al. 2020,. Towards data-driven approaches in manufacturing: an architecture to collect sequences of operations[J]. International Journal of Production Research, 58(16): 4947–4963.

FAWCETT S E, WALLIN C, ALLRED C, et al. 2011. Information Technology as an Enabler of Supply Chain Collaboration: A Dynamic-Capabilities Perspective[J]. Journal of Supply Chain Management, 47(1): 38−59.

FAYEZI S, ZUTSHI A, O'LOUGHLIN A, 2016. Understanding and development of supply chain agility and flexibility: A structured literature review[J]. International Journal of Management Reviews, 19(4):379−407.

GAINES B R, 1998. The learning curves underlying convergence[J]. Technological Forecasting & Social Change, 57(1−2): 7−34.

GAMBARDELLA'A, TORRISI S, 1998. Does technological convergence imply convergence in markets? Evidence from the electronics industry[J]. Research Policy, 27(5):445−463.

GAWANKAR S A, GUNASEKARAN A, KAMBLE S, 2019. A study on investments in the big data-driven supply chain, performance measures and organisational performance in Indian retail 4.0 context[J]. International Journal of Production Research, 58(5): 1574−1593.

GHAHRAMANI M, QIAO Y, ZHOU M C, et al. 2020. AI-based modeling and data-driven evaluation for smart manufacturing processes[J]. IEEE/CAA Journal of Automatica Sinica, 7(4): 1026−1037.

GREENSTEIN S M, KHANNA T, 1997. What does it mean for industries to converge?[M]. Boston: Harvard Business School Press.

GULATI R, 1999. Network location and learning: the influence of network resources and firm capabilities on alliance formation[J]. Strategic Management Journal, 20(5):397−420.

GUNASEKARAN A, YUSUF Y Y, ADELEYE E O, et al. 2017. Agile

manufacturing practices: the role of big data and business analytics with multiple case studies[J]. International Journal of Production Research, 56(1−2): 385−397.

HANSEN B E, 2000.Sample splitting and threshold estimation[J]. Econometrica, 68(3): 575−603.

HARTMANN P M, ZAKI M, FELDMANN N, et al. 2016. Capturing value from big data – a taxonomy of data−driven business models used by start−up firms[J]. International Journal of Operations & Production Management, 36(10): 1382−1406.

HEARN G, PACE C, 2006. Value−creating ecologies: understanding next generation business systems[J]. The Ineternational Foresight, 8(1): 55−65.

HINES P, 1993. Integrated Materials Management: The Value Chain Redefined[J]. The International Journal of Logistics Management, 4(1): 13−22.

HOFMANN E, 2017. Industry 4.0 and the current status as well as future prospects on logistics[J]. Computers in Industry, 89: 23−34.

HOFMANN E, 2017. Big data and supply chain decisions: the impact of volume, variety and velocity properties on the bullwhip effect[J]. International Journal of Production Research, 55(17): 5108−5126.

JAGTAP S, DUONG L N K, 2019. Improving the new product development using big data: a case study of a food company[J]. British Food Journal, 121(11): 2835−2848.

KIPPER L M, FURSTENAU L B, HOPPE D, et al. 2019. Scopus scientific mapping production in industry 4.0 (2011–2018): a bibliometric analysis[J]. International Journal of Production Research, 58(6): 1605−1627.

LAMBA K, SINGH S P, 2017. Big data in operations and supply chain management: current trends and future perspectives[J]. Production Planning & Control, 28(11−12): 877−890.

LEI D T, 2000. Industry evolution and competence development: the imperatives of technological convergence[J]. International Journal of Technology Management, 19(7−8): 699−738.

LI C Q, CHEN Y Q, SHANG Y L, 2021. A review of industrial big data for decision making in intelligent manufacturing[J]. Engineering Science and Technology, an International Journal, 29.

LIU Y, ZHANG Y F, REN S, et al. 2020. How can smart technologies contribute to sustainable product lifecycle management?[J]. Journal of Cleaner Production, 249(10): 119423.1−119423.5.

MANYIKA J, CHUI M, BROWNB, et al. 2011. Big Data: The next frontier for innovation, competition, and productivity[R]. McKinsey Global Institute.

MCAFEE A, BRYNJOLFSSON E, 2012. Big Data: The management revolution[J]. Harvard Business Review, 90(10): 60−6, 68, 128.

MCGUIRE T, MANYIKA J, CHUI M, 2012. Why big data is the new competitive advantage[J]. Ivey Business Journal, 76(4): 1−4.

MISHRA D, GUNASEKARAN A, PAPADOPOULOS T, et al. 2018. Big Data and supply chain management: a review and bibliometric analysis[J]. Annals of Operations Research, 270(1): 313−336.

MOORE J F, 1993. Predators and prey: a new ecology of competition[J]. Harvard Business Review, 71(3): 75−86.

MOORE J F, 2006. Business ecosystems and the view from the firm[J]. Antitrust Bulletin, 51(1): 31−75.

NORMANN R, RAMÍREZ R, 1994. Designing interactive strategy: From value chain to value constellation[M]. John Wiley & Sons.

O'DONOVAN P, LEAHY K, BRUTON K, et al. 2015. An industrial big data pipeline for data−driven analytics maintenance applications in large−scale smart manufacturing facilities[J]. Journal of Big Data, 2(1):25.

OSTERRIEDER P, BUDDE L, FRIEDLI T, 2020. The smart factory as a key construct of industry 4.0: a systematic literature review[J]. International Journal of Production Economics, 221: 107476.1−107476.16.

ROSENBERG N, 1963. Technological Change in the Machine Tool Industry,

1840−1910[J]. The Journal of Economic History, 23(4): 414−443.

SAHOO S, 2021. Big data analytics in manufacturing: a bibliometric analysis of research in the field of business management[J]. International Journal of Production Research, 60(22): 1−29.

SHAHID N U, SHEIKH N J, 2021. Impact of Big Data on Innovation, Competitive Advantage, Productivity, and Decision Making: Literature Review[J]. Open Journal of Business and Management, 9(2): 586−617.

SHANK J, GOVINDARAJAN V, 1992. Strategic Cost Management and the Value Chain[J]. Journal of Cost Management, 12: 5−21.

SHUKLA N, TIWARI M K, BEYDOUN G, 2019. Next generation smart manufacturing and service systems using big data analytics[J]. Computers & Industrial Engineering, 128: 905−910.

SOBCZAK A, 2022. Robotic process automation as a digital transformation tool for increasing organizational resilience in Polish enterprises[J]. Sustainability, 14(3): 1333.

SRAI J S, KUMAR M, GRAHAM G, et al. 2016. Distributed manufacturing: scope, challenges and opportunities[J]. International Journal of Production Research, 54(23): 6917−6935.

TSE E, 2002. Grabber−holder dynamics and network effects in technology innovation[J]. Journal of Economic Dynamics & Control, 26(9−10): 1721−1738.

WANG J，XU C，ZHANG J，et al .2022.Big data analytics for intelligent manufacturing systems: A review[J]. Journal of Manufacturing Systems：738−752.

WIECH M, BOFFELLI A, ELBE C, et al. 2022. Implementation of big data analytics and Manufacturing Execution Systems: an empirical analysis in German−speaking countries[J]. Production Planning & Control, 33(2−3): 261−276.

WIENER M, SAUNDERS C, MARABELLII M, 2020. Big−data business models: A critical literature review and multiperspective research framework[J]. Journal of Information Technology, 35(1): 66−91.

WIXOM B H, ROSS J W, 2017. How to monetize your data[J]. MIT Sloan Management Review, 58(3): 10−13.

YOFFIE D B, 1996. Introduction: Competing in the age of digital convergence[J]. California Management Review, 38(4): 31−53.

YU W T, WONG C Y, CHAVEZ R, et al. 2021. Integrating big data analytics into supply chain finance: The roles of information processing and data−driven culture[J]. International Journal of Production Economics, 236: 108135.1−108135.13.

ZAKARIA A F, LIM S C J, 2017. Design and development of a training module for data−driven product service design[C]//International Engineering and Engineering Management. Singapore: IEEE: 1149−1153.

ZAKI M, THEODOULIDIS B, SHAPIRA P, et al. 2017. The Role of Big Data to Facilitate Redistributed Manufacturing Using a Co−creation Lens: Patterns from Consumer Goods[J]. Procedia CIRP, 63: 680−685.

ZHANG Y F, MA S Y, YANG H D, et al. 2018. A big data driven analytical framework for energy−intensive manufacturing industries[J]. Journal of Cleaner Production, 197: 57−72.

ZHANG Y F, REN S, LIU Y, 2017. A framework for Big Data driven product lifecycle management[J]. Journal of Cleaner Production, 159: 229−240.

后　记

提升制造业供给质量是实体经济高质量发展的关键。制造业供给质量难以满足消费升级需求、价值链“低端循环锁定”是制约我国成为制造强国的两大阻碍。大数据通过价值创造及对产业生态的重构，正在成为制造业供给质量提升的重要驱动力。我国已将大数据上升为国家战略，并将数据作为与土地、劳动力、资本、技术等并列的一种新型生产要素。但是，目前大数据在我国制造业领域的应用广度及深度仍然不足，其对制造业价值链重组变革的作用尚未得以充分发挥。在我国全面推进中国式现代化、以新质生产力推动高质量发展、加快数字经济与实体经济深度融合的宏观背景下，研究如何促进大数据与制造业深度融合，特别是研究大数据驱动制造业供给质量提升的影响机理、实现路径及政策选择，具有重要的理论价值和现实意义。

本书是国家社会科学基金年度项目“大数据驱动制造业供给质量提升的机制与实现路径研究”（19BJY103）的最终成果，由广东省社会科学院吴伟萍研究员担任课题组组长，牵头组织广东省社会科学院经济研究所、国际问题研究所以及中山大学的相关研究人员为主要成员的课题组历经三年时间撰写而成。近年来，数字技术创新与数字经济飞速发展，而有关大数据对制造业发展的影响效应等方面的系统研究刚刚起步，可借鉴的文献不多。课题组成员在吴伟萍研究员的带领下，综合运用产业价值链理论、价值网络理论、产业生态系统理论以及产业融合理论等网络经济与产业经济的相关理论方法，并结合实地调研、重点企业问卷访谈等方法搜集大数据应用及制造业数字化的一手资料，针对大数据驱动制造业供给质量提升的运行机理与模式、区域异质性与行业异质性、关键影响因素及战略路径选择等问题进行了深入的理论与实证研究。同时，吴伟萍研究员也主持主笔承担了粤港澳大湾区数字经济、产业集群数字化、数字化赋能制造业高质量发展等相关课题，为本研究及本书的写作打下了坚实的基础。本研究的部分阶段性成果也形成多份专报，获得广东省委、省政府领导的肯定批示，并被广东省工业和信息化厅等政府部门采纳。可以说，本书是课题组多年研究成果的结晶。

全书由绪论和七个章节共八个部分组成，由吴伟萍研究员拟定本书的提纲和研究框架、思路及重要观点等，并进行统稿和文字审定。各章节的主要内容及分工如下：绪论概述全书的理论构架、主要内容及创新之处，由吴伟萍负责撰写；第一章是理论基础与文献综述，由吴伟萍、何颖珊负责撰写；第二章着重研究大数据驱动制造业供给质量提升的作用机理，构建理论分析模型，由吴伟萍、林正静负责撰写；第三章采用多种计量方法对大数据驱动制造业供给质量提升的影响效应进行实证研究，由吴伟萍、张超负责撰写；第四章着重比较分析大数据驱动制造业供给质量提升的区域模式，由陈世栋、吴伟萍负责撰写；第五章研究大数据驱动传统制造业转型升级与质量提升的机理及路径，由吴伟萍、戴欣、汤洁负责撰写；第六章主要研究大数据驱动新兴制造业价值链提升的影响机理及发展路径，由胡晓珍、吴伟萍负责撰写；第七章具体提出大数据驱动制造业供给质量提升的实现路径与政策建议，由张拴虎、杨海深、吴伟萍负责撰写。

在课题研究和本书写作过程中，广东省社会科学院副院长向晓梅提出了宝贵意见，并对本研究给予全力支持，在此深表感谢。本研究在前期调研及后期成果论证阶段得到了有关省市工信部门领导和相关专家学者的支持与帮助，也一并表示衷心的感谢。同时，还要感谢广东经济出版社王成刚副总编、周伊凌责任编辑等编辑老师对本书出版的大力支持及付出的辛勤劳动。

大数据作为新型生产要素与新兴数字技术融合的产物，其驱动制造业高质量发展以及加快新质生产力形成的过程是一个不断深化的过程。本书从经济学角度围绕大数据价值传递和价值创造的本质特征来研究大数据驱动制造业供给质量提升的机制及实现路径，是一种创新的尝试和探索，其中难免有偏颇或疏漏之处，诚请各位专家和广大读者批评指正。

吴伟萍

2024年11月